리더의 무기

KB194895

리더의 무기

인재 밀도를 높이는 3B 전략

초판 1쇄 발행 2025년 4월 25일

지은이 최경우

책임편집 정은아 **편집** 윤소연 **디자인** 박은진
마케팅 총괄 임동건 **마케팅** 안보라 **경영지원** 임정혁 이순미
펴낸곳 플랜비디자인 **펴낸이** 최익성

출판등록 제2016-000001호
주소 경기도 화성시 동탄첨단산업1로 27 동탄IX타워 A동 3210호
전화 031-8050-0508 **팩스** 02-2179-8994
이메일 planbdesigncompany@gmail.com

ISBN 979-11-6832-168-7 (03320)

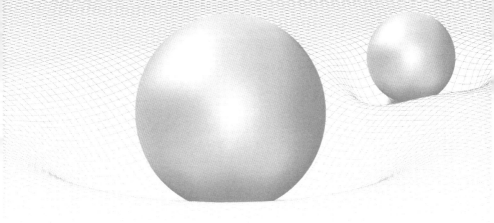

리더의 무기

인재 밀도를 높이는
3B 전략

최경우 지음

plan b
DESIGN

차례

글쓴이의 말   008
인재ㅅㅕ와 인재ㅅㅆ는 리더가 만든다

들어가는 글   014
리더 위치에 있는 당신에게 • 014
'인재분해: 3B'를 통한 성장 전략 • 021
리더십은 리더도 어렵다 • 025

1부 우리의 돈, 시간, 에너지가 낭비되고 있다

두 번의 행운, 두 번의 경로 변경 그리고 새로운 도전 • 039
경로 변경 비용을 아십니까? • 044

2부　인재분해: 3B, 인재를 구성하는 핵심 인자

인재는 리더에 따라 달라진다 · 051
리더의 무기, '인재분해: 3B' · 056

01　**첫 번째 B: Bowl, 기질**　　　　　　　　　　　060

기질에 대하여 · 060
기질은 그릇이다 · 075
기질 파악과 활용을 위한 조직 경영 · 081

02　**두 번째 B: Ball, 학습 능력**　　　　　　　　　088

학습 능력의 새로운 정의 · 088
학습 능력이 좋은 인재 · 096
학습 능력을 어떻게 확인할 것인가? · 104

03　**세 번째 B: Ball Driving, 동기**　　　　　　　111

동기의 중요한 역할 · 111
인재의 동기를 관리해야 하는 이유 · 125
동기 관리에 필요한 리더십 · 131

04　**인재분해: 3B 작동의 이해**　　　　　　　　　138

인재 내부에서 3B가 작동하는 원리 · 138
기질 vs 학습 능력 · 148

3부 인재분해: 3B의 응용

인재 발굴과 혁신 성장의 비밀, 3B 모델 • 157

05   스펜서의 '핵심역량 빙산 모델'과 3B 모델   160

06   인재를 부채 아닌 자산으로 만들기   169

07   모래밭에서 바늘을 찾는 도구   182

08   조직 내 숨은 인재 찾기   190

09   3B 모델로 인재 밀도 높이기   199

10   3B 모델 운영의 전제 조건: 심리적 안전감   211

11   리더와 조직, 인재의 공동 성장 전략   222

12   자기 주도적 인재 되기   234

13   실패 없는 직업 선택 전략   243

     나가는 글   264
     리더와 조직, 인재가 함께 성장하기를 희망하며

     참고 문헌   273

글쓴이의 말

놓일 곳에 놓인 그릇은 아름답다.
뿌리내릴 곳에 뿌리내린 나무는 아름답다.
꽃필 때를 알아 피운 꽃은 아름답다.
쓰일 곳에 쓰인 인간의 말 또한 아름답다.

— 나태주 시인

인재人材와 인재人災는 리더가 만든다[1]

스탠퍼드대학 경영대학원 조직행동학 석좌 교수이자 경영 사상가인 제프리 페퍼는 『사람이 경쟁력이다』에서 다음과 같이 강조했다. "다른 경쟁우위의 원천들(제품과 공정 기술, 시장의 보호와 규제, 자본의 접근성, 규모의 경제)이 점차 그 중요성을 잃어가게 됨에 따라 더욱 결정적이고 차별적인 원천으로 남게 되는 것이 바로 조직과 그 조직의 구성원들,[2] 그리고 그들의 일하는 방식이다.[3]"

인적자원의 중요성을 강조한 글을 읽고 나의 과거를 돌이켜 봤다. 조직에 속했던 직장 생활은 23년에 조금 못 미치지만, 적지 않은 시간이라고는 말할 수 있다. 그동안 금전적인 보상과 무관하게 재미있게 일했던 때도 있었고, 대기업 연봉과 복리후생, 안정된 직장을 포기하고 싶을 정도로 기계적으로 일했던 때도 있었다. 이런 모습을 리더의 시선으로 바라봤다. 재미있게 열심히 일했던 시기에는 리더도 일을 믿고 맡길 만큼 조직 내 인재로 대우했다. 진급도 시키고 보너스도 두둑이 챙겨 줬다. 그러나 기계적으로 일할 때는 주위 동료 대비 그저 평범했다. 내심 저성과자로 보였을지도 모르겠다.

여기서 의문이 자연스럽게 생겼다. 업무 태도가 명확히 구분되는 두 시기의 차이점은 뭘까? 나의 가치관이나 성격이 변한 걸까? 개인적인 환경이 변한 걸까, 아니면 직장에서의 환경이 변해서 그런 걸까? 오랜 시간 고민했다. 그리고 마침내 답을 찾았다. 일하는 환경(특히 직무, 상사)이 변할 때 일을 대하는 태도가 많이 달라졌다는 사실을 깨달았다. 사회심리학자이자 작가인 리처드 니스벳은 그의 저서에서 "동양인은 세상을 관계로 파악한다"[4]라고 말했다. 고려대 사회심리학자 허태균 교수는 한 TV 프로그램에서 한국 사회를 설명하는 새로운 개념으로 '관계주의'를 소개하기도 했다.[5]

이런 글과 강의를 보고 들으면서 비로소 이해되기 시작했다. 개인의 가치관이나 성격은 중·고등학교 때부터 지금까지 크게 달라지진 않았다. 과거에는 스스로 자신의 성향을 깨달을 지식과 기회가 없었을 뿐이었다. 결혼 등 개인적인 환경의 변화는 일시적으로 변동을 줬을지언정 이내 다시 원래대로 돌아왔다. 결과적으로 '직무 변경'이나 '리더와의 관계'에 따라 일에 대한 몰입과 재미가 달라졌다. 지금 이 글을 읽고 있는 많은 리더도 여기에 공감할 것이다.

심리학자이자 경영 사상가인 더글러스 맥그리거는 이러한 현상에 대해 다음과 같이 설명하고 있다. "현대의 기업 조직 내에서 인간 관계적 측면의 두드러진 특징은 서로에 대한 의존도가 매우 높다는 것이다. 즉 부하 직원은 자신의 욕구를 충족시키고 목표를 달성하기 위해 상사에게 의존할 뿐 아니라, 상사도 지위에 관계없이 자신과 기업의 목표를 달성하기 위해 부하 직원에게 의존한다."[6]

한 조직의 리더와 구성원은 서로 필요로 하는 관계이자, 서로에게 영향을 주는 관계다. 더구나 리더는 조직 성과를 만들고 성장시켜야 하는 역할과 책임을 맡고 있다. 여기에 리더가 구성원들을 더욱 잘 알고 관리해야만 하는 이유가 있다.

이 책은 리더에게 '인재'를 알아보는 방법을 소개한다. 그리고 인재를 어떻게 관리해야 그들의 역량을 최대로 발휘하게 만드는지를 알려준다. 이 책을 읽고 나면 리더는 조직 구성원들을 바라보는 새로운 시야를 가질 수 있다. 더불어 인재를 관리하는 새로운 기준을 만드는 데 도움이 될 거라고 확신한다. 구성원의 위치에 있는 개인에게도 조직에서 인정받고 성장하는 데 도움이 될 수 있다.

누구도 자신과 맞지 않는 직업과 직무를 선택할 사람은 없다. 열심히 뛰고 있는 인생 중반에 그 경로에서 이탈해서 경력을 초기화하고 싶은 사람도 없다. 모두 각자 원하는 직업과 직무에서 존재감 있는 구성원으로 자리매김하고 싶어 한다. 이런 목적으로 스스로 자신의 역량을 키우고 싶어 하는 일반 독자에게도 충분히 가치를 제공할 수 있다.

오랜 시간 동안 다양한 조직과 직무를 수행하면서 깨달은 통찰을 리더에게 알리고 싶었다. 조직 구성원들이 그들의 직무에 더 몰입하게 만드는 방법을 고민하는 리더에게 길을 안내하고 싶었다. 구성원들이 그들의 직무에 몰입한다면 개인과 조직 성과가 높아진다는 근거는 많이 있다. 그렇지 않다고 반대를 주장할 사람은 아무도 없다. 『몰입의 즐거움』이란 저서로 유명한 미하이 칙센트미하이 심리학 교수는 인재가 직장에서 몰입해야 하는 이유에 대해 다음과 같이 말했다.

"몰입의 조건들이 갖추어지면 한정된 과제에 주의를 집중할 뿐 아니라 자신의 정체성과 개인적인 문제점들을 잊어버리게 된다. 또한 주변의 상황이나 대상을 통제할 수 있는 자신감을 얻게 되며 시간을 전혀 의식하지 않게 된다. (중략) 경영층이 만약 원활한 몰입 경험을 이룰 수 있는 환경을 제공할 수 있다면 그 조직이나 기업은 효과적으로 운영될 것이며, 직원들은 업무가 자신들의 발전을 방해하는 것이 아니라 뒷받침한다는 사실을 인식하게 될 것이다. 만약 몰입을 경험하지 못하면 회사의 업무는 따분하고 재미없는 일이 되며, 직원은 창의적이고 능동적인 태도를 잃고 만다."[7]

또 직원 몰입 및 이직 방지 분야의 최고 권위자로 알려진 폴 마르시아노 박사는 『존중하라, 존중받는 직원이 일을 즐긴다』에서 직무 몰입도가 높은 직원의 특징을 열 가지로 정리했다.

1. 업무에 관해 새로운 아이디어를 제시한다.
2. 업무에 열정과 의욕을 보인다.
3. 일을 주도적으로 처리한다.
4. 자신과 동료의 능력 향상과 회사 발전을 위해 적극적으로 노력한다.
5. 목표와 기대 수준을 항상 뛰어넘는다.
6. 매사에 호기심이 많고 질문을 자주 한다.
7. 동료들을 격려하고 지지해 준다.
8. 긍정적이고 낙관적인 태도를 보인다. 표정이 밝다.
9. 어려움을 극복하고 업무에 계속 집중한다. 끈기가 있다.
10. 조직에 헌신적이다.[8]

지금 리더의 조직 구성원들은 얼마나 깊이 직무 몰입하고 있을까? 의문이다. 리더도 항상 이 점을 고민하고 있을 것이다. 단지 구체적인 실행 방법을 몰라서 막혀 있었을 뿐이다. 이 책은 이런 리더에게도 방향을 제시한다. 인재의 높은 직무 몰입과 조직의 고성과를 위한 리더의 무기가 될 수 있다. 조직 구성원이 인재[人材]가 되느냐, 인재[人災]가 되느냐는 모두 리더에게 달려 있다. 지금보다 더 성과 있는 조직을 원하는 리더, 구성원들과 조직이 함께 성장하길 원하는 리더에게 많은 도움이 되길 희망한다. 리더의 소중하고 값비싼 이 시간이 의미 있는 성장으로 채워지고, 더불어 리더 조직에도 뛰어난 인재로 넘쳐나길 바란다.

2025년 3월
최경우

들어가는 글

가보지 않았던 길이라고 해서
가서는 안 되는 이유가 될 수는 없다.
새로운 길을 갈 때의 알지 못했던 혜택을
모르고 지나칠 것인가?

— 티투스 리비우스(Titus Livius Patavinus)

리더 위치에 있는 당신에게

'54.75'

이 수치는 2022년을 기준으로 미국을 100으로 했을 때 우리나라의 '시간당 노동 생산성' 지수이다.[9] 현재 38개 OECD 국가 평균인 81.93보다도 낮다. 오랫동안 우리나라의 노동 생산성이 미국보다 항상 낮다는 뉴스를 볼 때마다 왜 그런지 궁금했다. 노동 생산성 산출 방식은 다음과 같다.

'노동 생산성'은 '국가 총산출량'을 '총노동 투입량'으로 나눈 값이다. 일반적으로 국가 총산출량은 GDP Gross Domestic Product 로서 한 나라의 경제 내에서 생산된 모든 최종 재화와 서비스 시장 가치의 합이다. 총노동 투입량은 근로자의 총근로시간을 말한다.

그동안 전 국민이 우리나라 산업 구조도 변화시키고 성장에 많은 노력도 했다. 그 결과, 2015년 대비 2022년에 GDP는 18.8%나 성장했다. 반면 노동 생산성 지수는 7.0%만 상승했다.[10] GDP 성장만큼 노동 생산성 지수는 개선되지 않았다. 많은 구성원이 다양한 산업 현장에서 꾸준히 개선했으나 아직은 멀었다. 여기서 우리나라 산업 구조의 큰 그림을 그리고, 방향을 수립하는 일은 다른 전문가들에게 맡기자. 우리 각 구성원은 노동시간 대비 성과를 올리는 곳에 집중하자. 최고의 방법은 각자의 직무에서 몰입도를 높이면 된다.

직무 몰입은 두 가지 방향이 있다. 하나는 주어진 시간 안에 더 많은 산출물을 만드는 '양^{Quantity}'의 개념이다. 다른 하나는 산출물의 '품질^{Quality}'을 더 높이는 것이다. 이것은 각자 담당하는 직무 성격과 관련되어 있다. '양'은 대표적으로 제조 생산 부서이고, '품질'은 사무·연구·디자인 부서들이 해당한다. 어느 부서든 구성원들이 그들의 직무에서 몰입도를 높여야만 가능하다는 건 동일하다.

조직 구성원들의 높은 직무 몰입이 가져오는 긍정적인 면들을 살펴보자. [그림 1]은 2023년 갤럽^{Gallup}에서 발표한 '직원 몰입도와 조직 성과 비교' 내용의 일부를 그래프로 나타낸 것이다.

갤럽은 구성원들이 그들의 직무에서 높은 몰입도를 가진 조직과 낮은 몰입도를 가진 조직의 성과를 비교했다. [그림 1]처럼 직무 몰

[그림 1] 직원 몰입도와 조직 성과 비교

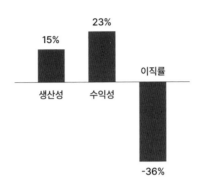

고몰입 조직 vs 저몰입 조직

입도가 높은 조직은 생산성은 15% 증가하고, 순이익은 23% 증가하며 구성원들의 이직률은 36% 감소했다. 또 다른 자료를 보면 높은 성과를 내는 직원과 일반 직원의 생산성을 비교했는데 일반직군에서는 4배, 소프트웨어 직군에서는 12배까지 차이가 났다.[11] 즉 직원 몰입도가 높으면 조직 생산성도 함께 올라가고, 개인별 직무에 따라 큰 차이가 발생한다는 사실을 알 수 있다.

수식어가 필요 없는 기업인 '애플'의 인재 채용 철학은 B급 인재를 뽑으면 C급 인재로 가득 찬다며 항상 최고의 인재만을 뽑는다고 한다. 지금은 고인이 된 애플의 前 CEO 스티브 잡스는 A급 인재는 일반인보다 50~100배의 성과를 낸다며 그 중요성을 크게 강조했다. 물론 애플 같은 기업에는 역량 있는 A급 인재들이 몰려 선발만 잘하면 된다. 인재를 찾아 헤매는 여기 리더의 현실과는 거리가 멀다. 하지만 A급 인재를 선발한다고 모든 일이 해결되는 것도 아니다. 이들을 어떻게 관리하느냐가 사실 더 중요하다. 스티브 잡스가 말한 다음의 내용도 리더는 꼭 알고 있어야만 한다.

"좋은 직원들을 뽑아 놓았다면 그 친구들이 결정을 내려야 한다. 의견을 내는 사람의 직급을 고려하지 말고 아이디어만 놓고 판단해야 한다. 안 그러면 좋은 직원들이 떠난다. 스마트한 사람을 뽑아 놓고 뭘 하라고 지시하는 것은 말이 안 된다. 뭘 하면 좋을지를 그 친구들이 우리에게 말하라고 뽑은 거다."

그는 인재 관리에 있어서도 천재적이었음을 알 수 있는 좋은 사례다. 구성원들을 관리하는 방법에 대해 자세한 내용은 이 책 3부에서 다시 소개하겠다.

구성원들이 그들의 직무에 몰입하면 그 결과로 높은 성과가 따라온다는 사실은 당연하다. 문제는 이 당연한 일을 조직에서 제대로 실행하지 못하고 있다는 현실이다. 직무에 몰입하든 그렇지 않든 지출되는 인건비와 투입하는 시간은 동일하다. 구성원들의 업무 성과물을 보면, 리더는 몰입하지 않는 구성원이 누군지 바로 알 수 있다. 기대 대비 성과물의 '양' 또는 '질'의 차이를 쉽게 파악할 수 있기 때문이다. 인건비가 리더의 주머니에서 나가든 그렇지 않든 간에 이런 저생산성, 비효율을 방치하고 있는 리더 또한 문제다. 리더도 더 높은 생산성을 위해 적극적으로 개선의 노력을 해야만 한다.

'조용한 사직 Quiet Quitting'

최근 조용한 사직이라는 용어가 유행하고 있다. 2022년 미국에서 자이들 펠린이라는 엔지니어가 그의 SNS에 처음 사용한 것으로 알려져 있다. 조용한 사직이란 실제 퇴사는 하지 않지만, 자신이 맡은 일에서 더 잘하려는 생각을 그만두고 최소한의 업무만 처리하는 태도를 말한다. 같은 해 국내의 한 채용정보업체에서 설문 조사한 결과, 월급을 받는 만큼만 일해야 한다는 응답이 70%나 되었다.[12] 2024년 3월, 또 다른 설문 조사 결과 현재 조용한 사직 상태라는 답변이 51.7%나 된다고 한다.[13] 여기서 중요한 점은 소위 MZ세대 직장인뿐만 아니라 직장 경력이 높은 17~19년 차도 54% 이상이 조용한 사직 중이라고 한다. 개인과 조직 모두에게 안타까운 현실이다.

신입과 고연차 직원을 가리지 않고 조용한 사직이라는 사회적 현상이 나타나는 이유는 이 문제가 밖으로 드러날 만큼 흔해졌다는 뜻이다. 사실 조용한 사직 상태의 구성원들은 과거에도 있었다. 스스로 돌이켜 봐도 과거에 이렇게 일한 적이 있었다. 당시 조직과 동료들에게는 미안한 일이다. 이처럼 조용한 사직에 있는 구성원은 현재 맡은 직무와 소속된 조직에서의 성과와 성장에는 관심이 없다. 그는 지금까지의 지식과 경험만으로 상사와 동료들로부터 욕먹지 않을 정도로만 수행한다. 새롭게 주어지는 업무에 대해서는 최대한 거부하려고 애쓴다. 욕먹지 않을 정도로 일할 때는 관행적으로 하던 업무만 하고, 새로운 학습이 필요한 과제나 업무는 가능한 거부한다.

결국 동료들에게 그 일이 넘어간다. 조직 미션에는 가급적 눈 감고 개인 시간을 확보하는 데 더 관심을 둔다. 이는 조직의 미션과 담당 직무가 개인이 추구하는 가치와 맞지 않기 때문이다. 이 구성원은 지금 조직과 직무에서 개인의 성과와 성장을 포기한 상태다. 리더도 그의 관심사가 현업에 있지 않다는 점은 이미 잘 알고 있다.

직원 존중을 강조했던 폴 마르시아노 박사도 동일한 생각을 말하고 있다. 그는 몰입도가 낮은 직원의 특징을 다음과 같이 소개했다.

"몰입도가 낮은 직원의 가장 큰 특징은 무관심, 즉 '난 그런 거 관심 없어'라는 태도다. 이런 직원은 직장에 자신의 몸과 마음을 다 쏟지 않는다. 업무에 대한 자부심도 없다. 가장 신경 쓰는 건 일을 최대한 적게 하면서 월급은 꼬박꼬박 받아 가는 것이다. 이렇게 시간만 때우는 직원들을 데리고 훌륭한 성과를 올린 조직은 하나도 없다. 몰입도가 낮은 직원은 단지 업무에 무관심할 뿐만 아니라, 조직의 활력을 갉아먹는 행동을 하기도 한다. (중략) 이런 직원은 자신의 상사나 조직에 대한 유대감을 전혀 느끼지 않는다."[14]

이런 조직에서 리더와 구성원들의 성과와 성장은 무슨 의미가 있을까? 일하는 재미를 느낄 수 있을지 의문이다. 대기업이나 공기업 같은 크고 안정적인 조직에서 조용히 사직한 구성원들은 이 상태로 가능한 한 오래 머무는 것이 희미하게 남아 있는 목표이자 동기이다. 중소기업이나 스타트업 등의 작은 조직에서는 '잡호핑Job Hopping'[15]으로 나타난다. 이 역시 국내 채용정보업체에서 설문 조사한 결과, 조직 구성원의 38.8%가 스스로 잡호핑족이라고 말했다.[16] 주위에서도 잡호핑을 하는 사람들을 오히려 능력이 있다고 받아들이는 상황이다. 잡호핑족은 일에 대한 가치관이 조직과 함께 성장하는 데 있지 않다. 오히려 개인의 성장에 현 조직을 활용하고 있다. 활용한다는 것에 너무 예민할 필요는 없다. 리더들도 인재 가치에 대한 인식도 부족하고, 또 인재를 활용해서 리더의 성과에만 관심 있지 않은가. 모두 자연스럽게 받아들이자.

잡호핑의 이유가 무엇이든 조직, 리더, 구성원 모두 '퇴직'에서 발생하는 손해를 감수하겠다는 생각이 더 크다. 그래서 이런 일이 빈번히 일어나고 있다. 사실 조직의 손해가 더 크다. 구성원 입장에서는 경력도 쌓고 연봉도 올라가기 때문에 이전 조직의 인적 네트워크 등 무형 자산을 가볍게 생각할 수 있다. 원만하게 이직한다면 전 직장의 인적 네트워크도 손실이 발생하지 않을 수 있다.

하지만 조직 입장에서는 그렇지 않다. 퇴직한 구성원이 지금껏 성과를 낼 수 있도록 함께했던 시간은 물거품이 된다. 결과물에 대한 신뢰도는 떨어지고 활용하기에도 불안하다. 가장 큰 문제는 그 자리를 맡길 인재를 채용하는 일에 다시 많은 자원을 투입해야만 한다. 채용 비용과 시간은 물론이고, 리더 및 채용 담당 조직의 에너지를 전부 투입해야 한다. 그렇다 해도 리더가 기대하는 조직과 직무에 적합한 인재를 찾을 수 있다는 보장도 없다.

'인재분해: 3B'를 통한 성장 전략

이런 일들이 리더 조직에서 일어나게 하고 싶지 않았다. 또 막연한 조언이 아닌 실질적으로 도움이 될 구체적인 실행 방법까지 제안하고자 고민했다. 23년 가까운 조직 경험과 그동안 다양한 지식과 정보를 습득하고 축적했다. 그렇게 오랜 시간 숙성해서 도출한 통찰의 결과가 '인재분해: 3B'이다. 3B는 'Bowl, Ball, Ball Driving'의 첫 글자로, 각각 '기질, 학습 능력, 동기'를 상징하는 단어다. 인재의 기질은 그릇Bowl이고, 학습 능력은 공Ball이다. 그리고 그릇 속에서 공을 열심히 돌리는 힘이 바로 인재의 욕구이자 동기Ball Driving다.

이 책에서 말하는 '인재'는 기질과 잘 맞는 직무에서 남들보다 뛰어난 학습 능력으로 자발적 동기로 일하는 구성원을 말한다. 그렇지 못한 인재는 3B 중 무언가 문제가 있다고 보면 된다. 따라서 우리는 인재를 3B라는 기준으로 분해해서 이해하고 관리하면 된다. 리더와 조직은 제대로 작동하지 않는 인재의 'B'를 찾아서 개선하면 된다. 3B는 조직에서 인재를 알아보기 위한 최소한의 필수 검증 모델이다. 이 책은 이 3B의 개념과 중요성, 그리고 응용하는 방법을 담았다.

『나의 문화유산 답사기』의 저자 유홍준 교수는 '아는 만큼 보인다'라고 했다. 이 말은 시간이 오랫동안 흘러도 변하지 않는 진리라고 생각한다. 이처럼 시대를 관통하는 통찰을 짚은 그의 혜안에 깊이 감탄하게 된다. 우리는 새로운 여행지에 가면 그곳의 자연, 건축

물, 조각품, 미술품, 그리고 생활 방식 등을 보고 느끼며 경험한다. 시간이 흐른 뒤 그때는 몰랐던 이야기를 들으면 그제야 '아, 그랬구나!' 또는 '이런 걸 못 보고 왔구나!'라고 아쉬워할 때가 많다. 이런 일은 누구에게도 예외는 없다. 누구라도 이러한 경험을 하게 된다. 그래서 '아는 만큼 보인다'라는 말이 더욱 대단하게 느껴진다.

누군가는 이렇게 말할 수도 있다. 여행의 목적에 따라 다른 것 아니냐고. 단지 일상에 지친 몸과 마음에 휴식을 주고 에너지를 재충전하러 가는 여행에 그렇게 빠뜨림 없이 스트레스 받으며 공부할 필요가 있을까? 물론 주요 관광지만 가서 수박 겉핥기로만 보고 와도 여행의 목적을 달성할 수 있다. 새로운 곳에 무사히 잘 다녀왔다는 경험도 소중하니까. 그렇지만 어렵게 시간을 쪼개고 힘들게 모은 돈을 들여서 간 여행이었는데 돌아와서 보니 놓친 것이 많았다면 그 기분은 어떨까? 똑같은 시간과 비용을 투입하고도 얻어 오는 경험과 성과의 차이가 크다면?

이 책은 단순히 여행지에 갔다 오기 위한 가이드북이 아니다. 여행지에 가서 더 많이 보고, 경험하고, 더 깊이 알게 하는 게 목적이다. 이 책에서 주로 다루는 인재와 조직 성과 관점에서 보자. 평범한 리더가 있는 조직은 평범한 결과만 얻는다. 평범하다는 단어가 모호한데 이렇게 바꾸면 된다. 평범하다는 것은 누구나 익히 알고 있고, 또 충분히 예상할 수 있다고 이해하면 된다. 이 정도에 만족하는 리더는 이대로 그냥 계속 가면 된다. 여행을 다녀왔다는 것만으로도 만족하듯이, 현 성과에 만족하니까 말이다.

그러면 남들과 다른 탁월한 성과와 조직의 지속 성장을 고민하는 리더는 어떨까? 이 책은 이런 리더를 위해 썼다. 구성원들이 그들의 직무에 몰입하면 조직의 성과는 자연스럽게 따라온다는 명제를 바탕으로 하고 있다. 그리고 구성원들의 높은 직무 몰입을 위한 실질적인 방법을 제시한다. 최종적으로 조직의 성장이 곧 인재의 성장이라는 '상호 윈-윈Win-Win'이 궁극적인 목적이다. 이를 실현하는 도구가 바로 '인재분해: 3B'이다.

한 조직의 구성원들을 잘 이끌어 성과를 내야만 하는 리더가 있다. 처음 걷게 된 리더이든, 지금까지 한참 걸어온 리더이든 상관없다. 결국 구성원들을 잘 알고, 잘 관리해서 조직의 성과를 만들기만 하면 된다. 비즈니스의 목적은 무엇인가? 경영 성과를 만드는 것이다. 경영 성과는 리더 혼자서는 절대 만들 수 없다. 구성원들과 함께 할 때만 가능하다. 리더는 구성원들이 성과를 극대화하도록 방향을 제시하고, 직무에 몰입하게 만들어서 결국 경쟁자들을 넘어서야만 한다. 왜 '조직organization'이고, 왜 '경영management'인가? 한정된 자원을 투입해서 최대의 성과를 만들기 위해 구성원들을 조직화하고 또 지속 가능하도록 경영하는 것이 목적 아닌가?

세계적인 경영 사상가이자 경영 컨설턴트인 짐 콜린스는 2010년에 한 국내 신문사와의 인터뷰에서 다음과 같이 강조했다.

"7000년 치에 해당하는 기업 역사 데이터를 수집하고 분석해 온

나에게 누가 다른 모든 것에 우선하는 한 가지 기술을 30초 이내에 답해 달라고 한다면 나는 적합한 사람을 뽑아 적합한 자리에 앉히는 일이라고 말하겠다."[17]

또 KAIST 경영대학 이창양 교수는 다음과 같이 말했다.

"경영은 곧 사람을 다루는 것 (중략) 경영의 핵심이라고 할 수 있는 제품 및 서비스 혁신 능력과 소통 및 동기 유발 능력은 모두 인간의 본질에 대한 수준 높은 이해와 연결되어 있는 것이다."[18]

이처럼 많은 석학이 조직에서 인재의 중요성을 강조하고 있다. 인재(人材)가 되느냐, 인재(人災)가 되느냐는 리더에게 달려 있다. 구성원들의 높은 직무 몰입을 유도하고 조용한 사직을 선택하는 구성원들을 최소화할 수 있는 일은 리더만이 할 수 있다. 많은 구성원 중 자발적으로 높은 직무 몰입 상태로 일하고 있는 구성원이 있다면 이는 꼭 붙잡아야 할 인재다. 갤럽의 2024년도 리포트를 보면, '직무 몰입을 하고 있다'라는 비율은 세계 평균 23%이다. 반면 우리나라는 13%밖에 되지 않는다. 아직 갈 길이 멀다고 생각할 수 있지만 달리 보면 조금만 개선해도 충분히 상승할 수 있다. 그래서 리더들의 책임과 역할이 중요하다. 이런 리더들에게 '인재분해: 3B'는 실용적인 도구이자, 훌륭한 무기가 될 것이다.

리더십은 리더도 어렵다

'던바의 수'라는 용어를 들어본 적이 있는가? 던바의 수는 영국의 인류학자이자 진화 심리학자인 로빈 던바가 1993년에 발표한 연구이다. 던바의 수는 한 인간이 안정적으로 관계를 유지할 수 있는 적정한 수를 말한다. 그의 연구에서 던바의 수는 대략 150명 정도이다. 이 수는 인간의 뇌 크기와 인지 능력에 기초하여 계산된 값이라고 한다. 이는 사람들이 개인적인 관계에서 인지도 가능하고, 신뢰와 유대를 쌓을 수 있으며, 원만한 커뮤니케이션을 유지할 수 있는 한계이다. 그 이상의 인원과는 의미 있는 사회적 관계를 유지하기 어렵다고 한다.[19] 그러나 이 수는 느슨한 관계로서 연락이 되면 언제든 반갑게 맞이하는 사람까지도 포함되어 있다. 우리는 몇 달, 몇 년간 무소식이었더라도 오랜만에 보면 반갑게 맞이하고 돈독한 관계도 유지할 수 있다. 이 정도 관계라면 던바의 수 150명은 맞을 수도 있겠다.

그러나 비즈니스 세계에서는 이 수를 더 줄여야만 한다. 주어진 기한 내에 성과를 만들어야 하는 리더와 구성원들은 훨씬 더 집중하고 몰입하고 소통해야만 한다. 매일, 매 순간 압박받고 중요한 일을 처리해야 하는 환경이라면 이런 조직은 구성원 수를 대폭 줄여서 관리해야 한다. 목숨이 오가는 가장 극단적인 상황에 있는 군대를 보자. 분대, 소대, 중대, 대대 등이 있지만 전문 리더 교육을 받은 장교가 지휘하는 최소 조직은 소대부터이다. 소대는 병과와 보직의 특성에 따라 달라질 수는 있지만 대략 30~40명 수준이다. 누군가를 헤치지 않고 단시간에 승부를 내야만 하는 스포츠를 보자. 여러 명이 한 팀이 되어 한정된 시간에 승리라는 성과를 가져와야 하는 조직형 스포츠 말이다.[20] 프로스포츠에서 정규리그 팀 기준으로 필드에서 뛰는 선수의 수는 야구가 9명, 축구는 11명이다. 교체 선수들을 포함하면 각 26명, 20명까지 출전 가능하다. 여기에 코치와 스태프들을 추가한다면 팀당 30~40명까지도 된다. 물론 한정된 경기장 내에서 팀 간 공정한 경기를 위해서 선수 수를 제한한 결과일 수도 있지만, 중요한 점은 오랜 시간 동안 많은 사례를 통해 수렴된 선수 규모인 것은 확실하다. 이 정도 규모는 감독이 선수 개개인의 장·단점을 파악하고 코칭이 가능하다.

과거 조직 생활 경험에 비춰 보면 대략 30~40여 명이 넘어가면 리더들은 구성원들과 주기적으로 얼굴을 맞대는 일이 어려워졌다. 그래서 리더의 업무 효율을 위해 중간 관리자를 두고, 이들과 대화를 더 많이 했다. 이 중간 관리자가 다시 조직 구성원들을 관리하는 방식이었다. 이 방식의 장점은 리더 입장에서 시간을 효율적으로 사용할 수 있다. 과제를 중간 관리자에게 전달하고, 그 결과를 중간 관리자를 통해 챙기기만 하면 된다. 그리고 차기 리더를 육성하는 경로로도 활용된다. 단점으로 리더는 조직 구성원들 개개인에 대한 강점과 약점을 파악하고 코칭할 수 없다. 조직 구성원의 성장이 제대로 이뤄질 수 없다. 조직 구성원들도 리더와의 심리적 거리가 멀어져 원활한 소통이 힘들어진다. 리더와 조직 구성원 사이에 중간 관리자라는 일종의 필터가 생기기 때문이다. 따라서 비즈니스 세계에서 던바의 수는 30~40명 이하가 적합하다.

그래서 첫 번째로 이 글을 쓸 때 머릿속에 떠올린 대상은 구성원수 30~40명 이하의 대표와 조직의 리더였다. 가장 중요한 기준은 리더가 구성원들 개개인에 대해 파악이 가능한 규모 여부이다. 근거는 앞서 살펴본 바와 같다. 게다가 필요시 조직 내부에서 직무 조정이 가능한 규모이기 때문이다. 리더는 조직을 이끄는 과정에서 전체 구성원들과 일대일로 자주 접촉할 수 있어야 한다. 그래서 리더에게 조직 관리 방법 중 하나로 '원온원'[21]을 적극 활용하기를 추천한다.

이 정도 조직 규모의 리더는 '인재분해: 3B' 기준으로 구성원들을 파악하는 데 부담이 가지 않는다. 오히려 조직 성과와 성장을 고민하는 리더라면 이들의 3B를 파악하는 데 더욱 에너지를 쏟아야 한다. 이 규모의 조직은 업무 기능별로 전문 직무가 세분되어 있을 확률이 높다. 따라서 성과가 낮은 구성원들을 기질과 직무 성격에 맞춰 재배치하는 일에도 큰 어려움이 없다. 10명 이하의 소규모 조직은 어떨까? 이 정도 조직 규모는 구성원 개인이 맡은 직무의 범위가 넓고, 그 경계도 모호할 수 있다. 서로 품앗이하듯이 각자 전문 직무의 경계를 넘어서 수행할 때도 많다. 여기 구성원들은 직무를 재조정하기 쉽지 않거나, 의미가 없을 수도 있다. 이때는 구성원들의 직무를 전문 분야에 배치하되 조직 성과를 위해 직무 범위를 서로 오버랩해 놓는 방법으로 운영할 수 있다. 그리고 리더는 이러한 조직 특성을 자주 강조할 필요가 있다.

무엇보다 가장 중요한 점은 리더와 구성원이 일대일로 빈번한 접촉과 관리를 할 수 있는지 여부다. 리더가 이 정도 규모의 구성원들을 관리할 수 있으면 구성원 수를 늘려도 된다. 그러나 관리가 힘들다면 그 수를 줄여야 한다. 즉 해당 직무나 부서를 나눠야만 한다. 그럴 수 없다면 리더 권한을 구성원들에게 일부 위임하고, 구성원들의 3B를 파악하고 관리할 수 있는 시간을 더 확보해야만 한다. 적정한 조직 구성원 수에 대한 기준은 리더의 역량과 업무량에 좌우된다. 중요한 것은 리더가 '인재분해: 3B'의 눈으로 볼 수 있는 범위인지 아닌지이다.

앞에서 언급한 원온원은 리더와 구성원이 서로 가면을 벗고 솔직하게 대화를 나눌 수 있는 좋은 기회이다. 구글의 전 CEO 에릭 슈미트가 참여해서 쓴 책『빌 캠벨, 실리콘밸리의 위대한 코치』에도 다음과 같은 조언이 나와 있다.

"일대일 미팅을 구조화하고 미팅을 준비하는 데 시간을 투자하라. 이런 미팅이야말로 사람들을 더욱 효율적으로 만들고 성장시킬 수 있는 최고의 수단이다."[22]

업무를 지시하는 상사와 이를 수행하는 부하 직원이라는 위계 관계가 되어서는 안 된다. 시야가 넓고 정보와 경험이 많은 사람과 그러지 못한 사람의 자세로 대화해야 한다. 그렇게 해야 구성원을 수동적으로 만드는 '티칭teaching'이나 '피드백feedback'이 아닌 능동적인 자세를 만드는 '코칭coaching'[23]이나 '조언advice'이 된다. 티칭이나 피드백은 어떤 결과물에 대한 반응이다. 과거 행위에 대해 지적이 돌아오면 조직 구성원은 위축되고 소극적인 자세가 된다. 매번 수동적인 자세가 나온다. 코칭이나 조언은 구성원이 과제를 수행하는 과정에서 막히거나 도움이 필요할 때 경험 많은 리더가 개입하는 것이다. 일의 추진 주체는 여전히 구성원이 가지고 있다. 자세가 당연히 능동적일 수밖에 없다. 무엇이든 자발적이고 능동적인 자세가 되어야 일의 재미도 있고, 본인의 고유한 색깔이 나온다. 물론 리더도 마찬가지다.

그렇다면 얼마나 자주 원온원을 해야 할까? 명확하게 정해진 기준은 없다. 그렇지만 참고할 내용이 있어서 소개한다. 갤럽 리더십 연구소 강사이자 성과 관리 프로그램 컨설턴트인 마커스 버킹엄과 시스코 시스템즈 리더십·조직 역량 담당 부사장인 애슐리 구달은 「성과 관리 시스템 재설계: 딜로이트의 실험」이란 자료에서 다음과 같이 제시하고 있다.

"가장 좋은 성과를 내는 팀 리더들의 행동을 분석한 결과, 뛰어난 리더들은 각 팀원과 진행 중인 업무에 대해 정기적으로 면담을 하는 것으로 나타났다. 짧은 면담 중에 리더들은 다음 주 예정 업무에 대한 기대치를 설정하고 우선순위를 검토하며, 최근 업무 성과에 대한 의견을 제시하고, 업무 방향을 조정하거나 코칭해 주거나 중요한 새 정보를 건네기도 한다. (중략) 새로운 시스템은 모든 팀 리더에게 팀원 각자와 주 1회 면담을 하도록 요구한다. (중략) 면담이 주 1회 이상으로 이루어지면 팀원의 우선순위가 모호해지거나 팀원 자신을 어필하는 데 그칠 수 있고, 리더도 도움을 주기 어려워진다. 면담 내용 역시 예정된 업무에 대한 코칭이 아니라 과거 성과에 대한 피드백을 주는 자리로 변질된다. 면담에 어떤 내용이 오가느냐는 면담의 빈도에 달려 있다. 팀원들과 가까운 미래에 좋은 성과를 내는 방법을 의논하려면 자주 대화해야 한다. 우리는 지금까지 테스트를 통해 면담의 빈도와 팀원들의 업무 몰입도 사이에 직접적이고 측정 가능한 상관관계가 있음을 알아냈다. 잦은 확인이야말로 팀 리더에게 가장 효과적인 도구였다."[24]

그리고 세계적인 미래학자 다니엘 핑크도 국내 한 포럼에서 구성원들의 동기부여 관련 원온원 빈도에 대해 조언했다.

"개인적으로 동기부여를 하기에 최고의 방법 중 하나는 '매주 한 번씩 색다른 일대일 회의를 하는 것'이다. 그중에서도 자신의 보스와 일대일로 회의하는 것이 효율적이다. 조직의 신진대사를 높이는 의미에서도 매주 하는 일대일 회의가 효과가 있다."[25]

두 사례를 보면 모두 리더와 구성원들 간에 원온원을 주 1회 실행할 것을 권장하고 있다. 리더 입장에서는 매주 전 구성원들과 일대일로 면담을 나누는 일이 부담일 수 있다. 그러나 우리가 자동차 운전을 할 때를 생각해 보자. 아무리 직선 구간이라고 하더라도 핸들을 짧게 조정하면서 나아간다. 곡선 구간은 더 말할 필요가 없다. 만일 핸들 조정을 하지 않고 장시간 방치한다면 어떻게 될까? 직선 구간에서도 서서히 옆 차선을 침범하게 된다. 곡선 구간에서는 이미 길 밖으로 튀어 나가 어딘가를 들이박는 사고가 났을 것이다. 조직 구성원과의 미팅도 마찬가지다. 주기적으로 적절한 시기에 코칭을 한다면 모두가 불필요한 에너지 소비 없이 옳은 길로 나아갈 수 있다. 반면 오랫동안 방치한 뒤에 돌아본다면 이미 경로를 벗어나 손쓸 수 없는 상황이 된다. 그뿐만 아니라 이를 바로 잡는 데는 더 많은 에너지를 쏟아야만 한다.

리더와 조직은 원온원을 실질적으로 운영 가능하도록 조직의 규모를 조정해야 한다. 만일 쉽지 않다면 리더 권한을 위임하는 방식 등의 해결책을 찾아야 한다. 그러면 조직 구성원들은 리더와 조직에 대한 신뢰와 높은 직무 몰입으로 응답할 것이다.

두 번째로 떠올린 대상은 최근 새롭게 조직을 이끌게 된 신임 리더이다. 이들은 공식적인 리더로 임명되기 전에는 고참 직원이었거나 비공식적인 하위 파트의 리더였을 것이다. 이때는 직무 경험과 경력이 많은 조직 구성원이었지만 조직 관리 측면에서는 한걸음 떨어져 있는 위치다. 이제는 기존에 함께 일해 왔던 동료들이 관리해야 할 대상으로 바뀌었다. 게다가 당연히 조직 성과에도 책임을 지게 되었다. 담당 직무에서 실무 역량만을 발휘했던 이전과는 달리 리더로서 조직 관리 역량까지 발휘해야만 한다는 부담감이 생겼다.

한 가지 다행인 점은 구성원들의 성향을 어느 정도 알고 있다는 점이다. 대부분이 그동안 계속해서 손발을 맞춰 함께 일해 왔기 때문이다. '누구는 믿고 맡길 만하고, 누구는 기대보다 못하며, 누구는 이런 장점이 있고, 누구는 이런 문제가 있다'라는 경험과 생각을 가지고 있다. 그러므로 과거의 동료이자 현재의 조직 구성원들을 조금은 더 쉽게 '인재분해'를 할 수 있다. 신임 리더는 지금까지 잘해 왔던 구성원은 앞으로도 계속 방해하지 않으면 된다. 기대에 미흡했던 구성원은 평소 동료로서 가감 없이 토로했던 문제를 해결해 주면 된다. 그러면 그들은 더 직무에 몰입하고 자연스럽게 더 높은 조직 성과를 창출하게 된다.

추가로, 조직 구성원 입장에서 본다면 조직 내에서 함께했던 동료가 동일 조직의 리더가 되었기 때문에 원온원을 더욱 편하게 받아들일 수 있다. 이미 서로가 가면을 벗고 보냈던 시간이 훨씬 많았기 때문이다. 원온원에서는 서로가 가면을 쓰고 있을 필요가 없다.

세 번째 대상으로는 자신의 진로에 대해 고민하는 우리 모두이다. 초·중·고를 다닐 때 자신의 진로를 빨리 결정한 사람들을 보면 무척 부럽기까지 하다. 청소년기에도 그들은 메타인지[26]가 활발히 작동하고 있다. 자신의 강·약점과 주 관심사를 잘 알고 있고, 선택한 목표를 향해 나아가고 있다. 그러나 우리 스스로 무엇을 잘하는지를 찾는 일은 쉽지 않다. 사회 경험이 적은 학생 때는 무엇을 할지,

어떤 일이 나와 맞을지 고민이 많다. 사회 경험을 열심히 익히고 있는 20~40대는 과연 '내가 선택한 이 길이 맞는가'라는 의심이 끊이질 않는다. 그리고 자의 반 타의 반으로 조직과 현업에서 물러날 때인 50~60대에는 좁아진 취업 시장에서 무엇을 할 수 있을지를 고민하게 된다. 인생 전체를 보면 시간이 흐를수록 나의 자유의지로 선택할 기회들은 좁아진다. 반면 책임져야 할 일들은 시간이 지날수록 비례해서 많아진다. 고민이 늘어날 수밖에 없다.

지금까지도 이런 고민을 하고 있다면 스스로 '인재분해: 3B'를 짚어 보길 추천한다. 스스로 어떤 기질을 가졌는지, 학습 능력은 얼마나 되는지, 그리고 나를 움직이게 만드는 동기는 무엇인지를 생각해 보길 바란다. 그런 다음에 거기에 맞는 직업과 진로를 선택하면 된다. 시간이 한참 지난 후에 현재 이 길이 잘못된 선택이었다는 후회는 훨씬 줄어들 것이다. 그 결과, 뒤늦은 시기에 자신의 인생 경로를 크게 변경하는 일은 없을 거라고 확신한다. '인재분해: 3B'를 통해 선택한 인생 경로에서는 사회적 위치와는 무관하게 스스로 만족하고 행복한 삶을 누리고 있을 것이다.

우리는 항상 효율을 말한다. 효율은 투입하는 자원은 적을수록, 성과물은 클수록 좋다. 누구나 알고 있는 사실이다. 그러면 사람, 즉 조직 구성원들에 대해서는 어떨까? 동일한 구성원을 데리고 동일한 인건비를 쓰고 있는데, 과연 그 성과물도 동일하게 가져갈 수 있을까? 모두가 쉽게 예상했듯이 그렇지 못하다. 당연히 조직 구성원은 사람이지 기계가 아니다. 사람은 효율이 계산된 기계와 달리 투입 대비 성과물을 예상할 수 없다. 리더는 조직 구성원들을 월급이 많고 적음에 개의치 않고, 그들을 직무에 몰입하게 만들 수도 있다. 반면에 월급을 많이 줘도 기대만큼의 성과가 나오지 않을 수도 있다. 그럼에도 주위의 리더들을 보면 이런 점을 생각하지 못하고 있다. 성장과 성과 향상의 개념이 부족하다. 그냥 현 상황이 앞으로도 계속 유지됐으면 하는 것이 1순위 목표다. 이렇듯 리더의 눈높이가 낮기 때문에 구성원들이 조금만 일에 신경 써 주면 인재^{人材}가 되고, 조금만 거슬리면 인재^{人災}가 되어 버린다. 그저 구성원들이 일을 대하는 자세가 리더인 내 마음에 드느냐 들지 않느냐의 차이다.

최고의 컨설턴트라고 불리는 램 차란, 전 맥킨지&컴퍼니 글로벌 회장이었던 도미닉 바튼, 그리고 세계 최대 인사 관리 컨설팅그룹 콘페리 부회장인 데니스 캐리가 함께 쓴 책 『인재로 승리하라 Talent Wins』에 리더가 인재를 직접 관리해야만 하는 중요성을 다음과 같이 강조하고 있다.

"인재가 킹핀^{Kingpin}이다. 인재는 전략보다도 큰 가치를 창출한다. (중략) 당신이 (그리고 성공을 원하는 모든 CEO가) 인재 관리에 직접 관여해야 할 이유가 바로 여기에 있다. 인재 배치는 투자처 결정만큼이나 중요하다. 회사의 재무 상황에 기울이는 것과 같은 수준의 관심을 인재 현황에 기울여라. 당신의 회사 구성원들은 각자의 잠재력을 최고로 발휘할 수 있는 업무와 직급에 배정되어 있어야 한다."[27]

2부에서 나오는 '인재분해: 3B' 모델은 오랜 조직 경험과 다양한 지식을 융합하고 깊이 숙성하여 뽑아낸 통찰의 결과이다. 여기에 리더들이 조금이라도 쉽게 현업에서 적용해 볼 수 있도록 '인재분해: 3B'라는 개념으로 단순화했다. 리더의 머릿속에 이해하기 쉽고, 오래도록 남기며, 다시 쉽게 떠올릴 수 있기를 의도했다. 그렇다고 인간은 단순한 존재가 아니라는 것을 잊지 말아야 한다. 정규분포의 좌우 끝단에 있는 예외적이고 특별한 사례들까지 설명하기에는 빈틈이 있을 수 있다. 즉 이 글이 완벽하다고 주장하지는 않는다. 그러나 인간의 보편적인 특성에 비춰 본다면 잘 들어맞을 거라고 확신한다. 혹여나 그런 예외적인 특별한 사례를 따로 알려준다면 '인재분해: 3B' 모델을 완성도 있게 만드는 데 큰 도움이 되겠다. 더글러스 맥그리거는 그의 저서에서 다음과 같이 말했다. 리더의 위치에서 충분히 새겨들을 만한 내용이다.

"인간의 본성을 우리의 바람에 맞추려 하기보다는 인간 본성에 맞추어 선별적인 방법을 찾아낼 수 있을 때 비로소 우리는 통제력을 향상할 수 있게 된다. 만약 통제에 실패했다면, 그것은 보통 부적절한 방법의 선택에서 이유를 찾을 수 있다. 자신이 바라는 대로 직원들이 행동하지 않는 것에 대해 직원들을 책망한다고 해도 자신의 경영 능력이 향상되는 것은 결코 아니다."[28]

1부

우리의
돈, 시간, 에너지가
낭비되고 있다

+

구성원들이 어떤 사람이고
무엇이 그들을 움직이게 하는지 파악하라.
사람이 가장 중요한 자원이기 때문이다.

— 레이 달리오(Ray Dalio)

두 번의 행운, 두 번의 경로 변경 그리고 새로운 도전

호기심이 많은 나로서는 무언가를 보고 듣거나 경험하면 그 '배경'에는 무엇이 있을지가 늘 궁금했다. 영화를 보면 스토리보다 새롭고 신기한 장면을 만든 방법과 보이는 화면보다 보이지 않는 화면 밖에는 무슨 일들이 오고 가는지가 더 궁금했다. 앞서 이를 '배경'이라는 한 단어로 표현했지만, 여기에는 다양한 것들이 올 수 있다. '왜 이런 일이 생겼을까? 이 일이 나에게는 어떤 의미일까? 이런 일들의 공통점은 뭘까? 이러한 일들이 세상 다른 곳에서도 똑같이 통할까?' 등 이런 성격은 곧바로 23년 가까이 되는 나 자신의 직장 생활을 돌이켜 보게 만들었다.

첫 번째 행운은 생각보다 빨리 찾아왔다. 대학교 4학년 1학기를 다니던 중 삼성SDI[29]에 공채 입사를 확정했다. 스스로 뛰어난 인재라는 생각은 하지 않았다. 당시 우리나라가 성장하는 시기여서 대학 졸업자들을 기업체에서 먼저 확보하려는 경쟁이 심했다. 덕분에 졸업과 동시에 입사했다. 본의 아니게 후배들에게는 미안하게 되었지만 정말 운이 좋았다. 외환 위기가 터지기 바로 직전에 대기업에 취직했기 때문이다. 회사에서는 신입 사원들의 부서 배치를 위한 프로그램들이 가동되었다. 신규 입사자들은 개발, 제조 등 기능별 부서와 근무 지역별로 해당 부서의 주 업무를 소개받았고, 짧은 시간 현장 실습 체험도 했었다. 이러한 교육을 통해서 호기심을 크게 자극했던 연구소에 지원했다. 당시 부피도 크고 무거운 브라운관을 대체하는 평면 디스플레이를 개발하는 부서였다. 다행히 이곳에서도 대졸 신입 사원을 필요로 하는 자리가 있어서 무리 없이 배치되었다.

그러나 첫 번째 행운은 빨리 끝났다. 입사 5년 만에 퇴사했다. 그때는 사람들의 생활 방식을 바꿀 신제품을 개발한다는 자부심이 가득했었다. 신제품 개발에 아이디어도 내고 검증하면서 완성도 높은 제품을 성공적으로 출시하는 데 기여하고 싶었다. 하지만 현실은 원하는 일을 할 기회를 얻지 못했다. 리더와의 면담을 통해 업무 변경을 약속받기도 했지만 끝내 지켜지지 않았다. 개발 일정과 품질 목표를 달성하기에도 정신없는데, 부서의 손발 역할을 하는 일개 직원을 위해 직무를 변경하는 일은 리더로서도 부담이 컸었나 보다. 개인의 바람과는 먼 단순 반복 업무만 계속되었고, 잦은 야근으로 결국 번아웃이 와 버렸다. 당시 회사는 7·4제를 운영하고 있었다. 아침 7시 출근, 오후 4시 퇴근이지만 실제로는 퇴근이 늦는 날이 빈번했다. 우스갯소리로 '별 보고 출근, 별 보고 퇴근'한다는 말이 정확했다. 그럼에도 조직 목표 달성을 위해 필요한 일이라고 이해했다. 다만 개인적으로는 답이 아니라는 생각뿐이었다.

지금도 마찬가지겠지만, 삼성그룹의 간판인 전자 계열사에서 제 발로 나가는 건 주변 사람 모두가 이해하기 힘든 일이었다. 반면 나는 개인의 성과를 인정받고 싶었던 욕구가 훨씬 강했다. 유한한 에너지와 시간을 모두 다른 곳에 쏟아붓고 있는 이 상황을 받아들일 수 없었다. 일의 의미와 재미는 사라졌고, 마음은 이곳을 떠났다. 결국 용기를 냈고 변화를 선택했다. 그 좋은 회사에서 퇴사했다. 지금에 와서 그때를 돌이켜 보면, 당시 조직 리더는 구성원들의 머리가 아닌 손발을 더 필요로 했다. 구성원들의 능동적인 의지보다는 리더의 지시를 빨리 실행하는 자세가 더 필요했다. 당시 리더도 조직 목표에 쫓겨 여유가 없었나 보다.

두 번째 행운은 쉽게 오지 않았다. 완전히 방전된 에너지를 충전하고 다시 구직 활동을 시작했다. 1년 넘는 시간을 마음 졸이며 보냈다. 다행히 행운이 찾아왔다. 전 직장에서의 직무 경험을 그대로 필요로 하는 LG전자에 경력직으로 입사할 수 있었다. 여기서는 이후 18년간 다양한 직무를 경험했다. 업무 성격으로 구분하자면 크게 연구개발 업무와 품질보증 업무로 나눌 수 있다. 연구개발 업무는 매년 신제품 출시를 위해 설계를 완성하는 일이었다. 품질보증 업무는 연구소에서 개발한 신제품이나 제조부서에서 생산한 양산품의 품질을 일관되게 관리하는 일이었다. 그리고 양산 제품의 수율과 품질을 검증하고 개선하는 제조 기술 직무도 잠시 수행했었다.

이 기간에 많은 일을 경험했다. 작은 규모의 리더도 맡아 보고 다양한 리더 밑에서도 일했다. 실력도 검증 안 된 경력 입사자를 믿고 힘을 실어 준 리더도 있었고, 반대로 사소한 것까지 본인 성격대로 끌고 간 리더도 있었다. 마냥 사람들과 어울리는 것을 좋아하는 리더도 있었고, 일 흐름을 읽고 적절히 매듭지어 줘서 조직과 후배들로부터 인정받는 리더도 있었다.

이처럼 다양한 직무와 리더들을 직접 경험했던 나는 그냥 흘려보내지 않았다. 앞서 호기심이 많다고 했다시피 이러한 경험을 돌이켜 봤다. 그러던 중 궁금한 질문들이 생겼다. "'나'라는 사람은 변함이 없는데, 왜 어떤 일은 며칠 밤새워 가면서까지 열심히 했을까? 왜 다른 일은 심적·시간적 여유가 있어도 죽도록 하기 싫었을까? 왜 이 리더는 일이 힘들어도 함께하고 싶은데, 왜 저 리더는 여유가 있어도 그냥 시키는 것만 하게 만들까?" 중요한 점은 일을 열심히 하든 그렇지 않든 조직은 월급을 꼬박꼬박 내줬다. 그리고 일을 잘하려는 의지가 있든 없든 특별히 뒤처지지만 않으면 가능한 한 오래 머물 수 있겠다는 생각도 들었다. 그러나 본심은 이런 상황을 좋아하지 않았다.

이내 호기심이 또 발동했다. 스스로에게 던졌던 질문을 확장했다. 개인이 아니라 조직과 리더의 시각으로 질문했다. "왜 조직과 리더는 구성원들의 직무 몰입에 관심이 없을까? 어떻게 하면 구성원들이 그들의 직무에 더 몰입하게 만들 수 있을까? 왜 동일한 급여를 주면서 더 많은 성과를 만드는 일에 신경 쓰지 않는 걸까? 대기업 같은 큰 조직은 직원 한두 명의 허점이 있어도 조직적으로 보완 가능하다. 그렇다면 규모가 크지 않은 조직, 중소기업·스타트업·소상공인 등은 어떨까?"

마침내 새로운 도전을 선택했다. 많은 시간 경험하고 고민했던 결과물을 가지고 똑같이 고민하는 대표와 리더들을 도와줘야겠다고 결심했다. 조직 구성원들이 어떤 조건에서 직무에 몰입하는지, 아니면 왜 퇴직을 선택하는지 그 차이를 정리하고 싶었다. 이를 통해 조직, 리더, 그리고 구성원까지 함께 성장하기를 원했다. 더 나아가 기업과 조직에서 퇴사자 발생에 따르는 비용을 제거하고 싶었다. 또 개인에게는 잘못된 경로에서 새로운 길로 변경함에 따른 기회비용을 없애고 싶었다. 결국 두 번째 퇴사했다. 또다시 주위 모두가 이해할 수 없는 선택을 했다. 하지만 이 선택이 나의 삶에 있어서는 가장 가치 있는 일이라는 것에는 의심의 여지가 없다. 이 꿈을 실현하기 위해 마침내 새로운 출발을 시작했다.

경로 변경 비용을 아십니까?

구성원의 퇴사로 인해 발생하는 비용도 만만치 않다. 조직은 구성원의 역할에 충실하길 기대하며 채용했다. 담당 직무를 원활히 수행하는 데 많은 시간과 비용을 들여 교육하고 육성했다. 그러나 그동안 쌓은 경험과 노하우는 구성원의 퇴사와 함께 휘발되어 버렸다. 비록 그 비용을 정확하게 계산할 수는 없겠지만 적지 않을 것임은 누구나 예상할 수 있다. 개인적으로도 퇴직한 두 회사의 인적 네트워크 손실도 있었고, 해당 직무 경험이 사회에 나오는 순간 초기화되는 손실도 있었다. 게다가 사회에서 자리 잡기까지 경제 활동을 못 하게 되어 수입이 끊어지는 문제는 자연스럽게 따라왔다.

이 상황을 조직과 개인의 문제가 아니라 우리나라 전체로 확장해서 생각해 봤다. '경로 변경 비용'이란 용어를 들어본 적이 있는가? 아마도 없을 것이다. 관련 자료를 검색해 봐도 나오지 않는다. 공식적인 자료도 없고, 타당한 계산 방법도 없어 순전히 개인적인 산출 방식으로 이 비용을 계산해 봤다. 결과는 놀랍게도 엄청난 규모의 금액이 허공으로 날아가고 있었다. 경로 변경 비용을 계산하는 데 참조한 데이터들의 출처는 명확히 밝혀 놓았다. 그럼, 다음 내용을 찬찬히 보자.

경로 변경 비용을 산출한 기본 방향은 우리나라의 전체 취업자 중 직무 적성이 맞지 않아 퇴직한 사람 수를 기준으로 했다. 이들을 채용부터 최소 3개월간의 수습 기간에 지출된 인건비와 조직에서 퇴직자 수만큼 다시 채용할 때 지출한 비용을 합산했다. 공식적인 자료는 아니므로 대략 이 정도의 규모라는 정도로만 이해해도 충분하다.

① 대한민국 취업자 수: 2,809만 3,000명[30]

② 대한민국 이직률: 15.5%[31]

③ 이직자 중 적성에 맞지 않은 직무로 퇴직한 비율: 26.3%[32]

④ 대한민국 취업자 중 적성에 맞지 않는 직무로 퇴사한 사람 수

= ①×②×③

= 114만 5,211명 (소수점 이하 반올림)

⑤ 대한민국 임금 근로자 월평균 임금: 300만 7,000원[33]

⑥ 적성이 맞지 않아 퇴직한 직원이 1개월 근무 시 발생하는 임금

= ④×⑤

= 3조 4,436억 4,991만 3,015원

⑦ 최소 직원 운영 기간: 3개월(일반적인 수습 기간 적용)

⑧ 채용 실패한 직원에게 지급되는 임금

= ⑥×⑦

= 10조 3,309억 4,973만 9,046원

⑨ 채용 실패한 직원이 수습 종료 후 퇴직까지 들어가는 총비용(4대 보험,
복리후생 등의 추정치): 임금의 1.5배

= ⑧×1.5배

= 15조 4,964억 2,460만 8,568원

⑩ 직원 1명 채용에 드는 비용: 1,272만 원[34]

⑪ 퇴직자가 채용 시장에 들어올 때 발생하는 총비용

= ④×⑩

= 14조 5,670억 8,392만 원

따라서

'경로 변경 비용' = 채용 실패 직원이 퇴직까지 들어가는 총비용 + 직원 채
용에 드는 총비용

= ⑨+⑪

= 30조 635억 852만 8,568원

우리나라에서만 1년에 직무 적성이 맞지 않아 퇴직한 사람들로 인해 발생하는 총비용이 30조 원 이상이라는 금액이 산출되었다. 이 규모는 2024년도 우리나라 국가 예산 656조 6,000억 원의 4.6%에 해당하는 규모다. 국가 전체 R&D 예산 26조 5,000억 원보다도 많다. 2024년 5월 현재 우리나라 인구수는 5,175만 1,065명이다.[35] 이 '경

로 변경 비용'을 전 국민을 대상으로 1인당 58만 원씩 공짜로 나눠 줄 수도 있다. 가구별로 지출되는 식비와 비교해 보자. 2022년도에 조사된 우리나라 일반 가구의 식비 평균이 62만 원이다.[36] 이는 4인 가구 기준으로 4개월간 먹고 생활할 수 있는 금액이다. 더 큰 문제는 이 규모의 비용이 매년 발생하고 있다.

이 경로 변경 비용은 '조직' 입장에서 계산해 본 금전적 손실이다. 시간적 손실은 또 어떨까? 조직이 직원 채용에 투입하는 시간을 생각해 보자. 채용 서비스 회사의 설문조사 결과를 보면, 기업체가 직원을 채용하는 데 32일이 소요되었다.[37] 여기에 '경로 변경 비용'을 계산할 때 적용했던 채용 실패 판정 후 퇴사까지의 수습 기간 3개월을 더하면 된다.[38] 그러면 조직은 채용 절차 개시부터 고용 계약 해지까지 4개월이란 시간을 헛되이 날리게 된다.

우리나라 전체로 다시 확대해서 계산해 보자. 앞서 ④항의 대한민국 취업자 중 적성에 맞지 않는 직무로 퇴사한 사람 수에 4개월을 곱하면 458만 844개월이 나온다. 이를 연 단위로 계산하면 38만 1,737년이라는 시간이 나온다. 즉 우리나라에서는 매년 38만 1,737년이라는 시간이 헛되이 사용되고 있는 중이다. 이 시간이 피부로 와 닿지 않는 것 같아서 다시 비교해 봤다. 단군이 고조선을 세운 B.C. 2333년부터 현재 2024년을 합하면 4357년이 지난 셈이다. 채용에 실패한 전체 시간과 비교하면 우리나라를 약 88번이나 세우고 지속할 수 있다. 이 시간을 우리나라 발전에 쏟는다면 당연히 지금보다 더 큰 성장을 이룰 수 있지 않을까?

지금까지 살펴본 바와 같이, 구성원이 조직과 직무를 이탈하게 되면 개인과 조직과 국가에 엄청난 손실이 발생한다. 이 비용과 시간을 제대로 된 곳에 썼더라면 하는 생각을 하지 않을 수 없다. 여기서 끝이 아니다. 개인은 자신에게 다시 적합한 경로를 찾는 일에, 조직은 다시 적합한 직원을 채용할 때까지 시간, 비용, 에너지를 계속 투입해야만 한다.

우리나라에만 한정해서 계산해 봐도 이런 천문학적인 비용이 매년 발생한다. 여기에 왜 손 놓고만 있는가? 이러한 손실이 당장 눈앞에 보이지 않아서? 이 경로 변경 비용을 줄이는 데 조금이라도 이바지하고 싶은 바람으로 이 책을 썼다. 그리고 이 통찰을 현장에 적용하고 확장하는 것이 새로운 도전이다. 이 시간 이후로는 경로 변경할 때 발생하는 비용, 시간, 에너지를 함부로 허비하지 말자. 전부 소중히 모아서 개인과 조직과 나라를 성장시키는 곳에 제대로 사용하자.

2부

인재분해: 3B, 인재를 구성하는 핵심 인자

+

사람이 알파이고, 오메가이다.
성공하는 기업과 경제의 비밀은
좋은 인재를 끌어들이고 유지하는 데 있다.

— 제프리 페퍼(Jeffrey Pfeffer)

인재는 리더에 따라 달라진다

'인재'란 무엇인가, 그리고 그는 누구인가? 굳이 사전적인 정의를 내리지 않아도 모두가 머릿속에서 조직 구성원 중 누군가를 떠올렸을 것이다. 여기서 리더의 수고를 덜어주기 위해 사전적 의미를 가져왔다. '인재는 조직의 비전과 미션을 잘 이해하고, 탁월한 성과를 내며 지속적인 발전 가능성을 지닌 직원'을 뜻한다. 동의하는가? 좀 더 피부에 와닿는 표현으로는 '리더의 마음에 쏙 들게 일을 잘하는 직원'이 인재다. 인재는 규모가 큰 국가이든 작은 가게 단위이든 관계없이 존재한다. 단지 그가 속한 조직 속에서 평범한 구성원들과는 달리 성과와 역량이 탁월한 사람들이다. 그들을 두고 우리는 흔히

'인재'라고 말한다.

국가 차원의 인재라면 각 분야를 대표하는 사람들이고, 또 머릿속에서 쉽게 떠올릴 수 있는 사람들이다. 반면 리더가 실질적으로 영향을 줄 수 있는 범위로 좁혀서 생각해 보자. 바로 지금 리더가 이끄는 조직 말이다. 리더 주위의 인재라고 한다면 동료들보다 뛰어나게 일을 잘해서 이 구성원이 없다면 조직에 큰 손실이라고 생각하는 사람이다. 따라서 리더 조직에서 가장 먼저 떠오르는 사람이 바로 '인재'다. 이처럼 인재에 대한 정의는 누구나 할 수 있다. 좀 더 직설적으로 '○○○처럼 일해 봐'라고 표현할 수도 있다. 그렇다면 과연 이 '○○○'은 절대 불변의 인재인가?

그렇지 않다. 해당 직무에서 해당 리더와 함께할 때만 인재다. 피할 수 없는 환경 변화로 직무나 리더가 바뀌게 되면 계속 인재로 인정받기 어렵다. 쉬운 예로 리더 마음에 쏙 들게 일 잘하는 구성원을 승진시키고 팀장으로도 앉혔다. 그런데 그는 조직 관리 능력이 없어 팀원들의 불만이 쏟아지고, 이들의 퇴사까지 발생했다. 이런 상황이라면 과연 계속해서 인재로 인정받을 수 있을까? 그래서 기술 직무의 인재가 부서장 등의 관리 직무로 갈 건지, 아니면 현업의 기술 전문가로 계속 남을지 조직 내 성장 경로를 구분해 놓기도 한다.

선수로서 뛰어난 성적을 거뒀다고 반드시 훌륭한 감독이 되는 것은 아니다. 오히려 평범한 선수 생활을 마치고 감독으로서 탁월한 성과를 내는 경우도 자주 볼 수 있다. 대표적인 사례가 영국 EPL의

맨체스터 유나이티드 FC의 '알렉스 퍼거슨 감독'이다. 그는 선수 시절에 한 차례 득점왕을 차지한 적은 있지만, 감독으로서 성취한 성과에 비하면 미미하다. 반면에 국내 프로야구의 '박병호 선수' 같은 또 다른 사례도 있다. 이는 뒤에 다시 살펴보도록 하자. 가장 중요한 핵심은 인재는 상대적이고 조직과 리더에 종속적이라는 점이다. 조직과 리더가 인재를 어떻게 활용하느냐에 따라서 달라진다. 직접 옆에서 지켜본 사례를 소개하겠다.

2000년대 중반 한 리더와 일할 기회가 있었다.[39] 그는 이전 조직에서 실력을 인정받는 인재였다. 당시 우리가 소속된 사업부는 한창 성장하고 있었다. 대외적으로 국내 시장뿐만 아니라 세계 시장에서도 급속히 성장하고 있는 제품군이었기 때문이었다. 이러한 환경의 흐름에 올라타고 경쟁사에 대해 사업 우위를 확보하기 위해 조직 규모를 빠르게 키우고 있었다. 회사는 현 조직의 부족한 개발 역량을 보완하기 위해 이 리더를 포함하여 실력 있는 인재들을 이동 배치했다. 조직이 성장하는 동안에는 리더로서 제품 개발에 기여하고 가시적인 조직 성과도 만들었다.

그러나 안타깝게도 모두의 기대와는 달리 이 제품의 생명주기가 너무 빨리 끝나 버렸다. 대략 10년 만에 해당 제품은 사업 축소와 시장 철수 수순을 밟게 되었다. 조직도 축소되는 과정에서 이 리더는 더 이상 성장하지 못했다. 2010년대 초반 해당 제품을 단종하는 날이 왔다. 조직도 폐쇄되었고, 소속 구성원들은 타 사업부로 이동해야만 했다. 그도 결국 다른 조직으로 이동할 수밖에 없었다. 그런데 문제가 있었다. 그가 리더로 해 왔던 역할을 계속 맡길 수 있는 자리가 없었다. 빈자리가 있는 부서 어느 곳이라도 가야 했다. 결국 기존 직무와는 다른 부서로 이동했다. 그곳에서도 리더의 자리를 맡을 수는 없었다. 이미 그 부서에서 성과와 능력을 인정받는 인재들이 있었기 때문이었다. 아무리 타 조직에서 인재였더라도 새로 옮긴 부서에서는 직무 변경으로 성과를 기대하기 어려운 고참 직원일 뿐이었다. 그렇다고 부당한 처우를 받았다는 말은 아니다. 단지 그 리더가 보유하고 있는 능력에 적합한 역할을 맡았다고는 볼 수 없었다. 결국 그 조직에서 평범한 조직 구성원으로 정년퇴직하면서 직장 생활을 마무리했다.

반면 반대되는 사례도 우리 주위에서 흔히 볼 수 있다. 앞서 언급했던 스포츠계에서 쉽게 찾아볼 수 있다. 현재 한국프로야구 KBO에서 활약하고 있는 박병호 선수[40]를 보자. 그는 고교 시절의 활약에 힘입어 LG 트윈스에 1차 지명으로 프로야구 선수를 시작했다. 그러나 그는 프로 1군의 벽을 넘지 못하고 2군을 드나들었다. 군 복무 기간을 제외하고 트레이드되기 전까지 5시즌 동안 통산 타율은 1할대(0.190)의 성적을 가지고 있었을 뿐이었다. 그리고 당시 넥센 히어로즈로 트레이드되었다. 넥센 히어로즈의 김시진 감독이 박병호를 눈여겨보고 시즌 중 트레이드해서 데리고 왔다. 이후 그는 감독의 지지하에 실력이 활짝 폈다. 당시 감독은 그에게 "박병호는 앞으로 우리 팀 중심타자로 뛸 것이다. 아프지 않은 한, 경기에서 빼는 일은 없다"라고 강한 신뢰를 보여줬다. 그는 미국 MLB로 이적하기 전까지 넥센 히어로즈에서 6시즌 동안 통산 타율이 3할(0.305)대로 올라섰다. 게다가 이 기간 MVP 2회, 골든글러브 3회, 4년간 홈런왕, 타점왕 등 공격 부문에서 성공적인 커리어를 쌓았다.

이처럼 한 팀에서 제대로 활약하지 못하던 선수가 이적을 통해서 새로운 팀과 감독 아래에서 꽃을 피우는 일은 흔하다. 박병호 선수는 한 인터뷰에서 자신의 타격자세에서 단점을 뜯어고치려는 것보다는 잘하고 있다는 칭찬과 함께 심리적으로 안정을 준 것이 크게 도움이 되었다고 말했다.[41] 잠재력 있던 그도 조직과 리더의 입맛에 꿰맞추려다 보니 어느새 둔재鈍才가 되어 버렸다. 이 둔재는 자신을 알아봐 주는 리더를 만나서 비로소 잠재력이 터졌다.

이런 말이 있지 않은가? 우리 집의 쓰레기가 이웃 집의 보물이 될 수 있다고. 현재 조직에서는 저성과자라고 하더라도 적합한 조직으로 이동한다면 인재가 될 수도 있다. 반면에 앞의 리더처럼 이전 조직에서 매우 뛰어난 인재라도 적합하지 않은 조직에 가서는 그저 평범한 구성원이 되어 버린다. 뛰어난 인재를 단순히 직무 이동으로 조직 내에 계속 보유한다고 끝나는 게 아니다. 인재가 제대로 실력을 발휘할 수 있는 직무와 리더의 지원이 필요하다.

그렇다면 리더는 무엇을 근거로 인재를 지원할 수 있을까? 제대로 된 인재 분석이 우선 되어야 한다. 박병호의 잠재력을 터트린 김시진 감독처럼. 단순히 여기저기 옮기며 인재의 잠재력이 터지길 바라는 건 복권 1등 당첨의 요행을 바라는 것과 같다. 효율도 극히 낮고 헛된 기대일 뿐이다. 인재가 만들어 내는 성과는 직무와 리더에 따라 크게 달라질 수 있다. 조직과 리더가 인재를 제대로 파악하지도, 관리하지도 않는다면 그냥 평범하거나 문제 직원으로 전락한다. 이것이 바로 인재는 상대적이고 종속적이라는 의미이다.

다시 한번 이 책을 읽고 있는 리더는 조직 내에서 발굴되지 못하고 잠재된 인재가 없는지 둘러보자. 세계 최대 규모의 헤지펀드인 브리지워터 어소시에이츠의 창립자이자 경영자인 레이 달리오는 "사람들은 서로 다르게 창조됐고, 관점과 사고방식에 차이가 있기 때문에 각자에게 적합한 일이 다르다는 사실을 기억하라"고 강조했다. 조직의 인재를 찾고 있는 리더라면 반드시 명심해야 할 충고이다.

리더의 무기, '인재분해: 3B'

우리는 지금 누가 봐도 인정할 수밖에 없는 인재를 찾는 게 아니다. 사실 이런 인재는 우리 조직에 오지도 않을뿐더러, 온다고 해도 우리가 감당할 수 없다. 그의 역량과 성장을 담을 수 없는 조직에서는 이내 떠나 버린다. 그래서 뛰어난 인재는 퇴사한다는 우스갯소리도 있다. 이 책은 대표나 리더 주위에서 함께하고 있는 구성원들을 인재로 변화시키는 데 초점을 맞추고 있다.

조금 더 확장하자면 리더 조직으로 합류하길 원하는 지원자 중에서 조직과 직무에 적합한 인재를 찾는 데도 동일한 원리로 활용할 수 있다. 즉 인재 채용에도 도움을 줄 수 있다고 확신한다. 인재는 리더가 어떻게 하느냐에 따라 나타나기도 하고, 수면 아래에 숨기도 한다. 잠재된 인재는 우리 주위에 흔하게 있다. 우리는 이 숨어 있는 인재를 발견하지 못하고 있고, 또 찾았다고 해도 제대로 활용하지 못하고 있다. 이런 리더의 조직에 과연 인재가 찾아오기나 할까? 설령 온다고 해도 리더와 조직은 알아볼 방법이 있을까?

지금부터는 이 책의 핵심 내용인 인재를 알아보는 방법에 대해 살펴보자. 중학교 수학 과정에서 배우는 '인수분해'를 생각하면 된다. 수학 얘기가 나오니까 벌써 머리가 아픈가? 걱정하지 않아도 된다. 나도 충분히 이해하고 있지도 않고 이걸로 시험 치를 생각은 더욱 없기 때문이다. 개념만 이해하자.

'인수분해'의 수학적 정의를 찾아보면 특정한 다항식이나 정수를 나눌 수 있는 두 개 이상의 요소 또는 인수의 곱으로 표현하는 과정이라고 말한다. 수학에서 인수분해는 방정식을 풀거나 식을 단순화하는 데 매우 중요하다. 고급 수학에서는 더 복잡한 함수의 근을 찾거나 문제를 해결하는 데 사용된다. 정수에서는 숫자의 속성을 분석하는 데 중요한 역할을 한다. 좀 더 쉽게 이해하기 위해 여기 몇 가지 예를 들어보자. 정수 12는 $2^2 \times 3$으로 인수분해할 수 있다. 다항식 $2x^2 + 4x$는 $2x(x+2)$로 인수분해가 된다. 이처럼 하나의 수나 식은 쪼갤 수 있는 가장 작은 인수로 나눌 수 있고, 또 설명할 수 있다.

이러한 수학의 원리를 빌려 '인재분해'라는 개념을 만들었다. 인재는 다음의 세 가지 기준으로 인수분해하고 이해하면 된다. 이 기준으로 조직 구성원들을 바라본다면 조직과 리더는 더 쉽게 인재를 찾을 수 있다. 과연 조직 안에서 '인재'의 근본 속성은 무엇일까? 무엇이 '인재'를 만들까?

'인재'를 인수분해를 하면, '기질', '학습 능력', 그리고 '동기' 이 세 가지가 핵심 인수이다. 여기서 이 세 인수를 인재를 판단하는 기준으로서 '3B'라고 부르겠다. 첫 번째 B는 '기질'을 말한다. 기질은 인재의 고유한 그릇 모양과 같다. 따라서 그릇을 뜻하는 'Bowl'로 표기했다. 두 번째 B는 인재의 '학습 능력'을 말한다. 학습 능력은 공을 뜻하는 'Ball'로 나타냈다. 그리고 세 번째 B는 인재가 그릇 속에 놓여 있는 공을 굴리는 힘인 '동기'를 뜻하며 'Ball Driving'으로 표현했다.

정리하면, 리더 조직의 인재는 본인의 고유한 기질, 즉 그릇 속에 놓인 학습 능력이라는 공을 동기라는 동력으로 얼마나 잘 굴리고 있느냐로 판단할 수 있다. 리더가 구성원들의 3B를 잘 파악한다면 그들이 왜 그렇게 행동하는지 이해할 수 있고, 문제가 커지기 전에 대처할 수 있다. 궁극적으로 3B를 관리하면 인재들의 직무 몰입도는 지금보다 훨씬 더 높아진다. 이는 곧 리더 조직의 성과를 극대화할 수 있다. 마침내 리더는 간절히 원하던 무기를 손에 쥐게 되는 것이다. 그럼, 이제 하나씩 살펴보자.

01

첫 번째 B: Bowl, 기질

누구나 각자의 성품에 따라 삶을 살 권리가 있음을 인정해야 한다.
그 성품이 어떠하든 간에 말이다.
당신이 해야 할 일은 타인의 성품이 바뀌길 소망하거나,
그것을 덮어놓고 비난하는 것이 아니라 그 성품을 있는 그대로 인정하는 것이다.

— 아르투어 쇼펜하우어(Arthur Schopenhauer)

기질에 대하여

자의 반 타의 반으로 여러 부서에서 다양한 직무를 경험했던 과거
의 시간을 돌이켜봤다. 스스로 재미있게 몰입하면서 일했던 시기는
언제였던가? 반대로 자리에서 시간만 보내려고 소극적으로 일했던
때는 또 언제였던가? 그 결과, 나 자신은 아무것도 쓰여 있지 않은
하얀 종이에 뭔가 채우는 일을 좋아한다는 것을 깨달았다. 즉 창의
적으로 기획하고, 설계하고 이를 실현하는 일을 좋아했다. 과거 큰
두 조직에 있을 때, 몸은 힘들더라도 새로운 제품을 개발하고 결과
를 확인하는 일을 좋아했던 이유다. 그 결과가 좋으면 더욱 힘이 났
고, 나쁘면 한없이 힘들어졌어도 말이다.

두 번째 회사에 경력 입사하고 맡았던 첫 업무는 부담도 무척 컸지만, 재미가 더 있었다. 당시 화면이 가장 큰 크기의 제품을 개발하는 일을 했다. 개발 초기 단계에는 목표 성능을 달성할 새로운 구조를 찾아야만 했다. 이를 위해 다양한 아이디어를 반영한 한 뼘 크기의 샘플들을 설계·제작하고 평가했다. 이 중에서 평가 결과가 가장 좋은 설계를 선정하고 실제 제품 크기로 확대 제작했다. 작은 크기의 샘플과 실제 크기의 제품과는 물리적 차이 및 생산 공정 차이로 항상 목표 성능과 생산성의 차이가 있었다. 동일한 설계라도 손바닥만 한 크기에서 실제 크기로 제작하면 새로운 문제들이 쏟아지는 일은 당연했다. 신제품의 설계를 확정하더라도 양산라인에서 여러 번의 시험 생산을 통해 성능과 수율이 목표대로 나오도록 계속 조정해야만 했다.

이처럼 매년 신제품이 나오기 위해서는 설계부터 양산까지 힘든 일이 무척 많았다. 특히 양산라인에 샘플을 한번 투입하면 멈출 수 없었다. 게다가 새로운 설계로 양산라인에 투입하면 공정 단계마다 예상치 못한 문제들이 발생했다. 우리 연구 개발자들은 공정을 따라다니며 문제가 발생할 때마다 현장에서 신속하게 판단하고 대책을 세워 제조부서에 알려줘야만 했다. 이렇게 샘플 투입부터 완성까지 사나흘 동안 24시간 내내 이어지기 때문에 양산라인 가까이에서 밤을 지새우는 일은 기본이었다. 그리고 항상 긴장하고 원활하게 제작되도록 실시간 대응해야만 했다. 샘플 제작이 끝나면 바로 이어서 목표했던 품질이 나오는지 평가하고 발생 문제에 대해서는 해결책을 찾아야만 했다. 그렇게 해야 다음 샘플 투입이 가능하기 때문이다. 이렇게 몇 차례 반복된 개발 단계를 통해 비로소 제품이 완성되었다. 이후 정식으로 양산하고 제품으로 출하되는 모습을 동료들과 함께 지켜보면서, 보람을 느끼며 한 해를 마무리했다.

이러한 개발 프로세스에 맞춰 매년 신제품을 출시하던 중 큰 변수가 생겼다. 사업부 전체를 책임지는 리더가 외부 전문가를 새로 영입했다. 한정된 자원으로 신제품 개발을 효율적으로 운영하고, 경쟁사 대비 성능과 품질이 뛰어난 제품을 기대하며 외부 인재를 영입하는 일은 당연하다. 그의 깊은 지식으로 제품의 고질적인 문제를 해결하고 경쟁력 있는 제품을 개발하는 데 이바지하길 기대했다. 그러나 그 전문가는 이런 나의 기대와는 달랐다. 마치 그는 조직 내에서 존재감 과시가 목표인 것처럼 느껴졌다.

조직 책임자의 전폭적인 지지를 업고 자신의 성과를 위해 기존의 개발 프로세스를 변경하고 조직 구조를 뜯어고치는 일부터 손을 댔다. 이보다도 더 시급한 일이 있는데도 그것을 오히려 빌미 삼았다. 한 부서에서 설계부터 제품화 완료까지 담당했던 기존 프로세스로는 전문성과 효율성이 떨어진다고 주장했다. 그러고는 설계 단계와 제품화 단계를 담당하는 부서를 나눠 버렸다. 지금껏 나의 기질과도 잘 맞았고, 힘들어도 일하는 재미가 있었던 연구개발 직무의 절반이 다른 부서로 넘어가게 되었다. 여러 리더에게 반대 의사를 적극 표현했다. 조직 내 중간 위치의 연구원 신분으로서는 이런 변화를 막을 수는 없었다. 당연한 일이었다. 이후 더 이상 이 조직에서 열심히 일해야 할 목표도 재미도 의욕도 사라졌다. 그리고 스스로 직무 범위와 일에 대한 애착을 마음속으로 축소했다. 소위 지금 흔히 말하는 '조용한 사직'을 했다. 마음속으로 선을 그은 이상의 일이 오면 거부를 먼저 했고, 하지 않을 이유를 먼저 찾았다. 그러나 이러한 직무 태도는 조직에도 그리고 자신에게도 좋지 않은 일이었다.

그러던 중 업무를 대하는 태도가 변한 것을 알고 있던 선배 한 분이 부서 이동을 제안했다. 신제품 개발 업무는 아니었고, 양산 제품의 품질을 중간 단계에서 관리하는 일이었다. 이번에 품질 부서가 신설되는데, 함께하자고 제안했다. 현재 업무에 좌절한 상태였기 때문에 고민은 오래 걸리지 않았다. 새로운 변화와 기회를 선택했다. 그러나 이내 품질 업무는 나의 기질과는 전혀 맞지 않다는 것을 깨달았다. 앞서 말했듯이 나는 흰 종이에 줄 긋는 일을 선호하는 기질을 가지고 있다. 이에 비해 품질 업무는 다른 누군가가 그어 놓은 선에 또 다른 사람이 만든 결과가 이 선 안에 있느냐, 밖에 있느냐를 관리하는 일이었다. 다시 말해 생산라인에서 만든 제품이 설계 기준에 맞춰 양품이냐, 불량이냐를 판정하는 일이었다. 이런 품질 관리 일은 개인적으로 큰 스트레스를 가져다주었다. 일하는 재미는 당연히 없었고 보람도 느낄 수 없었다. 새로운 돌파구를 찾기 위해 선택한 변화가 나의 기질에 더욱 맞지 않는 직무로 간 셈이었다. 그러나 이 일도 끝이 왔다. 4년간 근무하던 중 소속 사업부가 현 사업에서 철수하기로 결정했기 때문이었다. 곧이어 따라온 것은 현 구성원 모두를 대상으로 다른 사업부로 분산 이동하거나 퇴사 등의 구조조정 바람이었다.

이때 이동할 수 있는 타 사업부 부서는 현재의 직급, 나이, 직무 경험 등을 고려하면 매우 제한적이었다. 결국 새로 이동한 곳도 품질 관리 부서였다. 다른 점은 이전 부서는 양산 제품의 품질 관리였다면, 여기는 신제품 개발 단계의 품질 관리였다. 그래도 부서 이동 초반에는 새로운 지식도 배울 수도 있었고, 또 해외로 나갈 수 있는 경로도 있어서 긍정적으로 받아들였다.

그러나 또다시 관리 중심의 업무가 맞지 않다는 점을 깨닫는 데는 오래 걸리지 않았다. 비약하자면 누가, 언제, 어떤 품질 사고를 칠지 모른다는 마음가짐을 전제로 잠재된 불량을 미리 찾아내고 관리하는 일은 나와 맞지 않은 옷이었다. 불량은 발생하기 마련이고, 다음 단계로 넘어가기 전에 걸러내는 일도 완벽할 수는 없었다. 이러한 현실에 연구소 개발자와 제품에 대해 신뢰해서는 안 되었다. 불신을 기본 전제로 일해야만 했다. 그리고 잠재된 품질 불량을 검출할 방법을 찾고 만들어야 했다. 품질 관리 기준선을 벗어나지 않는지 계속해서 잣대를 들이대야만 했다. 개발 단계에서 품질 기준이 강하면 양산 품질에는 좋으나, 개발 일정 지연이나 추가 비용이 발생하게 된다. 반대로 품질 기준이 약하면 양산 단계에서 더 심각한 이슈와

더 큰 비용을 유발할 수 있다. 실무 담당자로서 품질과 대량 생산 사이의 줄타기와 발생 이슈에 대해 경중을 가르는 줄타기는 정말 힘들었다. 이런 일은 재미있지 않았다. 재미있지 않은 일을 하면서 주위 동료보다 더 잘할 수는 없었다. 개발 부서에서는 작은 조직의 리더를 맡을 정도로 인정을 받았지만, 품질 부서에서는 인재가 될 수 없었다.

이처럼 연구개발 부서와 품질 부서를 경험하면서 첫 번째 통찰을 얻었다. 기질과 잘 맞는 직무를 수행할 때는 며칠 밤을 눈뜨고 보내도 힘들지 않았다. 또 문제가 터져도 원인을 찾고 대책을 세우는 일이 재미있었다. 매번 적극적으로 일하려는 마음가짐과 자세가 준비되어 있었다. 반면 기질에 맞지 않는 직무를 수행할 때는 몸은 편해도 마음은 편하지 않았다. 일을 대하는 태도는 수동적이고 소극적이었다. 함께 일하는 동료들에게 미안했고, 제대로 품질을 개선하지 않는 개발자들에게는 불만이 쌓였다.

이는 곧 직무 몰입과도 바로 연결되었다. 완전히 반대의 몰입도를 가지게 되었다. 직무에 대한 몰입도가 높을 때는 업무 중심으로 생각했다면 몰입도가 낮을 때는 업무 외의 다른 생각을 더 많이 하게 되었다. 결국 이것은 조직과 개인을 위한 올바른 길이 아니었다. 즉 개인의 기질에 적합한 직무가 있고, 적합한 일을 할 때 몰입도와 성과를 높일 수 있다는 점을 깨달았다.

이러한 일련의 경험을 통해서 '기질'이라는 속성의 중요성을 알게 되었다. 구성원들이 그들의 직무에 몰입하기 위해서는 반드시 그들의 기질에 맞는 직무에 배치하는 일이 전제되어야 한다고 확신했다. 그럼, 이처럼 중요한 '기질'이란 무엇인가?

교과서적인 표현으로 기질은 개인의 선천적이고 비교적 일관된 성향이나 반응 양식을 지칭하는 용어이다. 기질은 개인이 타고난 성향으로, 어떻게 사고하고, 느끼며, 행동하는지에 영향을 미친다. 이러한 특성은 시간이 지나도 상대적으로 안정적이며, 외부 환경에 대한 개인의 반응 방식을 나타낸다고 한다. 또 다른 곳에서는 기질이란 인간이 태어날 때부터 형성된 본래의 특성, 즉 개인의 욕구, 소질, 재능과 같은 것으로 교육이나 성장 환경에 의해서도 바뀌지 않는 타고난 특성이라고 한다.[42]

이 두 가지 내용 중 중요한 점은 기질은 타고난 일관된 특성이라는 표현이다. 그렇다고 유전적인 특성은 아님이 확실하다. 한 집안의 형제자매들을 보면 생각과 행동이 모두 똑같지 않은 사례가 더 많기 때문이다. 그리고 부모 마음에 들지 않는 자식을 보며 우리는 가끔 이런 말을 하기도 한다. "쟤는 누굴 닮아서 이렇게 부모 속을 썩이나?"

인간의 성향을 알고 싶어 하는 것 또한 인간의 본성이다. 자료를 찾다 보면 고대 그리스 시기 히포크라테스의 '4 액체 설'까지 거슬러 올라간다. 현재는 가장 활발하게 유행하고 있는 'MBTI'가 있고, 학계에서 신뢰하는 'Big 5 검사'[43]도 있다. 그 외 '에니어그램', 'DISC',

'도형 분석', '지문 분석', 'EQ 분석' 등 사람에 대해 알고자 하는 도구들은 매우 다양하다. 최근에는 국내 한 스타트업이 뇌과학 분석으로 채용 심사에 활용하고도 있다. 그리고 고용노동부에서 운영하는 '워크넷'을 보면, 성인 대상으로 하는 직업심리검사만 12종이나 된다. '직업 선호도 검사', '직업 가치관 검사', '직업적성검사' 등등 자신에 대해 궁금한 점들은 모두 확인할 수 있을 정도이다.

여기서 'Big 5 검사'는 인간의 특성론적 분석으로서 과학적으로도 유의미하다고 인정받고 있다. 반대로 'MBTI' 같은 유형론적 분석들은 과학적 인정은 받고 있지 않다고 하지만, 많은 연구 논문이 발표되고 있는 것도 사실이다. 중요한 점은 우리 일반인들이 쉽게 접근할 수 있다는 특징이 있다. 여기서 심리학적 유형론을 주장한 구스타프 칼 융의 의도를 빌어 유형론도 인간을 파악하는 데 의미가 있다는 것에 힘을 싣고자 한다. 『인문학 리더십』의 저자 조슬린 데이비스는 "융의 이론에 따르면, 개인은 유일무이한 존재가 아니다. 각자가 유일무이하다면 서로 이해할 가능성이 전혀 없다. 하지만 다행스럽게도 이 세상 인간의 유형 또는 관점은 유한하다. 우리가 저마다 추억이나 경험 같은 특정 부분에서는 특별하지만, 어떤 유형으로 묶이고 서로 이해할 수 있다"[44]라고 말했다. 충분히 공감이 가는 글이다.

이러한 다양한 분석 도구들은 모두 인간을 알고 싶어 하는 필요에 의해서 개발되었다. 또 많은 자료를 축적함으로써 신뢰도를 꾸준히 올려 왔다. 이들 모든 분석 도구를 적절한 상황에서 참조한다면 자신을 아는 데 많은 도움을 받을 수 있다. 개인적으로도 몇 가지 분석 도구들의 검사 결과들을 보면 고개가 끄덕여지는 부분도 있다. 이 점을 중요하게 보고자 한다.

그러나 이 분석 도구들의 문제점은 인간에 대해 자세하고 정확하게 분석하려다 보니 너무 복잡해졌다. MBTI는 유형이 16종이나 되고, Big 5 검사의 특성 카테고리는 5종이지만 세부 항목으로 들어가면 다시 28~30가지로 나눠진다. 그나마 직업 선호도 검사는 6가지다.

이 책에서는 좀 더 단순화하고 싶었다. 왜냐하면 첫째는 단순해야 스스로 자신을 파악하는 데도 쉽고, 리더나 동료들이 바라볼 때도 이해하기 수월하다. 리더와 동료들 포함해서 우리 같은 일반인들은 심리 분석 전문가나 전문 상담사 수준으로 한 인간을 파악할 수 없다. 우리는 담당 직무를 수행하는 일이 더 중요하기 때문에 타인의 기질 분석과 이해에 많은 시간을 투자할 만큼 한가하지도 않다.

둘째는 한 인간을 상세하게 분석 가능하다고 해도 분석 도구들의 조사 방식이 자기 보고식 검사이기 때문이다. 자기 보고식 검사는 흔히 검사용 질문지에 피검사자가 스스로 생각하는 곳에 표기하는 방식이다. 그래서 검사지에서 요구하는 솔직한 답변이 아니라, 자신이 검사하는 그 순간에 바람직한 모습 또는 상대가 기대하는 모습을 표기하는 오류가 들어갈 수 있다. 다들 경험했을 것이다. 검사지의 질문 항에 고민해서 선택할 때가 있다. 이 순간이 바로 검사에 오·

류가 들어가게 된다. 이런 오류들은 모든 검사 결과의 신뢰도에 영향을 준다. 그래서 대부분의 검사 도구는 이렇게 쓰여 있다. '본 결과는 유용하게 활용할 수 있으나 전적으로 의존하지 말고 개개인의 가치관, 능력 등 다른 부분까지 고려하라.' 이들 모두 자기 보고식 검사의 한계를 잘 인지하고 있기 때문이다. 이 두 가지 이유로 자신에 대해 정확하고 깊이 분석한다고 해도 실질적인 효용이 없거나 오류가 들어간 정보를 보게 된다. 검사 결과의 활용도와 신뢰도가 떨어지는 일이 발생한다.

따라서 이 장에서 제시하는 방법으로 리더 자신을 포함해서 구성원들을 네 가지 유형으로만 이해해도 충분하다. 주위를 둘러보면 누구라도 대략 다음 정도는 파악할 수 있다. 에너지가 밖으로 향하는 외향인지, 반대로 에너지가 내부로 향하는 내향인지, 그리고 사람 만나는 것을 좋아하고 여기에 시간을 많이 쓰는지, 아니면 주어진 일이나 생각하는 곳에 많은 에너지를 쏟고 있는지를 관심 있게 지켜보면 쉽게 구분할 수 있다. 실제 리더는 구성원들을 이 정도만 파악해도 충분하다. 그 이상의 세부적인 특성이나 분석은 정말 필요할 때 추가로 검사하거나, 원온원 등을 활용하여 보완하면 된다.

스스로 지금까지 직장에서 드러냈던 기질을 떠올려 보고 다양한 성격검사 도구들을 참조해 본 결과, 조직이라는 틀 내에서는 이 두 가지 축으로만 파악해도 충분했다. [그림 2]의 기질 4분면 매트릭스를 보자.[45] 가로축은 에너지 방향을 기준으로 내향적인가, 외향적인

[그림 2] 에너지 방향과 관심사 중심의 기질 4분면 매트릭스

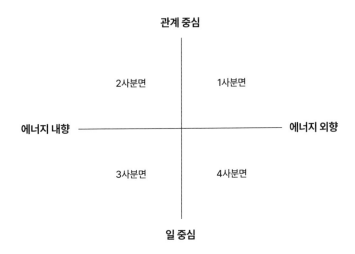

관계 중심

2사분면   1사분면

에너지 내향 ———————————— 에너지 외향

3사분면   4사분면

일 중심

가, 세로축은 주된 관심사가 사람인지 일인지 여부이다. 다시 말하면 나의 한정된 에너지를 어디로 집중해서 사용하고 어떻게 충전하는지, 나의 주된 관심사가 사람과의 관계 중심인지, 아니면 일 중심인지에 대한 것이다.

이 기질 매트릭스의 각 사분면이 의미하는 바를 하나씩 살펴보자.[46]

• 1사분면 기질

에너지 방향은 외향이면서 주된 관심사는 사람과의 관계이다. 그들은 사람들을 좋아한다. 다른 사람들과 함께 있으면서 관심도 받고

그들 사이에서 인정 받기를 좋아한다. 그러한 장점으로 대화할 때 순발력도 있으며, 모임을 활성화하기도 한다. 매사 긍정적이고 설득력, 전달력, 표현력이 좋다. 그리고 다른 사람들과 함께 일하기를 좋아한다. 반면에 계획성이 부족해 시간과 돈에 대해 비난받을 때가 많을 수 있다.

• 2사분면 기질

에너지 방향은 내향이면서 주 관심사는 사람과의 관계이다. 대표적인 특징으로 에너지 소비를 최소화하기 위해 특정한 조직에 소속되어 한정된 조직과 사람들을 위해 일하는 것을 선호한다. 상대 의견을 잘 따르며 세심하고 배려가 있다. 다른 사람들이 그들의 수고를 인정해 주면 더욱 동기 유발이 된다. 반면에 조직과 사람들을 위해 무리하게 희생할 수 있고, 이들의 헌신을 인정받지 못하면 상처를 잘 받을 수 있다. 따라서 주어진 일에 책임감은 있으나, 주위 환경을 너무 고려하다 보니 중요한 결정을 잘하지 못할 수 있다.

• 3사분면 기질

에너지 방향은 내향이면서 주된 관심사는 일에 있다. 이들은 주로 깊이 사고하고 연구하는 것을 선호한다. 생각이 깊고, 도덕적이며 성실하고 창조적인 재능을 가지고 있다고 보면 된다. 맡은 일에 책임감이 강하다. 그러나 완전주의 성향으로 매번 심사숙고로 인해 일이 느리고 부정적이며 융통성이 부족할 수 있다. 일을 근원적이고 종합적으로 검토하다 보니 옆에서 이들을 본다면 답답하게 생각할 수 있다.

• 4사분면 기질

에너지 방향은 외향이면서 주 관심사는 일에 있다. 이들은 사람들을 만나서 조직하고 강한 리더십으로 일의 성과를 만드는 데 강점이 있다. 일에 추진력이 있으며 말과 행동이 빠르고, 목표 성취에 대한 욕구가 강하다. 반면에 자기중심적이며 다른 사람을 통제하려고 한다. 이들은 일에는 성공하지만, 사람과의 관계에는 실패할 확률이 높다.

이 내용에 비추어 스스로 생각해 보자. 자신은 어느 사분면에 있는가, 그리고 어느 정도 들어맞는가?

인간을 대상으로 한 연구를 보면 이론^{Theory}은 많지만, 물리학처럼 불변의 법칙^{Law}은 없다. 혹 다른 곳에서 법칙이라고 한다면 이것은 검증되지 않은 일방적 주장이거나 상업적인 표현일 뿐이다. 리더들도 인간이 가지는 4가지 기질의 '경향'을 보면서 하나의 심오한 우주적 인격체를 이렇게 몇 줄로 재단하는 잘못을 범하거나, 그렇게 할 수 있다고 생각하지 말길 바란다. 인간은 너무나도 복잡하고 오묘해서 그렇게 할 수도 없다. 설령 그렇게 한들 예외적인 상황들이 흔하게 튀어나와 기존의 생각을 다 틀어 버릴 수가 있다.

기질 매트릭스를 활용하는 방법은 다음과 같다. 바로 리더가 구성원들이 몇 사분면의 기질을 중심으로 더 많이 생각하고 행동하는지를 보면 된다. 즉 구성원들을 바라볼 때 기본적으로 이 매트릭스의 두 가지 축에 놓고 관찰하면 되는 것이다. 구성원들의 직무 수행 태도를 지속 관찰하고 원온원을 통해 4가지 주요 기질을 놓고 바라보는 것이다. 그다음 어떤 기질에 더 가까운지를 생각하면 된다.

리더를 포함해서 조직 구성원들이 한 가지 명심할 점이 있다. 자신이 가지고 있지 않는 기질 특성이 좋아 보인다고 일부러 또는 억지로 선택해서는 안 된다. 어떤 과제에 대해 깊이 탐구하기를 좋아하는 3사분면 기질의 구성원이 다른 사람들과의 관계를 잘하는 모습이 부러워서 일부러 1사분면의 기질을 가진 척하면 안 된다. 그리고 조직 내에서 주어진 업무를 수행하는 데 적합한 2사분면 기질의 구성원이 조직을 구성하고 목표를 주도적으로 달성하기를 선호하는 4사분의 기질이 부러워 자신을 숨기면 안 된다. 당연히 반대의 상황이나 다른 사례도 마찬가지다. 리더는 구성원들이 본모습을 숨기고 의도적으로 조직과 리더가 바라는 모습으로 행동하는지 여부를 잘 구분해야 한다.

우리 모두 스스로 가장 자연스럽고 편안한 모습을 찾는 것이 중요하다. 우리는 사회적인 상황에 따라 억지로 부자연스러운 상황에 놓일 수 있다. 이때 잠시 자신의 본모습을 숨길 수는 있다. 그러나 그것은 곧 한계에 닥친다. 시간 축에 놓고 보면 이 상태는 장시간 지속할 수 없다. 정량화할 수는 없지만, 자신이 가장 자연스러운 모습으로 일할 때 소비되는 에너지와 억지로 일할 때 소비되는 에너지를 비교하면 몇 배는 더 소진되고 있음을 우리는 이미 잘 알고 있다. 이내 직무 몰입 저하, 육체적·정신적 피로, 번아웃 등으로 나타나기 때문이다. 그리고 그 결과물의 질과 양도 당연히 차이가 날 수밖에 없다. 이것은 오히려 스스로 위축되어서 다음번에는 더욱 회피하게 만든다. 일에 소극적인 태도가 나올 수밖에 없다.

이와 관련해서 「하버드 비즈니스 리뷰」에 소개된 내용을 가져왔다. 벨기에 브뤼셀 브리예대학의 에비 쿠이퍼스 등 연구진은 다음과 같이 강조했다.

"우리의 연구와 다른 연구 모두에서 자신의 원래 성격과 다르게 행동하는 것이 장기적으로는 에너지를 고갈시킬 수 있는 것으로 나타났다. 특히 한 연구에 따르면 내향적인 사람이 외향적으로 행동하면 단기적으로 기분이 좋아지고 에너지가 높아지지만, 이 행동은 타고난 성격과 선호에 맞지 않기 때문에 겨우 1시간 만에 에너지 수준이 크게 떨어졌다. 외향적 활동으로 인한 장점이 상당히 사라진 것이다. 이는 원래 성격보다 더 외향적으로 행동함에 따르는 정신적 피해가 상당함을 보여준다. 때때로 이런 피해는 장기적인 이익을 넘어설 수 있다."[47]

그러니 자신의 참모습을 찾고 자신 있게 드러내 보이는 마음가짐과 자세가 중요하다. 단기적인 목표가 아니라 장기적으로 꾸준히 지속하기 위해서는 더더욱 필요하다.

기질은 그릇이다

기질을 하나의 그릇^{Bowl}이라고 비유해 보자. 기질을 쉽게 이해하고 잘 떠올릴 수 있는 방법을 찾다가 그릇이라는 개념을 가져왔다. 모양은 [그림 3]과 같다. 주위에 있는 상식적인 그릇 모양은 아니지만 뭔가를 담을 수 있는 형상은 동일하다.

[그림 3] 기질은 그릇이다

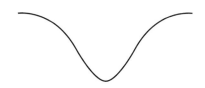

이 그릇의 모양은 다양하게 있을 수 있다. 현재 우리가 일상에서 잘 사용하고 있는 그릇으로 예를 들어보자. 밥공기가 있고, 국그릇이 있으며, 납작한 접시도 있고, 컵도 있다. 이외에도 다양한 용도의 그릇들이 있다. 이처럼 기질도 입구와 깊이가 적당한 모양의 그릇이 있고, 입구는 작으면서 깊은 그릇도 있다. 또 입구는 넓고 깊이가 얕은 그릇도 있다. 또 입구도 작고 깊이도 얕은 그릇도 있다. 이것을 표현한 것이 [그림 4]이다.

[그림 4] 각 기질은 모양과 깊이가 다르다

이 그릇을 앞서 설명했던 기질 4사분면 매트릭스 그림에 연결하면 다음 [그림 5]와 같다.

가능한 기질별 특징을 참조해서 이해하기 쉽게 대입해 본 그릇 모양이다. 리더들은 '이렇게 다양한 그릇 모양이 있구나'라고 생각하면 그것으로 충분하다. 그럼에도 가능한 한 기질별 특징을 살리려고 유사하게 배치했다. 1사분면의 기질은 앞에서 살펴본 특성처럼 많은 사람을 만나길 좋아하나 깊이가 얕은 특성으로 접시처럼 표현했다. 2사분면의 기질은 사람과의 관계를 좋아하나 조금은 의존적이었고 에너지가 작아 그릇의 폭과 깊이가 다른 기질에 비해서 좀 작다. 그래서 밥공기라고 생각하면 된다. 3사분면의 기질은 지식을 깊이 탐구하려는 특성으로 깊이를 강조했다. 컵이나 텀블러로 이해하

[그림 5] 기질 4분면 매트릭스와 그릇 모양별 매칭

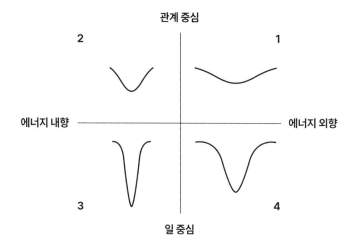

면 된다. 4사분면의 기질은 적당한 크기와 모양으로 표현했다. 국그 릇이나 면기로 생각하면 된다.

사람의 기질을 이해하기 쉽게 단순화했지만, 이것이 다양한 사람들의 성격을 4가지 형태로 구분 짓는다는 것이 타당한가라는 의문이 든다. 당연히 사람은 이처럼 단순한 존재가 아니다. 이제 이 그릇들을 하나하나 각자 다른 파동^{Wave}이라고 생각해 보자. 이 네 가지 폭과 깊이가 다른 그릇 모양의 파동이 있다. 파동의 가장 큰 특성은 다른 파동과 중첩될 수 있다는 것이다. 학창 시절 물리 과목에서 배웠던 바로 그 내용이다. 사람에게는 발현되는 세기의 차이는 있지만, 이 4가지 기질을 모두 가지고 있다. 그러나 가장 강하게 나타나는 파

동이 그 사람의 주 기질이 된다. 두 번째로 드러나는 기질을 부 기질로 이해하면 된다. 나머지 기질은 상대적으로 약해서 잘 드러나지 않거나 매우 특별한 상황에서만 나타날 수 있다.

예를 들어 한 사람이 가지고 있는 기질을 100으로 본다면, 주 기질은 1사분면의 특성이 50, 부 기질은 2사분의 특성이 30, 나머지는 3사분면 특성 10, 4사분면의 특성이 10씩 나눠서 가질 수 있다. 생각이 많고, 무언가 진리 찾기를 선호하는 사람은 아마도 3사분면의 특성이 60, 4사분면의 특성이 20, 2사분면의 특성이 10, 1사분면의 특성이 10이 될 수도 있다. 이 수치들은 하나의 예이므로 오해하지 말길 바란다. 어쨌든 가장 강하게 발현되는 기질은 네 가지로 보면 된다. 다른 기질들도 일부 작동하기 때문에 우리는 예측 불가능하고 복잡한 이 세상에서도 원만한 사회생활이 가능하다. 이것을 다시 우리 주위의 그릇으로 비유해 보자. 그릇 가게나 대형마트에 가보면 밥그릇, 국그릇, 접시, 컵이 디자인도 다르고 다양하고 멋진 모양을 가지고 있다. 그럼에도 우리는 밥공기에는 밥을 담고, 국그릇에는 국을 담아 먹는다. 반찬은 작은 접시에, 주 요리는 큰 접시에 담아 내놓는다. 그리고 물을 마실 때는 모양이 다양해도 컵에 따라 마신다.

일부 독자들은 큰 접시에 밥과 반찬을 담아 먹기도 하고, 큰 국그릇에 밥을 말아 먹는 일도 있다고 반문할 수 있다. 그것은 그릇 사용 방법의 창의적인 용도 확장이라고 보면 된다. 우리가 다른 사람에게 밥그릇을 달라고 할 때 접시를 가져다주지는 않는다. 또는 컵을 갖다주지도 않는다. 국을 먹을 때는 국물을 잘 떠먹을 수 있는 그릇을 사용한다. 일반적인 상식에 준해서 이해하면 된다.

이처럼 가장 강하게 나타나는 특성인 주 기질은 가장 큰 파동으로, 그다음 특성들은 점점 작은 크기의 파동으로 표현이 된다. 그리고 이들 크기와 형태가 다른 네 가지 파동을 중첩하면 사람마다 고유한 기질이 된다. [그림 6]을 참조하자.

[그림 6] 크기와 형태가 다른 네 가지 파동이 중첩되면 개인의 고유한 기질이 된다*

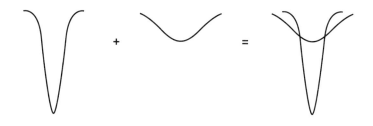

[그림 6]과 같이 그릇 모양의 파동이 다양한 크기로 중첩되면 개개인은 각자 얼굴만큼이나 다양한 기질을 가질 수 있다는 것을 이해할 수 있다. 그럼에도 우리는 사람마다 유사한 기질적 특성도 있음을 알 수 있다. 똑같은 예로, 우리는 모두 인간이라는 유기체다 보니 신체 구성과 형태는 동일하게 가지고 있으나 각 체형과 체질은 모두

---

* 파동이 중첩되면 간섭 효과로 진폭이 합쳐진 모양으로 바뀐다. 그러나 여기서는 이해를 돕기 위해 단순히 겹쳐서 그려 놓았다.

다르다. 그래서 이제마의 사상의학[48]처럼 크게 4가지 체질로 분류하는 방법도 나타날 수가 있다.

이처럼 사람마다 각자의 기질은 모두 다르지만 주로 강하게 나타나는 주 기질은 이 4가지 중 하나로 이해하면 된다. 그다음으로 나타나는 기질이 부 기질이다. 이 글을 읽고 있는 리더도 자신을 생각해 보자. 1차로 강하게 나타나는 기질이 있지만, 가끔은 2차 기질이 나올 때도 있었을 것이다. 즉 깊이 있는 연구를 좋아하는 사람 중에서도 리더십을 발휘하여 조직의 성과를 내고 싶은 사람이 있고, 순수하게 연구 자체만을 선호하는 사람도 있다. 또는 심도 있는 연구를 하면서도 많은 사람을 만나서 얘기하기를 좋아하는 사람이 있을 수 있다. 바로 이것을 말하는 것이다.

나 자신을 보면 3사분면의 기질이 평소에 주로 나타난다. 에너지는 내부를 향하고 사람들과의 관계보다는 일이나 지식을 탐구하는 것을 더 선호한다. 그렇지만 특정 상황에서는 2사분면의 특징처럼 다른 사람을 지원해 주는 일도 거부감이 없이 받아들일 때도 있다. 그리고, 4사분면 기질처럼 작은 개발 조직에 리더십을 발휘하며 구성원들과 함께 희노애락喜怒哀樂을 보내기도 했다. 그렇지만 알지 못하는 많은 사람들이 모여 있는 장소에서 친밀한 시간을 보내야 하는 상황은 여전히 쉽지 않다. 리더 여러분도 모두 마찬가지다. 의식하지 않아도 잘 발현되는 기질이 있고 의도해야만 나타나는 기질이 있다.

따라서 리더는 조직 구성원들을 주의 깊게 관찰하고 대화해야 한다. 그들이 주로 자연스럽게 발현되는 기질은 무엇인지, 다음으로는 어떤 기질을 가졌는지 파악하는 데 많은 관심을 가져야만 한다. 다만 그 이상 깊고 상세한 분석은 투입 시간과 노력에 비해 얻는 것이 적기 때문에 권하지 않는다. 2장에서 소개하는 인재의 '학습 능력'으로 보완이 가능하기 때문이다. 리더는 조직 구성원들이 어떤 모양의 그릇을 가지고 있는지 정도만 구분하고 그 그릇의 특징만 이해하면 충분하다.

기질 파악과 활용을 위한 조직 경영

리더가 구성원들의 기질을 파악하는 방법은 어렵지 않다. 중요한 점은 첫 번째로 구성원들이 자기 자신에 대해 얼마나 잘 알고 있는지, 두 번째로 솔직하게 자신의 색깔을 가감 없이 드러낼 수 있을 정도로 조직과 리더를 신뢰하고 있는지 여부다. 둘 중 굳이 한 가지만 뽑으라고 한다면 두 번째다. 조직과 리더가 구성원 자신의 모습을 잘 드러낼 수 있는 환경을 만드는 것이 더 중요하다. 구성원들에게 심적으로 안전감을 줄 수 있어야 한다. 이것이 전제되어야 조직 구성원들은 편히 자기 모습을 드러낼 수 있다.

소크라테스의 '너 자신을 알라'는 유명한 말이 있다. 그러나 자기 객관화를 통해 자신을 제대로 파악하기는 쉽지 않다. 아마 리더도 마찬가지일 것이다. 그렇다고 모른다고 또는 힘들다고 손 놓고 있을 수는 없다. 계속해서 질문을 던지고 자신을 찾는 시간을 투자하다 보면 결국에는 손에 잡을 수 있을 정도로 구체화할 수 있다. 그리고 자신의 기질을 자세히 알아보기 위해 다양한 심리검사 도구를 활용하는 방법도 도움이 된다.

레이 달리오는 그의 저서 『원칙』에서 자신과 다른 사람들의 특성을 파악하는 방법을 다음과 같이 소개했다.

"우리는 편견을 가지고 있기 때문에 자기 자신에 대한 평가(그리고 다른 사람들에 대한 평가)는 매우 부정확한 경향이 있다. 심리측정평가는 훨씬 더 신뢰도가 높다. 심리측정평가는 채용 과정과 고용 이후에도 사람들이 어떻게 생각하는지를 연구하는 데 도움을 주었다. 심리측정평가가 사람들과의 대화나 자라온 배경, 과거 경력을 살펴보는 과정을 완전히 대체할 수 없다. 하지만 전통적인 인터뷰나 평가 과정보다 훨씬 더 강력하다."[49]

대부분의 검사지는 모두 자기 보고식으로 되어 있다. 앞서 이런 검사는 자신에 대해 잘 알지 못하거나, 외부에서 기대하는 모습으로 검사가 이뤄질 수 있다는 오류에 대해 언급했다. MBTI 검사에서 이전 결과와 지금 결과가 다르다고 말하는 사람들이 이러한 사례이다. 자기 객관화도 부족하고, 검사 시점의 주된 사고와 환경에 좌우되었을 것으로 조심스레 추측해 본다. 또 검사 문항 한두 개 차이로 유형이 달라지는 일이 발생할 수도 있다. 그래서 이 분야 전문가와 검사 후 상담이 중요하다고 말하는 이유다. 이러한 검사 도구들을 가지고 조직에서 구성원들을 검사하면 어떻게 될지 생각해 보자. 구성원들이 소속된 조직에서 이러한 검사를 한다면? 비록 거짓 응답을 걸러내고 신뢰도를 올리는 방법이 잘 설계되어 있더라도 당연히 조직이 원하는 모습을 선택하지 않을까? 또는 긍정적인 답변만 선택하지 않을까? 어쨌든 조직 구성원이 의도적으로 가면을 쓰고 검사를 한다면 제대로 분석할 수 없다. 그리고 잘못된 결과를 가지고 판단하면 조직에 더 큰 문제를 불러올 수 있다. 이러한 우려스러운 상황으로 리더도 이 정보를 활용하는 일은 쉽지 않다.

여기서 검사 신뢰도를 높일 방법을 제안하자면 리더와 구성원이 원온원을 통해서 솔직하게 대화하는 것이다. 앞서 말했지만, 구성원이 불이익이 돌아갈 수 있다는 생각이 들어서는 안 된다. 오로지 목적은 조직 구성원들이 그들의 직무에 더욱 몰입할 수 있는 방법을 찾기 위한 일임을 서로가 강하게 인식하고 있어야 한다. 구성원의 높은 직무 몰입이 조직의 성과와 성장을 가져온다는 사실을 리더도 명심해야만 한다. 서로가 이러한 신뢰를 전제한 후 원온원을 해야만 한다. 이후 구성원 스스로 평가한 검사 결과와 리더가 인식하고 있는 모습과의 거리를 좁혀 가면 된다. 과거 사건이나 일 처리가 구성원 본인의 기질대로 반응한 것인지, 그것을 본 리더는 어떻게 생각했는지 등에 대해 대화를 나눠 보길 바란다. 그러한 시간을 자주 가지면서 궁극적으로 해당 구성원의 기질이 몇 사분면에 있는지 파악하면 된다. 조직 구성원들의 기질을 제대로 찾기만 하면 그들의 직무 몰입을 위한 리더의 노력은 한 걸음 더 진보하게 된다.

그렇다면 이렇게 파악한 조직 구성원들의 기질을 어떻게 활용할 수 있을까? 나의 사례로 다시 알아보자. 스스로 돌아보면 기질 4분면 중 3사분면에 위치하고 있다. 에너지 방향은 내향이면서 사람들을 만나서 보내는 시간보다는 주어진 일 또는 할 일에 관심이 많다. 이런 기질을 가진 덕분에 새로운 제품을 개발하는 직무가 잘 맞았고 재미도 있었으며 몰입도도 높았다. 즉 책임감을 가지고 시장에서 잘 팔리는 인정받는 신제품을 주도해서 개발하고 싶었다. 다른 사람이 정해 준 기준으로 개발부서 연구원들과 제조부서 사람들을 만나서 이슈에 대한 책임을 따지고 개선하는 품질 관리 업무는 좋아하지 않았다.

이처럼 기질에 맞지 않는 직무를 맡았을 때는 그저 조직이 시키는 일에만 신경 썼다. 조용히 사직한 구성원에게서 긍정적인 업무 태도와 탁월한 성과를 기대하는 것은 조직과 리더의 욕심이다. 게다가 리더와 구성원이 함께 많은 시간과 에너지를 들여 분석한 기질 자료는 당연히 제대로 활용해야만 한다. 다음 사례는 이것을 어떻게 활용해야 하는지에 대한 좋은 방향을 제시한다. 리더는 모든 구성원이 그들의 직무에 몰입해서 원활히 수행하길 기대한다면 다음과 같이 활용할 수 있다.

사람들과의 접촉이 많은 직무에는 1사분면의 기질을 가진 구성원을 배치한다. 과제를 추진하는 데 있어 헌신적인 조력자가 필요한 상황이라면 2사분면의 기질을 가진 구성원을 배치하면 된다. 새로운 제품이나 기술을 개발하는 직무에는 3사분면의 기질을 가진 구성원을 찾아 배치한다. 그리고 어떤 과제를 추진력 있게 끌고 가야 하는 자리라면 4사분면의 기질을 가진 구성원을 찾아 맡기면 된다.

너무 상식적인가? 여기서 가장 주의할 점이 있다. 리더에게 당부하고 싶은 말은 부서명에 갇히면 안 된다는 점이다. 단지 구성원의 기질에 맞는 부서라고 단순히 기계적으로 배치해서는 안 된다. 해당 부서에서 필요로 하는 실질적인 역할에 맞추는 것이 중요하다. 예를 들어, 3사분면 기질을 가진 구성원만 무조건 연구개발 부서로 배치하라는 뜻이 아니다. 연구개발 부서 내에도 여러 가지 역할이 있다. 전체를 총괄하는 리더도 있고 개발 과제별로 일정과 성과를 관리하는 일도 있다. 당연히 연구개발에 집중해야 하는 일이 있고, 개발자 가까이에서 지원해야 하는 일도 있다.

이렇게 연구개발 부서 내 실제 이뤄지는 일들을 놓고 보면 단지 3사분면의 기질을 가진 구성원만 모아 놓는다고 될 일이 아님은 명확하다. 오히려 3사분면 기질의 구성원은 리더십이 부족할 수 있다. 또 눈앞의 문제에만 깊이 몰입하다 보니 과제 전체를 보는 균형감이 떨어질 수 있다. 오히려 개발 일정을 등한시하는 바람에 과제를 제때 완료하지 못할 수도 있다. 연구개발 부서에 이런 사람들만 모았다고 생각해 보자. 과연 원활히 잘 운영될 수 있을까? 따라서 부서명에 갇혀서 기질 중심의 배치를 해서는 안 된다. 해당 부서 내에서도 필요로 하는 직무 성격과 주된 역할에 초점을 맞춰야만 한다.

인재 채용할 때도 동일하다. 신규 채용하려는 자리에 어떤 역할이 필요한지 먼저 정의해야 한다. 그 뒤 구인 활동을 하는 것이 순서다. 연구개발 부서의 인재를 채용한다면 단순히 생각하는 힘이 있는 지원자, 즉 3사분면의 기질을 가지고 있는 지원자를 채용하기로 목표 세울 수 있다. 여기서 한 가지 팁을 더 주자면, 부 기질 특성까지도 고려하면 좋다. 연구개발 직무에서 연구원들을 잘 조직화하고 성과를 이끄는 역할이 중요하다면 3사분면의 주 기질과 4사분면의 부 기질을 가진 지원자가 필요하다. 선임 연구원을 잘 보조할 역할이 필요하면 주 기질 3사분면과 부 기질 2사분면의 지원자를 찾으면 된다. 기존 연구원들이 개발에만 몰입하다 보니 단합과 활력이 떨어졌다면 주 기질 3사분면과 부 기질 1사분면의 지원자를 채용하면 분위기가 한층 더 활발해질 수 있다.

조직과 리더는 신규 채용할 직무와 역할이 어떤 기질을 가진 인재를 필요로 하는지 먼저 고민하고 정리하는 것이 순서다. 이러한 조직 관리 방법은 100% 성공하지 못하더라도 스킬 중심으로 채용했을 때보다는 실패할 확률을 확실히 낮출 수 있다.

조직 개편을 통해 구성원들을 다른 부서로 이동시켜야 할 일이 생길 경우에도 활용할 수 있다. 직무 부적응 또는 저성과 직원의 퇴사를 일부러 의도하고 있지 않다면 직무 이동할 구성원의 기질을 먼저 파악하고, 이동할 부서와 직무, 그리고 역할을 정하는 것이 올바른 순서다.

이처럼 기질을 활용할 수 있는 방법은 인재 채용, 직무 배치, 직무 조정까지 가능하다. 이토록 조직과 리더가 수고스럽게 에너지를 쏟아야만 하는 이유는 명확하다. 기존 구성원뿐만 아니라 신규 채용한 인재까지 모두 높은 직무 몰입을 유도하기 위해서다. 그러면 조직 성과도 저절로 따라오게 된다. 궁극적으로 리더도 이들과 함께 성장할 수 있다.

02

두 번째 B: Ball, 학습 능력

(인재의) 잠재력은 타고난 특성이 아니라
미래 상황에 필요한 특성과 기술을 '획득하는' 능력으로 평가된다.

— 클레이튼 M. 크리스텐슨(Clayton M. Christensen)

학습 능력의 새로운 정의

23년 가까운 직장 생활을 돌이켜 보면, 높은 직무 만족도로 일의 경중과 밤낮을 가리지 않고 몰입해서 일했던 시간은 5~6년 정도밖에 되지 않는다. 나머지 시간은 주어진 직무에 대한 불만과 변화를 줄 수 없었던 상황에 대해 아쉬워하며 보냈다. 왜 현재 직무가 나와 맞지 않는지, 더 잘할 수 있는 직무로 이동하려면 어떻게 해야 하는지 고민이 많았다. 또 드물게 사내 게시판에 올라온 내부 이동 공모에 지원도 하며 시간을 보냈다. 가슴이 답답할 때는 동료와 술 한잔하며 현실에 대한 불만을 토로하기도 했다. 이처럼 나의 기질과 맞지 않는 직무를 수행할 때는 소극적이었고 불만을 품고 있었다.

그럼에도 한 가지 개인적인 성과는 있었다. 모든 진급 단계에서 한 번의 누락도 없이 제때 승진했다. 어떤 사람들은 이렇게 말할 수도 있다. 뛰어난 능력과 탁월한 성과를 인정받아 발탁[50]되어 남들보다 앞서 진급한 것도 아닌데 자랑삼을 일이냐고. 그들의 말도 맞다. 주위 동료들보다 뛰어난 업무 실적을 인정받고 한두 해 앞서 발탁 진급한 적은 없었다. 스스로 객관적으로 생각해 봐도 동료들보다 뛰어난 역량을 갖고 있지도 않았다. 주어진 직무에서 열정적으로 일하지도 않았던 그저 평범한 조직 구성원으로 회사 생활을 하고 있었다.

잘 알다시피 진급에는 경쟁이 있을 수밖에 없다. 진급자 수는 대상자 수보다 항상 적다. 현대의 모든 피라미드 조직은 하위 직급보다 상위 직급으로 올라갈수록 진급의 문이 점점 더 좁아지게 되어 있다. 지극히 당연하다. 진급 대상에는 입사 동기들도 있었고, 전년도 또는 그 이전 연도부터 진급에서 탈락하여 이번에 같이 대상에 오른 선배들도 있었다. 후배 중에서도 탁월한 성과를 꾸준히 내고 있으면 발탁으로 진급할 수도 있다. 이런 경쟁 환경에서 단 한 번의 진급 누락이 없는 승진은 자랑스럽지는 않아도 나름 뿌듯한 성과였다.

연공서열이 강한 우리나라에서는 전년도에 진급 누락되었던 구성원들을 우선하여 암묵적으로 밀어주기도 한다. 하지만 문제 직원이나 저성과 직원까지 포함하지는 않는다. 단지 진급 자격은 되나 자릿수가 부족해서 누락됐던 구성원들이 주로 대상이 된다. 진급 대상자들은 객관적인 진급 자격을 먼저 갖추는 것이 필수다. 진급 심사자들도 기본 자격이 없는 구성원을 진급시킬 방법은 없다. 다른 대상자들보다 앞서는 고과는 기본이다. 진급에 필수 조건인 어학, 6시그마 벨트 자격, 교육 점수 등도 필요하다. 연구개발직은 직무 특성상 특허 출원 수도 필요했다. 진급 당시의 사업부 단위의 조직 성과도 중요하다. 상위 조직이 성과가 좋아서 높은 평가를 받게 되면 하위 조직의 진급자 폭이 확대되기 때문이다. 반면에 상위 조직의 성과가 좋지 않으면 진급자 폭이 축소되는 일은 당연하다.

이렇게 복잡한 상황에서 진급 누락이 단 한 번도 없었다니 스스로 대견하게 생각해도 되지 않겠는가. 게다가 일의 재미와 개인의 성장을 느끼며 업무에 몰입했던 시간이 23여 년 중 겨우 5~6년밖에 되지 않는데도 말이다. 진급 누락이 두세 번은 있어도 이상할 게 없다. 리더들은 위에서 매 순간 구성원들을 마음속으로 평가하고 있다. 그리고 중요한 점은 리더가 특정 구성원을 진급시키려고 할 때는 그 근거가 타당해야 한다. 위로도 설득력이 있어야 하고, 같은 진급 대상자가 있는 옆 부서의 리더들에게도 주장하고 설득할 수 있어야 한다. 아래로는 조직 구성원들에게도 인정받아야만 한다. 그렇게 해야 리더십을 훼손하지 않고 계속해서 조직을 안정적으로 이끌 힘이 된다.

진급 대상자가 많든 적든, TO[51]가 많든 적든, 재미있게 열심히 일했든 흥미를 잃고 있었든 간에 리더들은 성과를 인정하고 제때 진급시켰다. 이때 필요한 객관적인 자격과 성과는 명확했다. 적어도 조직 내외의 다른 사람들에게도 근거와 설득력이 있었다.

여기에 중요한 점이 하나 있다. 앞장에서 개인의 기질에 적합한 직무를 맡았을 때 더욱 몰입감 있게 일할 수 있다고 했다. 그런데 어떻게 기질과 맞지 않는 직무를 수행하는 시기에도 성과를 인정받고 무난히 진급할 수 있었을까? 스스로 돌이켜 보면 기질과 맞지 않는 직무를 수행할 때조차도 조직 성과는 만들어 냈다. 리더가 요구하는 업무와 태도를 수용하고 함께 결과를 만들었다. 기질에 맞지 않는 품질 직무를 맡은 내내 심적으로 힘들었던 건 사실이다. 퇴근한 후 야간에 품질 문제가 발생하여 급히 회사로 다시 들어가는 일도 빈번했다. 심지어 주말 저녁 회사와 멀리 떨어져 있다가도 리더로부터 연락을 받고 일요일 새벽에 출근하는 일도 있었다. 재미를 느끼지 못하는 일에 사생활까지 영향을 받았으니 얼마나 더 싫었을까?

매번 리더와 합이 맞았던 시간만 있지도 않았다. 당연히 갈등도 많았다. 기질을 거스르는 일들로 리더에게 오히려 성질을 부린 적도 있었다. 한 번은 사업부 조직 책임자에게 부서 현황 보고를 위해 리더와 함께 자료를 만들 때였다. 리더 앞에 앉아 함께 자료를 만들고 있었다. 그 리더는 자료 내용의 단어 하나, 숫자 하나, 토시 하나를 일일이 고쳐가며 문서 작성을 시켰다. 이렇게 자료 작성에만 장시간 붙들려 있는 상황이 힘들고 싫었다. 생각과는 다른 방향(조직을 책임지는 리더의 의도에 맞추는 것이 당연하지만 무리한 지시가 때로는 거슬릴 순간도 많았다)으로 자료 작성을 지시하고 수정하는 일들로 스트레스가 가득 찼다. 결국 몇 개월간 참았던 성질을 폭발시키고 자리를 박차고 나왔다. 잠시 화를 삭인 후 부하 직원으로서 리더에게 사과하고 관계를 다시 복원하긴 했다. 나중에 그 리더는 나의 부장 진급에 큰 힘을 써주셨다. 지금은 퇴직하셨지만, 인생 선배로서 아직 연락하며 잘 지내고 있다.

자신의 기질과 맞지 않는 직무에서는 어떻게 일해야 할까? 모든 구성원이 각자 기질에 맞는 직무와 역할을 맡을 수는 없다. 또 이미 조직이 갖춰진 상태라면 다시 뜯어고치는 일이 더 큰 혼란을 유발할 수 있다. 여기서 '학습 능력'이라는 용어를 가져오고자 한다. 이 책에서의 학습 능력은 개인이 가지고 있는 지식의 양을 말하는 것이 아니다. 학습 능력은 자신의 부족한 점을 알고 이를 스스로 채우는 능력을 말한다. 즉 개인에게 새로운 역할이 주어지거나 또는 신규 과제를 맡을 때, 여기서 나는 무엇을 알고 있고, 무엇이 필요하며, 필요로 하는 것은 어떻게 채워야 할지를 계획하고, 이를 실행하는 능력을 말한다. 결과가 좋으면 최상이겠지만, 그렇지 않더라도 이러한 사고와 실행으로 자신의 실력을 쌓는 학습 경험으로 만드는 능력이 중요하다. 또 이런 사고가 선행되어야 무엇부터 행동할지 방향을 세울 수 있다. 결과가 좋든 나쁘든 간에 자신에게 피드백되어 실력 향상이 가능해진다. 이제 학습 능력을 이해하기 쉽도록 인재 분해의 두 번째 B, 즉 Ball로 표현하겠다. [그림 7]을 참조하면 된다. 리더들은 머릿속에 입체적인 공을 상상하길 바란다.

[그림 7] 학습 능력은 Ball이다

학습 능력의 전제 조건은 '자신의 부족한 점'을 먼저 아는 것이다. 즉 스스로 자신의 한계를 안다는 점이다. 언론인이자 작가인 구본권은 자신의 저서에서 다음과 같이 설명하고 있다.

"자신의 한계를 자각하는 능력이 중요한 이유는 크게 두 가지다. 하나는 자신이 안전하고 자유로울 수 있는 영역을 알고 그 안에서 마음껏 도전하고 실행할 수 있게 된다는 점이다. 다른 하나는 한계를 자각하는 것이 학습과 타인과의 협업으로 이끄는 기본 조건이 된다는 점이다."[52]

일반적으로 우리들은 이전에 경험해 보지 못했던 새로운 직무나 과제를 맡게 되면 무척 부담스럽다. 앞서 연구개발 직무에서 품질관리 직무로의 이동은 좋은 선택이 아니었다. 당시 상황을 보면 기질에 맞는 개발 직무를 더 이상 수행할 수 없었다. 직무 환경 변화와 제한된 선택지에서 답답한 현 상황을 벗어나기 위해 부득이하게 변화를 선택했다. 그리고 선택에 대한 책임을 다하기 위해 해당 직무에서 요구하는 역할에 충실히 노력했다. 새로운 조직과 리더와 동료들에게 걸림돌은 되지 말자고 속으로 다짐했다. 기질에 맞는 직무를 찾는 일은 일단 묻어 두었다.

잘할 수 있는 직무와 주어진 직무와의 업무 성격 차이는 생각보다 컸다. 가지고 있는 역량을 충분히 발휘할 수 없었다. 선천적인 기질과 기존에 습득했던 지식과 스킬과는 맞지 않은 직무였기 때문이었다. 일의 재미는 이미 사라진 단어였다. 직무 몰입이란 용어를 언급할 수준이 아니었다. 마치 바닷속 밑바닥에 가까운 느낌이었다. 예상하지 못한 일이 발생하면 짜증부터 났다. 계획된 상황에서 예상된 결과물들이 나와야 원만히 수용하는 성향이었기 때문이다. 완벽주의 탓이다.

수많은 변수가 수시로 발생하는 현장에서 계획대로 진행되길 바라는 건 불가능한 일이다. 크고 작은 품질 이슈는 매번 발생했다. 조직 성과 달성이라는 목표를 위해, 리더와 동료들과의 원만한 관계를 위해 스스로 다독여 가며 일했다. 당연한 것 아니냐고 생각할 수도 있지만, 여기서는 나의 학습 능력을 말하고 싶다. 기질에 맞지 않는 직무를 맡았지만 일단 현 위치에서 요구되는 역할을 정리하고 수용했다. 그리고 어떻게 하면 일이 되는지를 고민하며 찾아 나갔다. 그 결과, 직무 수행 능력이 남들보다 탁월하지는 않았지만 적어도 일 못한다는 평가는 받지 않았다. 리더와 동료들도 이 점은 인정했다고 생각한다. 그 결과 한 번에 부장으로 승진했다.

물론 스스로 학습 능력이 탁월하지 않음을 잘 알고 있다. 주위의 일 잘한다는 동료들을 보면 배울 점들이 너무 많았다. 도저히 쫓아갈 수 없을 정도였다. 여기에 비춰 자신을 돌아보면 뛰어난 인재가 아님을 인정할 수밖에 없다. 그럼에도 최소한 조직 미션과 새로운 직무가 요구하는 역량은 무엇이고, 이를 위해 해야 할 일과 동료 및 유관부서와의 협업을 놓치지 않고 열심히 챙겼다. 그 결과, 소속 부서의 성과에도 일조했다. 나 자신이 학습 능력이 뛰어난 모범 사례가 아니라는 점은 잘 알고 있다. 그러나 적어도 가지고 있는 작은 학습 능력을 발휘하여 기질에 맞지 않은 직무라도 부정적인 영향을 주지는 않았다.

학습 능력이 뛰어난 인재는 자신의 기질에 반하는 직무나 과제를 맡더라도 이를 완수하는 데 집중한다. 본인의 기질에 맞는 직무를 수행할 때보다는 더 많은 에너지를 태워야만 한다. 결과가 탁월하지는 않을 수는 있으나, 적어도 제 몫은 한다. 이 점이 리더가 그 인재의 성과와 능력을 인정할 수밖에 없게 만드는 능력이다.

픽사 애니메이션 스튜디오를 스티브 잡스와 함께 설립한 애드 캣멀은『창의성을 지휘하라』라는 그의 저서에서 성장하는 기업을 만들기 위한 구성원들의 학습 능력에 대해 그 중요성을 이렇게 강조했다.

"직원들을 채용할 때는 현재 보유한 기술 수준보다는 앞으로 성장할 잠재력을 중시하라. 오늘 어떤 일을 할 수 있느냐보다는 내일 어떤 일을 할 수 있느냐가 더 중요하다."[53]

요즘처럼 비즈니스 환경이 급변하는 시기에 현재 가지고 있는 역량만으로 버티는 사람은 도태될 수밖에 없다. 그렇다고 외부에서 강제로 이끌 수도 없다. 부모가 사춘기 자녀에게 공부하라고 아무리 잔소리해도 잘 먹히지 않는 이유가 여기에 있다. 내적 동기로 스스로 호기심을 가지고 배워 나가려는 의지가 중요하다. 조직에서는 인재 스스로가 개인과 조직 성장을 목표로 자발적으로 움직여야만 가능하다. 이때 필요로 하는 역량이 바로 인재의 학습 능력이다. 이점을 명심하자.

학습 능력이 좋은 인재

펜실베이니아대학 와튼스쿨의 조직 심리학 교수이자 베스트셀러 저자인 애덤 그랜트는 최근 출간한 그의 저서에서 '품성 기량'의 중요성을 강조하며 이렇게 말했다.

"불편함을 받아들이게 되면 서로 다른 수많은 학습의 형태에서 숨은 잠재력을 펼치게 된다. 불편함을 마주할 용기를 내는 게 품성 기량이다. (중략) 고속 성장하는 최선의 길은 불편함을 받아들이고 추구하고 증폭하는 방법이다. (중략) 학습에서 주도력을 발휘하면 더 빨리 배우게 된다. 사람들이 새로운 개념을 흡수하고 낡은 개념을 걸러낼 역량을 갖출수록 번영하게 된다."[54]

그러면서 그는 주도적으로 정보를 흡수하며 성장을 목표로 삼는 품성 기량이 뛰어난 사람을 '스펀지'라고 표현했다. 또 앞서 언급했던 빌 캠벨은 회사를 운영하는 데 있어 올바른 선수를 선발하라며 다음과 같이 강조했다.

"그는 '스마트'한 사람들을 원했는데, 여기서 스마트란 학문적인 의미보다는 업무에서 다른 분야를 빠르게 습득하고 공통점을 연결하는 능력을 의미했다."[55]

소개한 두 글에는 '새로운 개념을 빨리 흡수'하고 '연결'하는 능력이 이번 장의 주제인 학습 능력과 일맥상통한다. 새로운 업무나 과제를 수행하는 데 있어 목표 성과물은 무엇이며, 이를 달성하는 방법과 필요한 도구는 무엇이며, 이것을 어떻게 신속하게 찾고 실행할 것인지를 잘 조직화하고 추진하는 태도가 필요하다.

앞서 '학습 능력'을 'Ball(공)'로 비유했다. 학습 능력에는 다양한 역량들이 포함되어 있다. 스스로 몰랐던 일과 부족한 지식에 대한 불편함을 감수하고 기꺼이 실행하려는 능력이 있다. 새로운 직무나 과제를 회피하지 않고 호기심을 가지고 수용하는 능력도 있다. 내가 무엇을 모르는지, 무엇이 필요한지를 파악하는 능력이 있다. 필요로 하는 역량을 적극적으로 습득하려는 능력도 있다. 그리고 습득한 역량을 새로 맡은 직무와 과제에 적용하는 능력도 있다. 여기에 소개한 이 모든 능력은 누구나 가지고 있다. 단지 그 능력의 크기가 크냐 작냐의 차이이다. 그래서 학습 능력을 Ball의 크기로 표현할 수 있다. [그

[그림 8] 공의 크기에 따른 학습 능력

림 8]과 같이 직관적으로 공의 크기가 클수록 학습 능력이 좋은 인재이고, 크기가 작을수록 학습 능력이 나쁜 인재라고 이해하면 된다.

이 글을 읽고 있는 리더들은 '메타인지^{Metacognition}'라는 용어를 들어본 적이 있는가? 먼저 한 논문에서 가져온 정리를 먼저 소개하겠다.

"대부분의 연구에서 공통으로 강조하는 '메타인지'의 개념에는 크게 (1) 인지 과정에 대한 의식적인 인식, (2) 인지 과정에 대한 모니터링, (3) 인지 과정에 대한 통제의 세 가지 요소가 포함되어 있다. (중략) 여기에서 '의식적인 인식'은 단순히 어떠한 사실을 알고 있다는 지식적 측면에서 국한된 것이 아니라 자신이 알고 있는 지식의 범위와 한계에 대해 알아차리는 것을 의미한다. (중략) '모니터링'은 스스로 평가하고 점검하는 과정이며, 이는 과거의 경험에서 어떤 선택이 자신에게 유리하다는 것을 인식하고 이를 현재에 적용하는 것을 말한다. (중략) '통제'는 자신의 판단을 사용하여 어떤 행동을 해야 할지 안내하는 과정이다. 모니터링을 통해서 일에 대해 예상이 되었다면 어떻게 추진할 것인지에 대해 행동을 결정하는 것이다."[56]

요약하면, 메타인지는 자신이 알고 있는 지식의 한계를 알고, 어떻게 해야 할지를 평가하고 선택하는 과정을 말한다. 여기에 '실행'과 '결과에 대한 피드백'까지 추가하면 이 책에서 말하는 인재의 '학습 능력'이다. 참고로, 결과는 반드시 성공적일 필요는 없다. 실패하더라도 끝까지 실행하고 그 성과를 확인하는 것이 중요하다. 그리고 다음번에 더 나은 결정과 실행을 한다면 이 인재는 훌륭한 학습 능력을 보유하고 있다고 말할 수 있다.

이러한 내용을 조직 내에서 일어날 수 있는 사례로 설명해 보자. 먼저 전제 조건은 앞서 살펴봤던 기질이다. 리더는 구성원의 기질에 맞는 직무를 배정하는 것이 기본이다. 그렇지만 이후 리더가 구성원의 기질에 맞지 않는 과제를 할당했을 때를 보자. 현실적으로 배정된 직무의 모든 일이 구성원의 기질에 맞을 수는 없다. 한 직무 내에도 다양한 성격의 업무들이 있기 때문이다. 단지 발생 빈도가 적고, 업무 비중이 작을 뿐이다. 예를 들어 연구개발 직무에 있다고 하더라도 개발 담당자는 개발 장비나 자재를 공급하는 외부 업체 사람들을 만날 수 있다. 선임 연구자의 개발 업무에 온전히 지원해야만 하는 일도 있을 수 있다. 또 개발 샘플이 제대로 만들어지는지 계속해서 공정 조건이나 제작 결과를 꾸준히 모니터링하는 일을 할 때도 있다. 모두가 개발 조직의 미션을 달성하기 위해 필요한 일들이다.

여기서 리더가 인재의 기질과 맞지 않는 성격의 과제를 줬을 때 학습 능력별로 어떻게 일을 처리하는지 보자. 학습 능력이 큰 인재는 먼저 새로운 과제를 수용한다. 과제를 받을 때 이미 맡은 일들이 많다면 일시적으로 부담을 느낀다. 그러나 곧 호기심을 드러낸다. 기존 일들에 대해 시급성과 중요성 등 나름 기준을 두고 조정한다. 그리고 새로 맡은 과제를 어떻게 성공적으로 완수할 것인지 추진 방향을 세우고 결과물도 예상해 놓는다. 조직 내·외부에 협업이 필요한 인재들을 찾고 함께 추진할 하위 과제들을 도출한다. 도출된 하위 과제별로 담당자를 협의해서 배정한다. 실행 중간중간 리더와 공유하고 필요시 조언과 지원을 요청한다. 이후 과제의 최종 결과물을 정리하고 제때 리더에게 보고한다.

이러한 학습 능력 발휘 과정에서 가장 중요한 점은 바로 리더와의 소통이다. 소통의 빈도가 중요하다. 과제 수행에 지원이 필요한 사항들, 즉 과제 전반에 대한 맥락과 정보를 요청하고, 과제 실행에 필요한 인적·물적 지원을 산출하고 설득한다. 그리고 과제 진행에 대한 정보들을 리더에게 수시로 보고해서 리더가 먼저 묻게 만들지 않는다.

너무 이상적이고 당연한 내용들인가? 학습 능력이 좋은 인재는 당연한 일을 당연하게 실행한다. 여기에는 학습 능력이란 역량에 필요한 모든 것이 들어가 있다. 즉 리더로부터 새로운 과제를 부여받았을 때 이를 성공적으로 완수하기 위해서 자신이 할 수 있는 일과

할 수 없는 일을 파악하고, 필요로 하는 역량과 지원을 정하고 계획을 수립하는 '메타인지'적 사고가 필요하다. 게다가 이를 '실행'하는 과정과 '결과'에 대해서도 계속해서 사고하고 스스로 '피드백'한다. '소통'은 학습 능력이 좋은 인재가 미션을 충실히 실행할 때 자연스럽게 나타나는 모니터링과 실행의 결과이다. 과제 진행 상황을 파악하고 실행에 필요한 지원을 요청하기 위해서는 리더와의 소통이 자연스럽게 일어날 수밖에 없다.

반면 학습 능력이 작은 인재가 불편한 과제를 받게 되면 어떻게 행동할까? 이 인재는 새로운 과제에 대해 심리적 신체적 거부 반응이 먼저 온다. 소위 '3요'가 먼저 튀어나온다. '3요'는 리더의 업무 지시에 '이걸요? 제가요? 왜요?'의 부정적인 반응을 말한다. 이런 상황에서 학습 능력이 작은 인재는 스스로 먼저 느낀다. 본인의 에너지를 많이 쏟아야 하는 일이라는 것이다. 그들은 자신의 한정된 에너지를 원치 않는 일에 그토록 많이 소비하고 싶어 하지 않는다. 자신이 정한 업무 범위 안에서 최소한의 에너지만 소비하길 원한다. 사실 자신의 학습 능력이 작다는 것을 알고 있는 인재가 전혀 모르는 것보다는 낫다. 적어도 자신을 알고 있으니까 말이다. 학습 능력이 작은 인재는 주어진 과제를 어떻게 풀어가야 할지, 누구에게 조언을 구할지 등등 다음 단계로 생각이 넘어가지 않는다. 그저 거부할 명분을 찾을 뿐이다. 거부에 성공했다면 개인적으로는 축하할 일이지만, 조직 입장에서는 리더의 긍정적인 평가를 기대할 수 없다. 또한 그 일을 대신 떠맡을 동료들로부터도 보이지는 않겠지만 심리적으로 멀리 혼자 동떨어지게 된다.

이들에게는 리더 지시로 억지로 일을 맡겨도 문제다. 이미 심적으로 거부한 일을 강제로 하게 될 때 과연 어떤 성과를 기대할 수 있을까? 과제를 맡긴 리더는 일의 방향과 진도를 수시로 점검하느라 진이 다 빠진다. 인재도 수동적으로 일을 받고, 시키는 일만 하니 직무에서 재미를 느낄 수 없다. 재미없는 일을 하는데, 여기서 나온 결과물이 좋을 리도 없다. 최소한의 형식만 갖춰서 보고서를 낼 뿐이다. 과제를 준 리더와 이를 받은 인재 둘 다 과도하게 에너지만 소비하고 시간만 허비한다. 결과물의 품질은 기대 이하의 실망스러운 상황만 닥친다.

무엇보다도 학습 능력이 작은 인재는 더 이상 조직 내에서 성장을 기대할 수 없다는 점이 더 큰 문제다. 이런 인재를 조직에서 계속 끌고 갈 수 있거나, 직무를 재배치할 수 있을 정도의 규모와 기회를 제공할 수 있는 조직이라면 이 인재는 정말 좋은 직장에 있는 셈이다. 그러나 이 정도 여유가 있는 조직이 아니라면 이러한 인재는 조직에서 내보내는 것이 맞다. 리더, 조직, 동료들, 그리고 본인 포함하여 모두를 위한 일이다. 그렇게 하지 않으면 소위 '학습된 무기력증'이 빠르게 확산하여 리더 조직을 망칠 수 있다. 누구는 일을 요령껏 거부하면서도 월급을 잘 받아 가는데, 누구는 그 거부된 일을 떠맡아 가면서도 똑같은 월급을 받아 가냐는 식의 불만이 생긴다. 그리고 이내 '나도 저렇게 최소한으로 일하며 직장 생활해야겠다'라는 생각이 저절로 스며든다.

연세대 정동일 교수는 학습된 무기력증이 무서운 이유로 전염성이 강하기 때문이라고 말했다. 사실 직접 경험한 일에 비춰 봐도 전적으로 동의한다. 이런 동료가 주위에 있으면 너도나도 굳이 더 열심히 업무를 할 필요가 없다고 생각하게 된다. 이 조직에서는 더 잘할 필요가 없다. 형식적인 구색만 갖추겠다, 최소한의 일만 하겠다라는 생각이 순식간에 조직 전체에 스며든다. 일의 경계가 불확실할 경우에는 더욱 거부한다. 그렇게 해도 조직은 돌아가고, 이를 방치하고 있는 리더는 조직 성과에는 관심이 없다고 생각하게 된다. 조직을 망치는 지름길이다.

학습 능력이 큰 인재도 첫 반응은 거부하고 싶다. 우리나라에는 이런 말이 있다. 인재는 일로써 보상이 온다. 그 인재는 일을 잘한다는 이유로 이미 많은 일을 맡고 있음이 틀림없다. 그렇지만 그는 본인이 해야 할 이유를 스스로 찾고 자신을 설득한다. 이어 과제에 대해 다양한 방향으로 생각한다. 과제를 본인에게 맡기는 리더의 의도가 무엇인지, 이 과제가 왜 지금 필요로 하는지, 그리고 지원이 필요한 요소들을 찾는다. 결국 새로운 과제에 대한 개인적인 호기심과 기대 성과를 생각하며 본인의 학습 능력을 활발히 가동한다. 비록 기질에 맞는 일을 할 때보다 더 많은 에너지를 태워야 함에도 미션에 집중하고 결국 완수한다.

이렇듯 학습 능력이 뛰어난 인재는 직무 교육을 강요할 필요가 없다. 필요한 기술과 역량을 스스로 찾아서 학습한다. 조직과 리더는 이런 인재를 방해만 하지 않으면 된다. 그리고 인재가 필요로 하는 성장 기회를 제공하고 지원만 열심히 하면 된다. 학습 능력이 큰 인재를 보유하고 있는 리더는 얼마나 든든하고 좋을까?

학습 능력을 어떻게 확인할 것인가?

학습 능력이라는 용어는 상당히 주관적인 표현이라고 할 수 있다. 그럼에도 학습 능력이라는 표현을 쓴 이유는 메타인지와 같은 전문 용어가 아니어서 누구도 쉽게 받아들일 수 있기 때문이다. 학습 능력은 주어진 과제를 수행하기에 앞서 모르는 부분은 인정하고, 어떻게 해야 할 것인지를 계획하며, 이를 실행함으로써 조직에는 성과를, 인재에게는 성장을 가져오는 역량이다.

학습 능력은 지식 전달자로부터 단순히 수동적으로 배우고 기억하는 지식의 양을 말하는 게 아니다. 이런 능력은 물론 없는 것보다는 낫다. 그러나 우리는 기존에 잘 정리된 지식의 습득만으로는 복잡한 이 세상을 제대로 살아갈 수 없다. 학교에서 습득한 지식과 경험은 매우 협소한 영역이다. 대학 때 학점이 좋았다고 해서 사회에 나와서도 일 잘하는 인재라는 보장이 없다. 학점이 좋았다는 의미는 이 입사 지원자가 그래도 '학생의 본분으로 배움은 충실히 했다', 또는 '기본 지식은 남들보다는 낫다' 정도로만 판단하면 된다. 세상은 학교에서 배우지도, 생각하지도 못한 일들로 가득하다. 학교에서는 습득한 지식의 양이 중요하다면, 사회에서는 지식의 응용과 확장을 더 필요로 한다. 취직 이후 소속 조직의 직무로 좁혀도 기존에 경험하지 못했던 일들이 부지기수다. 이러한 일들을 잘 이해하고 수용하는 능력이 필요하다. 이것이 학습 능력의 크기가 중요한 이유다.

그렇다면 리더가 기존 조직 구성원들이나 신규 채용 지원자들의 학습 능력을 어떻게 확인할 수 있을까? 시험을 보고 평가해서 정량화할 수 있으면 좋으련만 그렇게 쉬운 평가 방법은 없다. 설령 그런 시험이 있다고 해도 얼마나 신뢰성이 있을지 의문이다. 따라서 여기 리더에게 다음과 같이 접근하길 제안한다. 분석 대상인 조직 구성원이나 입사 지원자가 새로운 일과 환경에 대해서 메타인지적 사고를 하는지와 실행력, 그리고 자신의 성장에 어떻게 반영했는지에 대해 그 과거 이력을 살펴보자.

기존 구성원 대상으로는 학습 능력을 파악하는 데는 어려움이 없다. 구성원이 평소 업무를 수행하는 과정을 리더는 가까이에서 계속 지켜볼 수 있었기 때문이다. 신규 과제를 줬을 때 그가 어떻게 일을 했는지를 떠올려 보면 된다. 과제를 처음 받는 순간부터 마무리하는 시점까지 전 과정이 평가 대상이다. 주어지는 과제에 호기심을 가지고 긍정적으로 수용하며 주도적으로 계획하고 실행하는 과정을 지켜보면 학습 능력이 큰지, 작은지를 가늠할 수 있다. 리더는 주기적으로 원온원을 통해 그가 어떻게 과제를 진행하며 대책을 강구하는지를 코칭하며 지켜보면 된다.

구성원의 학습 능력이 제대로 발휘되고 있지 않다면 왜 그런지 원인을 찾는 활동이 리더에게도 이어져야 한다. 본인이 자신 있는 직무에 배치되지 않아 과제 수행에 반감이 있지 않은지, 아니면 정말 학습 능력이 작아서 기대하는 성과를 내지 못하는지 확인해야 한다. 그렇게 해야 다음 개선을 할 수 있기 때문이다. 이와 관련해서는 8장에서 다시 소개하겠다.

구성원을 새로 채용할 때는 면접 단계에서 이와 관련한 질문을 던지고 어떻게 해결해 왔는지를 확인하는 방법이 있다. 변별력이 있는 면접 기법으로 알려진 BEI^{Behavial Event Interview}를 적극 활용하면 된다. BEI는 확인하고 싶은 지원자의 특성을 과거 사례를 통해 확인하는 방법이다. 지원자에게 어떤 문제가 있었고, 어떻게 주도해서 풀어 나갔는지를 보면 된다. 여기에 추가로 깊이 있고 자세한 질문을 던져서 입사 지원자의 실제 역할과 역량을 확인할 수 있다.

또는 채용 직무에서 발생할 수 있는 스트레스 상황을 미리 준비해서 지원자에게 유사한 경험에 대해 질문할 수도 있다. 물론 입사 지원자들은 취직에 대해 동기가 강하기 때문에 과장이나 허위가 포함될 수 있음을 미리 생각하고 있어야 한다. 그러므로 답변에 대해 추가적이고 열린 질문으로 계속 보완해야 한다. 리더가 파악해야 할 점은 질문에 대해 지원자가 어떻게 스스로 인식하고 계획하며 실행했었는지, 그리고 그 결과로 어떠한 성장을 가져왔는지에 대해 구체적인 내용을 확인하는 것이다.

그리고 채용을 결정했다면 수습 기간 내에 다양한 과제를 수행하도록 만들어야 한다. 이때 중요한 점은 하나의 완결형 과제를 줘야 한다는 것이다. 과제를 어떻게 계획하고 실행하며 부족한 역량은 어떻게 만회하는지, 결과적으로 어떤 성과물을 가져오는지까지 평가해야 한다. 사실 신입사원 입장에서도 과제를 주도적으로 완결한다면 개인 성과와 만족도가 높아져 조직에 더욱 몰입하는 효과도 가져올 수 있다. 그렇다면 어떤 과제를 주어야 할까? 미하이 칙센트미하이의 말이 도움이 될 듯하다.

"일단 신규로 직원을 채용하면 가장 난이도가 낮은 업무를 맡기는 것이 바람직하다. 그렇게 해야만 담당 부서장은 신입 직원의 강점과 약점을 쉽게 파악하게 되며, 아울러 혹시라도 그가 실수를 범하더라도 그 영향이 심각하지 않을 것이기 때문이다. 이와 대조적으로 일부 기업들은 최근에 새로 영입된 직원들에게 힘들고 까다로운 업무를 잘 견뎌낼 수 있는지 두고 보자는 식이다. 이런 방법은 능력과 적성이 따르지 않는 직원을 조기에 선별해 냄으로써 시간을 절감할 수 있을지는 모른다. 하지만 이런 경우에 신입 직원들은 얼마 가지 않아 열의를 잃게 되며 자연히 이직률 또한 높아지게 된다."[57]

신규 채용한 구성원이 새로운 직장과 직무에서 난이도가 낮은 업무를 맡게 되면 적은 에너지를 소비하며 일할 수 있다. 에너지 소비가 적다는 것은 업무 태도가 인위적이지 않고, 가장 자연스러운 모습이 나올 수 있다. 그러나 스타트업과 같이 조직의 규모가 작아 학습 능력이 큰 인재를 찾고 검증할 필요가 있다면, 조직의 위험 부담은 작지만 난이도 있는 과제를 부여하고, 그 과정을 지켜보는 방법도 도움이 된다. 난이도는 조직의 상황에 따라 달라질 수 있다. 그리고 난이도에 따라 확인할 역량을 먼저 정의할 필요가 있다. 자연스러운 모습과 태도를 확인할 것인지, 문제를 해결하는 자세를 볼 것인지를 정한다. 중요한 점은 주어진 과제를 수행하는 과정에서 신규 채용한 구성원의 학습 능력을 확인하려는 목적은 잊지 말아야 한다.

오랫동안 들어온 말이지만 기업체에서는 대학을 졸업하고 온 인재들이 제대로 배워서 오지 않는다고 불만이 많다. 이는 지극히 당연한 일이다. 지식을 습득하는 학업의 영역과 지식을 활용하여 응용하고 성과를 만드는 실무의 영역은 다르다. 이는 기업체의 욕심이다. 기업 입장에서 급박한 경영 환경에서 시간을 들여서까지 인재 육성에 관심을 가질 여유가 없다는 점은 이해할 만하다. 게다가 조직 역량을 투입해서 인재를 키워 놓으면 이직해 버리는 사례도 몇 번 겪다 보면 더욱 인재 육성에 부정적일 수도 있다. 결국 인재를 빼앗긴 기업도 다른 조직으로부터 경험이 있는 중고 신입이나 경력자를 채용하려고 한다. 이런 현상들을 보니, 과거에 그나마 공채를 통해 신입사원을 채용한 기업들이 감사할 따름이다.

개인적인 경험을 돌이켜보면 대학교 학부만 졸업한 신입사원보다 석사나 박사 과정으로 대학원이라는 작은 조직을 경험하고 기업체에 입사한 신입사원이 일을 더 잘했다고 생각한다. 여기에는 세가지 이유가 있을 수 있다. 첫째는 스스로 하고 싶어 하는 공부를 선택했다는 점이 일단 개인의 기질과 맞았다는 점이다. 둘째는 대학원 교육 과정에서 연구 과제를 찾고, 계획을 세우고, 실행한 뒤 결과를 분석하는 과정에서 학습 역량이 성장하는 효과를 가져왔기 때문이다. 셋째는 대학원 과정도 작은 단위의 조직 경험이기 때문이다.

지도교수와 같은 연구소 내 석·박사 과정의 선·후배들이 일련의 조직 구조로 연결되어 있다고 볼 수 있다. 첫 직장에 들어갔을 때 학부를 마친 동기가 많았지만, 일부는 석사 과정을 마치고 같이 입사한 동기들도 있었다. 이들과 같이 신입사원의 위치에서 일하다 보니 감탄할 때가 많았다. 지식 차이는 당연하고, 문제 개선을 위해 접근하는 방법도 뛰어났다. 그들은 지식의 폭만큼 시야도 넓었고, 문제를 바라보는 관점도 다양하고 깊었다. 리더와 공유하고 의견을 나누는 모습이 지시 사항만 수행하는 학부 출신과는 달랐다.

대학원 2년의 공부가 이러한 차이를 만들 수 있다는 생각을 그때 갖게 되었다. 이후 조직에서 이들에 대한 대우가 학부 출신과는 다른 점을 인정하고 이해했다. 당시에는 대학원 경력을 인정해서 학부만 마치면 '연구원', 석사 과정을 마치면 '주임 연구원', 박사 과정을 마치면 '선임 연구원'이라는 직위와 함께 그에 맞는 역할과 급여로 대우해 줬다. 당시 깨달은 바에 비춰 보면 합리적인 조치라고 생각된다. 그들은 20여 년이 지난 지금까지도 회사 생활을 잘하고 있다. 물론 당시 맡았던 직무와는 많이 달라져 있을 것이다. 그럼에도 조직 책임자로서 조직 운영에 대한 능력까지 습득하여 더욱 성장하고 있을 거라고 확신한다.

조직과 리더는 대학원 출신이든지, 경력이 있는 신입이든지 단순히 학위나 이력서에 적혀 있는 글만 보고 채용하지는 않을 것이다. 입사 지원자가 학부를 졸업한 이후에 리더 조직에 지원하기까지의 과정에서 과연 어떠한 활동과 경험으로 자신의 학습 능력을 성장시켜 왔는지를 확인해야 한다. 채용 단계 중 가장 중요한 면접에서는 이와 관련한 질문들이 주로 이뤄져야 하고 검증되어야만 한다.

명심하라, 학습 능력을.

03

세 번째 B: Ball Driving, 동기

자기 자신과 완전한 평화를 누리고자 한다면 음악가는 음악을 할 수밖에 없고,
화가는 그림을 그릴 수밖에 없으며, 시인은 시를 쓸 수밖에 없다.
인간은 자신이 될 수 있는 것, 바로 그것이 되어야만 한다.
이것이 바로 인간의 자기실현 욕구다.

— 에이브러햄 매슬로(Abraham H. Maslow)

동기의 중요한 역할

인재 분해의 세 번째이자 마지막 인자는 '동기^{Motivation}'이다. 동기는 앞에서 살펴봤던 학습 능력이라는 공^{Ball}을 굴리는 데 필수적인 힘이고, 에너지다. 그래서 여기서는 동기를 세 번째 B인 'Ball Driving'으로 표현했다. 세 번째 인자 또한 인재를 찾고 관리하는 데 있어 매우 중요하다. 앞의 내용을 다시 불러오면, 인재는 기질이라는 고유하고 변하지 않는 특성의 그릇^{Bowl}이 있고, 이 기질이라는 그릇 안에는 학습 능력이라는 개인마다 다양한 크기의 공^{Ball}이 놓여 있다. 이제 이 공을 그릇 속에서 굴려 보자.

에너지 소비가 없는 가장 편안한 상태는 개인의 고유한 기질이라

는 그릇 속에서 가장 낮은 위치에 공이 놓여 있다는 의미이다. 반면에 일하고 있는 상태는 그릇 속에 있는 공을 열심히 굴리고 있다고 볼 수 있다. 즉 조직 구성원으로서 맡은 직무에서 가지고 있는 학습 능력을 열심히 발휘하여 조직 성과에 기여하고 있다는 뜻이다. 그러면 조직은 구성원에게 계속해서 조직이라는 울타리 안에 머물 수 있게 해 주고, 급여도 준다. 반면 개인은 소속감도 느끼고, 급여를 가지고 경제적인 활동도 하게 된다. 개인 생활이 안정되고 여유가 생기면 소속 조직에서 성과를 계속 인정받고 싶어진다. 개인의 꿈이 조직 안에서 성취할 수만 있다면 이보다 더 좋을 수는 없겠다. 어쨌든 모든 사람은 어디에서 일하든 이부자리에서 일어나는 순간부터 잠자리에 들기까지 자신만의 공에 에너지를 쏟아가며 열심히 굴리고 있다.

여기서 인재가 그릇 속에 놓여 있는 공을 굴리는 힘이 바로 동기다. 다시 말하면 인재가 가진 고유한 기질을 바탕으로 자신만의 학습 능력을 발휘하게 만드는 힘, 이것이 동기다. 여기서 인재가 가지고 있는 '동기'는 당연히 다양하다. 일상생활을 유지하는 데 필요한 금전적 보상, 즉 급여가 될 수 있다. 소속 조직의 눈 밖에 나 이탈되지 않기 위해 일할 수도 있다. 또 자신의 업무 성과를 인정받고 싶어 할 수도 있다. 본인이 꿈꿔 왔던 자아실현을 위한 노력도 있다. 이렇듯 사람마다 각기 다른 이유로 동기가 유발된다. 그러나 외부의 강요나 압력, 또는 보상이라는 외적 동기보다는 자아실현의 내적 동기가 더 중요하다. 내적 동기가 잘 가동될 때는 힘든 일도 개인의 성장 과정으로 받아들인다. 이런 자세로 만들어 낸 결과물 또한 남들보다 뛰어날 것임은 당연하다.

옛날부터 지금까지 이어져 오는 속담이나 격언은 그 말의 효력이 지속해서 다수로부터 인정받아 왔기 때문에 강한 생명력이 있다. 많은 사람의 입에 오르내리고, 여러 세대를 거치면서도 변함없는 가치를 인정받고 꾸준히 사용된다. 지금까지 끈질기게 수명을 이어온 말과 글이라면 미래에도 계속해서 사용될 수 있다고 확신한다.

마케팅 분야 베스트셀러 『스틱!』의 저자 칩 히스와 댄 히스는 '속담'에 대해 앞의 내용과 동일한 의미를 부여하고 있다.

"속담은 개인이 공통된 사회 기준에 맞춰 결정을 내리도록 도와주는 유용한 도구다. 이런 공통적인 기준은 대개 도덕적이거나 윤리적인 규범이다. 속담은 개인의 행동에 '경험에 의한 법칙'을 제공한다. (중략) 속담에 대한 세르반테스의 정의는 우리의 단순함에 대한 정의와 일치한다. '긴 경험(핵심)에서 우러나온 짧은 문장(간결함).'"[58]

'창고에서 인심 난다.' '내 배가 불러야 남의 배고픔을 안다.' 이 속담을 되새겨 보면 우선 내가 먹고사는 데 지장이 없을 때 비로소 주위를 둘러볼 여유가 생긴다는 뜻이다. '금강산도 식후경'이란 말도 같은 맥락이 아닐까 싶다. 금강산을 구경하는 데도 당장 배가 고프면 저절로 허리가 굽혀지고 천혜의 절경은 눈에 들어오지 않을 테니 말이다.

　이러한 인간의 특성을 학문적으로 제시한 이론이 [그림 9]의 '매슬로의 욕구 위계론Maslow's hierarchy of needs'59이라고 생각한다. 이미 잘 알고 있겠지만 간략히 정리하자면, 1943년에 미국의 인간 행동과 동기 연구 심리학자 에이브러햄 매슬로가 발표한 이론이다. 인간의 욕구를 생존에 필요한 기본적인 단계부터 높은 차원의 욕구까지 그 강도에 따른 순서로 생리적 욕구, 안전의 욕구, 애정과 소속의 욕구, 자기 존중의 욕구, 자아실현의 욕구 다섯 단계로 분류했다. 가장 하위에 있는 욕구부터 간략히 정리하면 다음과 같다.

[그림 9] 매슬로의 욕구 위계론

• 1단계: 생리적 욕구The Physiological Needs

인간이 생존을 위해 반드시 충족되어야 하는 기본적인 욕구이다. 모든 욕구 중에 가장 강력하다. 예를 들면 음식, 물, 수면, 숨쉬기 등이 여기에 속한다.

• 2단계: 안전의 욕구The Safety Needs

생리적 욕구가 충족된 후, 사람들은 안전과 보안을 추구하기 시작한다. 이 욕구는 신체적 안전뿐만 아니라 고용, 건강, 재산의 안전 등 외부로부터 위험, 위협, 박탈剝奪에서 자신을 보호하고 불안을 회피하려는 욕구이다.

• 3단계: 애정과 소속의 욕구The Love and Belonging Needs[60]

가족, 친구, 연인과 같은 사회적 관계를 통해 소속감과 사랑을 느끼고자 하는 욕구이다. 이 단계에서 인간은 사회적 안정과 소속감을 중시한다.

• 4단계: 자기 존중의 욕구The Esteem Needs

자신감, 성취감, 다른 사람으로부터의 존경 등을 포함한다. 이 단계에서는 자신의 가치와 능력을 인정받고 자부심을 느끼길 원한다.

• 5단계: 자아실현의 욕구The Need for Self-Actualization

자기 잠재력을 최대한 발휘하고 자신만의 목표를 실현하려는 욕구이다. 다른 욕구와 달리 욕구가 충족될수록 더욱 증대되는 경향을 보여 '성장 욕구'라고도 한다. 창의적 활동, 개인적 성장, 자기 계발 등이 여기에 포함된다.

그럼 우리의 삶에 대입해서 생각해 보자. 조직 내에 있는 리더 중 대다수는 의식주가 안정되어 있을 것이고, 어느 조직에 소속되어 있다. 리더라는 위치는 소속 조직으로부터 인정과 안정감을 느끼게 한다. 매슬로의 욕구 위계설에서 3단계 또는 4단계까지도 이미 충족되고 있을 확률이 높다. 이 책을 읽고 있는 리더는 현재 소속 조직에서 더 많은 인정을 받고 싶은 욕구가 가동되고 있는 중이다. 조직 구성원들을 대상으로 리더십을 발휘하여 조직 성과를 내고 싶어 한다. 이를 통해 고객과 상사로부터 인정받고 싶은 마음이 가득하다. 또 상위 조직의 리더로 올라가고 싶을 수도 있다. 이것은 아직 리더의 인정 욕구가 충족되지 않았다고 해석할 수 있다.

인정 욕구가 어느 정도 충족되고 있는 리더라면 다음 단계의 자아실현 욕구가 점점 커지고 있다. 자아실현의 욕구가 발동되면 하고 싶은 일, 또는 자신의 꿈을 세상에 구현하고 싶다. 현재 소속된 조직 내에서 리더의 자아실현이 가능하다면 천만다행이다. 만일 조직의 미션이 자신의 꿈과는 다른 경로에 있다면 새로운 도전에 고민이 많아진다.

반대로 생각해 보자. 당장 소속된 직장과 직업이 없어 삶의 위기에 처한 실업자라면 능력의 인정과 자아실현을 생각할 겨를이 있을까? 지금 당장 자신과 가족의 삶을 유지하는 게 더 중요하지 않을까?

개인 사례를 들어보겠다. 부모님으로부터 충분히 지원을 받으며 대학에 다닐 때는 생리적인 욕구나 안전의 욕구는 이미 충족되고 있었다. 졸업을 앞둔 시기에는 안정적이고 번듯한 회사에 취직하고 싶은 소속의 욕구가 강했다. 운 좋게 첫 직장에 입사하면서 소속의 욕구는 성공적으로 충족되었다. 그러나 위로부터 내려오는 지시와 단순 반복된 업무를 수행하면서 성취 욕구는 사라지고 번아웃도 왔다. 그리고 퇴사했다. 나의 존재감을 드러내고 성취감을 얻을 수 있는 일을 원했으나 소속 조직에서는 찾을 수가 없었다.

즉 인정과 존중의 욕구가 충족되지 못했기 때문에 다른 경로를 찾기 위해 퇴사를 선택했다. 첫 직장을 퇴사한 후 1년간의 재충전 시기를 가지면서 다시 소속의 욕구가 가득 찼다. 그러나 구직 활동에서 번번이 실패하자, 우리나라에 30대 초반의 신체 건강한 청년을 필요로 하는 곳이 이토록 없냐며 분노도 하고 우울해하기도 했다. 몇 개월간 고통스러운 시간이 흐른 뒤 다행히도 두 번째 회사에 입사하게 되었다. 소속의 욕구가 다시 채워졌다.

안정적인 직장 생활이 이어졌고, 이후 결혼도 했다. 여기서는 작은 리더 역할을 맡아 열심히 일하면서 인정도 받았다. 그 결과, 누락

없이 제때 승진했다. 여기까지는 인정 욕구가 어느 정도 충족되고 있었다. 조직 생활 중에는 기질과 맞지 않는 직무도 했었고, 성향이 맞지 않는 리더들도 만나면서 인정과 존중의 욕구가 일시적으로 꺾일 때도 있었다. 그렇지만 안정된 조직 속에서 조용히 소위 밥값만 해도 현재의 삶을 누리는 데 문제는 없었다.

그러나 내면에는 조직 내에서 더욱 성장하길 원했다. 조직 상부로 올라가서 자신의 꿈을 실현하는 경영을 하고 싶었다. 현실은 꿈과는 한참 동떨어진 위치와 직무를 맡고 있었지만, 현 위치에서 개인의 욕구를 거두고 억지로 일할 수도 있었다. 대기업이란 안정된 조직에서 매달 받는 급여의 단맛을 더 소중하게 생각했다면 말이다. 그러나 이런 경험은 과거에도 이미 겪었다. 개인의 시간과 에너지만 소진하는 일은 빠르게 한계가 왔다. 직무 몰입은 의미 없는 단어의 나열이었다. 이런 상태에 자신과 소속 조직이 남다른 성과를 만든다는 건 불가능하다. 결국 또다시 개인의 경로 변경을 선택했다.

스스로 원하는 일을 통해 우리 사회에 기여하자고 결심했다. 즉 자아실현의 욕구가 강하게 발동되었다. 나 자신의 과거 경험을 매슬로의 욕구 위계론에 맞춰 보니 충분히 공감되고 설득력도 있었다. 지금 이 책을 쓰고 있는 이유도 자신과 우리 사회, 우리나라의 발전과 성장에 이바지하고 싶은 꿈, 즉 자아실현의 욕구가 그 바탕에 있다.

이처럼 인간의 욕구는 보편적 특성으로 누구에게나 해당한다. 연세대학교 상담심리연구실의 이동귀 교수는 다음과 같이 설명했다.

"긍정적인 관심, 인정 욕구는 한 사람의 성장 과정에 없어서는 안 될 필수 자양분이다. 인간 중심 상담의 대가 칼 로저스^{Carl Rogers}는 인간은 선천적으로 자기를 실현하려는 성향을 가지고 있다고 했다. 모든 인간은 각자 이러한 생명력과 저력을 가지고 있다. 마치 식물이 꽃을 피워내듯, 인간은 스스로 자신의 잠재력을 발현하려고 한다."[61]

즉 마음속에서 느꼈던 자아실현의 욕구는 인간이라면 누구든지 발현될 수 있다는 말이다.

그릇 속의 공을 굴리는 힘, 즉 동기의 중요성을 말하면서 왜 이렇게 욕구에 대해 길게 서술했을까? 바로 욕구가 곧 동기이기 때문이다. 돈을 많이 갖고 싶다는 욕구로 인해 돈을 버는 일에 우리는 움직인다. 돈이 되지 않는 일에는 눈길조차 주지 않는다. 조직에서 인정을 받고 싶은 욕구로 담당 직무에서 열심히 일한다. 인정 욕구가 없는 구성원은 일의 태도와 성과에서 긍정적인 기대는 힘들다. 그렇기 때문에 조직 구성원들의 욕구를 파악하는 일은 매우 중요하다.

리더는 이들의 욕구를 충족시켜 주는 일에 관심을 가져야만 한다. 조직에서 들어주기 불가능한 구성원들의 욕구까지 충족시켜 줘야 하나라고 생각하는 리더는 없을 것이다. 리더가 충족시켜 줄 수 있는 범위까지는 적극 수용하면 된다. 리더가 수용할 수 없는 지나친 요구를 하는 구성원은 이미 학습 능력이 작은 인재로 판단하면 된다. 조직 관리의 핵심은 구성원들의 욕구를 듣고 이해하며 대화하는 과정을 통해 이들의 다양한 동기를 자극하여 직무 몰입도를 높여야 한다는 점이다.

당연히 반론을 제기하고 싶은 사람들은 특별한 사례들을 가지고 올 수 있다. 이런 사례들을 부정할 생각은 없다. 모든 사람이 이와 같다고 고집하지는 않겠다. 보편적으로 그렇다고 말하고 싶다. 직접 경험한 사례를 보면 많은 부분이 잘 설명된다는 점은 명확하다. 사람의 욕구는 디지털 신호처럼 0과 1로 간단히 설명할 수는 없다. 욕구 단계는 디지털이 아닌 아날로그다. 하나가 꺼지고 다음이 켜지는 방식이 아니다. 욕구의 세기는 다양하게 골고루 분포하고 있다.

그러나 하나의 욕구가 강하게 나타나면 다른 욕구들은 상대적으로 관심도가 낮아진다. 자아실현의 욕구가 강한 사람은 하위 단계의 욕구들이 나타나기는 하지만, 그다지 중요하게 생각하지 않을 뿐이다. 성직자나 스님 등 종교인을 보자. 종교인은 종교적인 사명을 따르는 것이 곧 자아실현의 욕구이다. 따라서 이들은 하위 욕구에 크게 개의치 않는다. 종교 생활 중 필요한 유무형의 필수품들을 최소한으로만 가져갈 뿐이다. 만일 물욕이 있는 종교인이라면 종교는 그의 욕망을 채우는 도구일 뿐이다. 진실로 그가 추구하는 욕구는 하위 단계에 머물고 있는 것이다. 외부로 보이는 형태는 종교인일지라도 그는 재산을 모으고 소비하는 데 오로지 관심이 있을 뿐이다. 이는 종교인으로서 자아실현의 욕구는 없는 게 명백하다.

사람이 움직이는 데 필요한 동력은 자신이 현재 가장 중요하게 생각하는 결핍이다. 결핍을 채우기 위해 우리는 움직인다. 그 결핍이 채워지고 만족하는 상황이 되면 다음 결핍을 찾게 된다. 하위 단계로 내려가지는 않는다. 다음의 상위 결핍을 찾는다. 스스로 생각해 보자. 이러한 반론도 나올 수 있다. 사람들이 맛집을 찾아다니는 것은 1단계의 식욕인가 아닌가? 혹은 성욕을 주체하지 못해 바람을 핀다는 것은 무엇인가? 여기에는 두 가지를 고려해야 한다.

하나는, 매슬로는 '중요한 욕구'를 강조했다. 중요한 욕구라는 것은 순간적이고 일시적이지 않은, 지속적으로 채워지지 않는 욕구를 말한다. 중요한 욕구는 이것이 충족되지 못하면 병리적 현상이 올 수 있다는 것을 말한다.[62] 즉 병病으로 발전할 수 있다. 일반적으로 맛집을 찾아가고, 성욕을 충족하는 것은 일시적인 욕구이다. 이것이 충족되지 않는다고 우리는 병이 생기지는 않는다. 만약 병으로 발전한다면 그 사람에게는 지금 충족되지 못하는 욕구는 매우 중요하다. 이때는 전문가의 개입, 즉 의사가 나서서 치료해야 할 상황이다. 지나친 재물욕으로 사회적 물의를 일으킨다면 법 전문가가 나서서 치료해야 한다. 보통 사람들은 평범하게 직업을 구하고 돈 벌며 연애하고 결혼한다. 그 관계 안에서 인정을 받고 싶어 한다. 이들은 욕구가 충족되는 시기와 환경을 이해하고, 충족되는 정도 차이를 수용한다. 그래서 질병으로 잘 발전하지는 않는다.

기질과 마찬가지로 인간의 욕구는 기계적으로 선을 긋고 경계 지을 수 있는 것이 아니다. 다만 당시의 환경에서 주로 발현되는 욕구가 무엇이냐를 말하는 것이다. 매슬로도 다음과 같이 근본적인 목적을 원하는 욕구와 일시적인 충동을 구분해야 한다고 강조했다.

"동기를 분류할 때는 자극적인 추동보다 목적에 기초해야 한다. 동기적 삶을 분류하는 유일하게 올바른 토대는 근본적인 목표나 욕구이지, 일반적으로 자극을 의미하는 맥락에서 나열하는 추동이 아니다."[63]

또 다른 하나는, 겉으로 표현되는 행동과 이 행동의 이면에 있는 욕구가 다른 사례이다. 예를 들어 이름난 맛집을 찾아가고 자신의 SNS나 블로그에 사진과 글을 올리는 사람들을 보자. 결과적으로 맛집에 가서 음식을 먹고 사진을 공유하는 식의 겉으로 보이는 행위는 하나다. 그러나 이들의 근원적인 욕구는 여러 가지로 나눠볼 수 있다. 맛집을 찾아가서 직접 경험함으로써 일종의 성취감을 느낄 수 있다. 맛집 방문 사진을 자신의 SNS에 게시함으로써 타인으로부터 관심과 부러움을 받고 싶고 인정을 받고 싶은 욕구도 있을 수 있다. 자신이 경험한 맛집을 소개함으로써 자신의 영향력을 인정받고 싶어 한다. 이를 통해 인플루언서로서 금전적인 수입도 기대할 수 있다. 어쩌면 경제적 수입을 목적으로 열심히 활동할 수도 있다. 이들이 식욕이라는 생리적 욕구가 충족되지 않아 맛집을 찾아다니는 게 아니라는 건 확실하다. 그 외에는 먼저 언급했던 일시적인 충동으로 받아들이면 된다. 정말로 병적으로 빠져 있는 사람이라면 이를 심각하게 받아들이고 병원에 먼저 가보는 것이 자신과 주위 사람들을 위한 일이다.

조직문화가 조직 성과의 원동력임을 주장하는 닐 도쉬와 린지 맥그리거의『무엇이 성과를 이끄는가』의 내용을 일부 소개하겠다.

"존경받는 기업들의 대부분은 이미 직관적으로 총 동기의 요소를 활용하고 있다. 훌륭한 기업은 보상과 위협이 아닌 직원들이 일터에서 즐거움, 의미, 성장 동기를 찾을 수 있도록 영감을 주는 방법이 동기부여의 가장 훌륭한 방법임을 알고 있다."[64]

그리고 덴마크의 미래학자 롤프 옌센은 4차 산업혁명과 인공지능 시대에도 '드림 소사이어티'를 강조하는 그의 저서에서 다음과 같이 말했다.

"21세기 일의 개념에 대한 중요한 진리는 다음에 반영되어 있다. 일은 계발시키고, 재미있고, 몰두하게 만든다는 의미에서 '힘든 재미'가 될 것이다. (중략) '힘든 재미'라는 일의 의미는 모든 것을 걸고 몰두할 것을 요구한다는 의미이다."[65]

두 글은 누구라도 공감하고 동의하는 내용이라고 자신한다. 매일 출근해서 해내야 하는 일이 즐겁지도 않고, 스스로 의미도 없고, 성장도 느끼지 못한다면 과연 어느 누가 몰입하며 성과를 만들 수 있을까? 첫 번째 글에서 말하는 '총 동기'든, 두 번째 글에서 말하는 '힘든 재미'이든 그 의미는 결국 구성원 스스로 내적 동기가 발휘되어야만 가능하다. 리더는 조직 구성원들이 어떠한 욕구들을 가지고 그들의 직무를 수행하는지 자주 확인하길 바란다. 그들은 왜 회사에 나오고, 왜 힘들게 일하고 있는지 알아야만 한다. 그들은 충족되지 않는 저마다의 욕구를 위해서 직장에 나오는 것이다. 때문에 리더를 포함해서 모든 구성원이 일하는 재미도 느끼고, 의미도 찾고, 함께 성장하는 것이 더 좋지 않겠는가?

조직과 리더가 원하는 인재를 찾기 위해서는 '기질이라는 다양하고 고유한 모양의 그릇'과 그 속에 놓여 있는 '학습 능력이라는 공'을 굴리는 '에너지, 즉 동기'를 파악해야 한다. 하고 싶은 일을 수행하는 것만으로도 스스로 존재 욕구를 충족하는지, 아니면 일의 성과를 내고 조직 내에서 칭찬이나 보너스 같은 인정을 받고 싶은지, 이 일을 수행함으로써 소속된 조직에서 계속 머물기를 원하는지, 이 일을 통해 돈을 벌어서 원하는 물건도 사고 집도 사고 싶은지, 흔하지는 않겠지만 급여를 받지 못하면 구성원의 일상이 무너질 정도인지를 알아야 한다.

이러한 욕구들은 개인별로 모두 다르다. 이왕이면 자발적이고 내적 동기가 충만한 구성원이면 좋겠지만 이런 인재는 많지 않다. 만약 이런 인재가 있다면 소중하게 관리해서 가능한 오랫동안 리더 조직에 머무르도록 신경 써야 한다. 그 외 많은 수의 구성원은 주로 급여 등의 외적 동기 요인들에 의해 리더와 함께 일하고 있다. 그렇다 하더라도 구성원들이 어떤 동기를 가졌는지 리더가 알고 있는 조직과 그렇지 못한 조직 간의 성과는 큰 차이가 있다. 구성원들의 동기를 관리하는 조직은 그들이 더 높은 직무 몰입 상태에서 일을 수행하고 있기 때문이다. 다시 한번 강조하지만, 리더는 구성원들과 잦은 접촉과 대화를 통해서 그들의 기질, 학습 능력, 그리고 동기를 파악하려는 노력을 계속해야만 한다.

인재의 동기를 관리해야 하는 이유

동기를 너무 어렵게 생각할 필요는 없다. 조직 내에서 구성원들이 가지는 동기는 '그들이 무엇을 기대하며 현재의 직무를 수행하는가'라는 관점으로 이해하면 된다. 3B 모델로 설명하자면 그릇 속에 놓여 있는 공을 무슨 힘으로 굴리느냐이다. 여기에 구성원들의 동기를 파악하고 관리해야만 하는 3가지 이유가 있다.

첫째, 구성원들이 직장에 출근하는 동기는 모두 다르다. 그래서 조직과 리더는 구성원 개인별로 파악하고 관리해야만 한다. 어떤 구성원은 현재 조직에서 이탈되지 않고 안전하게 계속 머무르기 위해서 일하고 있다. 다른 구성원은 매월 예상되는 급여를 받기 위해 일한다. 또 다른 구성원은 조직에서 자신의 성과를 인정받고 존재감을 느끼기 위해서 일한다. 현 조직과 담당 직무가 구성원 자신의 자아를 실현하는 데 필요해서 열심히 일하고 있을 수도 있다. 이처럼 구성원들 개개인은 환경도 다르고, 요구하는 욕구도 다르다.

현실이 이러한데 한두 가지의 동기부여 기법으로 그들을 직무에 몰입하게 만든다는 것은 처음부터 쉬운 일이 아니다. 구성원들의 높은 직무 몰입을 원하는 리더는 기꺼이 자신의 시간을 투자해서 그들 각각의 동기를 파악해야 한다. 이해가 잘되지 않는다면 리더 자신을 돌아보자. 과연 리더 본인은 무엇 때문에 현재의 직무를 수행하고 있는지를 생각해 보자. 리더는 왜 직장이란 곳에 힘들게 출근해서 다른 사람들과 부대끼며 하루하루를 보낼까? 리더도 필요로 하는 욕구가 있기 때문이다.

자신의 욕구가 충족되지 않는 구성원은 반드시 다른 생각을 하고 있다. 이 때문에 자신의 직무에 충분히 몰입할 수 없다. 자신의 충족되지 않는 욕구가 이끄는 곳에 하루 종일 신경 쓰고 있기 때문이다. 리더도 이미 잘 알고 있다. 이 구성원의 성과물과 업무 태도는 지극히 형식적이거나 평범하거나 혹은 미흡하다. 그럼에도 이런 상황에 눈 감은 채 조직과 리더는 매달 꼬박꼬박 급여를 주고 있다. 어떻게 이런 상황을 그냥 방치하고 있을까?

둘째, 상위 욕구를 추구하는 사람은 하위 욕구에 흔들리지 않는다. 조선시대 학자인 서경덕은 황진이의 어떠한 유혹에도 흔들리지 않았다고 한다. 아마도 그의 욕구와 눈높이는 학자로서 도덕적 신념과 학문에 대한 열정이라는 더 고차원적인 곳에 있었다고 볼 수 있다. '배부른 돼지보다 배고픈 소크라테스가 낫다'라는 명언[66]도 마찬가지다. 소크라테스는 위대한 고대 철학자이다. 철학자는 곧 자아실현의 욕구에 굶주린 사람들이다. 철학자는 우주의 진리를 풍부한 상상력과 사고, 논리로 이해하려는 사람이다. 그런 사람에게는 배고픔

같은 낮은 차원의 욕구는 그다지 중요하지 않다. 여기에 흔들리지 않고 꾸준히 자아실현을 추구하겠다는 뜻으로 해석하면 된다.

1997년 애플 CEO로 복귀한 스티브 잡스의 연봉 1달러 계약도 참신하다. 물론 디즈니로 인수된 픽사로부터 보수도 받고 있었고, 애플로부터 직위에 맞는 금전적 지원으로 실질 소득은 더 이상 필요하지 않았을 수 있다. 그는 몇백억 원씩 하는 연봉을 14년간의 재임 기간 내내 받지 않았다. 단지 14달러만 받았다. 그는 자신이 설립했으나 파산 직전까지 갔던 애플의 부활에 더 관심이 있었다. 그는 애플의 성공으로 타인의 인정과 존경을 받으려고 복귀한 것이 아니었다. 애플의 부활은 곧 스티브 잡스가 표현했던 우주에 흔적을 남기려는 혁신에 대한 성취이자 자아실현의 욕구가 충족되는 일이었기 때문이다. 이처럼 상위 욕구에 집중하고 있는 사람은 하위 욕구 따위는 중요하지 않다.

셋째, 앞에서도 잠깐 언급했지만, 매슬로는 "인간은 중요한 욕구가 충족되지 않으면 병리적 현상이 나타난다"라고 말했다. 중요한 욕구란 일시적인 충동이 아니다. 지속해서 나의 내부에서 간절히 바라는 욕구이다. 직접 보았던 사례가 있어 간략히 소개한다. 두 번째 회사에 경력 입사한 뒤 직장 경로가 나와 비슷한 동료가 있어 친밀하게 지냈다. 그는 활발하고 재미있게 조직의 분위기를 잘 띄우고 말도 똑 부러지는 사람이었다. 그와 함께 3~4년간 같은 조직에서 합을 맞추며 함께 일했다. 그러던 중 조직이 나눠지면서 더 이상 함께 일할 수 없게 되었다. 어느 날 오랜만에 만나 야외 휴게소에서 차 한 잔 마시며 반갑게 담소를 나누던 중이었다. 그런데 갑자기 눈물을 보이면서 지금 자신의 상황이 너무 힘들다고 하소연했다. 정신적으로는 우울증 약을 먹고 있고, 신체적으로는 폐에 기흉[67]이 생겨서 장기간 치료받고 있다고 했다.

이 말을 듣고 깜짝 놀랐다. 지금까지 봐 왔던 그의 모습은 항상 자신감 있고, 유쾌했으며 말주변도 뛰어나 주위 상사와 동료들이 모두 좋아했기 때문이었다. 당연히 나도 그런 모습을 보면서 무척 부러워했다. 또 '왜 나는 그렇게 못할까?'라고 스스로 한심하게 생각도 했다. 그런데 갑자기 힘들어 죽겠다니. 그는 그동안 직장 생활에서 보여줬던 행동과 말은 자신의 진정한 모습이 아니라고 말했다. 직장에서 인정받기 위해서, 그리고 가족들을 위해서 가면을 쓰고 억지로 가공된 모습을 보였다고 했다. 그런데 지금 한계에 달했는지 몸과 마음에 병이 생기고 견디기 힘들다고 내게 하소연했다.

그 얘기를 들은 뒤 가족과 본인을 위해 병이 더 깊어지기 전에 휴직이나 퇴직을 조심스럽게 권했다. 그러나 그는 그럴 수가 없었던 상황이었나 보다. 그가 처한 답답한 상황을 바꿀 수 없었기에 오랜 시간 함께하며 서로를 잘 알던 동료에게 속마음을 털어놓고 위로를 얻고 싶었나 보다. 그로부터 몇 개월 뒤 소속 사업부가 축소되면서 구성원들을 이동 배치해야만 하는 상황이 왔다. 다행히도 그 동료는 자연스럽게 R&D 부서에서 구매 부서로 이동하게 되었다. 이후 몇 년 뒤에 다시 만났을 때는 잘 적응하고 있는지 얼굴과 마음이 편안해 보였다. 그는 지금도 동일한 직무를 수행하며 조직 내에서 잘 지내고 있었고, 오히려 퇴사는 내가 먼저 하게 되었다.

당시 상황을 돌이켜 봤을 때 매슬로의 말이 충분히 공감되었다. 그 동료는 당시 R&D 조직에 적합한 직무 역량을 가지고 있지는 않았다. 부양해야 할 가족도 있는 상황에 무거운 책임감을 가지고 이 조직에서 버텨야만 했었다. 그는 직무 능력의 부족을 인위적인 처세술로 만회하고 있었다. 이런 방식으로 조직에서 이탈되지 않으려고 많은 애를 쓰고 있었다. 이것은 그에게 아주 중요한 욕구였다. 그러나 결국 몸과 마음에 한계가 왔고, 병이 생기게 되었다.[68]

이외에도 유사 사례를 또 찾을 수 있었다. 최근 한 심리상담사의 치료 사례를 들을 기회가 있었는데, 이와 거의 유사했다. 영업직에 맞지 않는 내담자가 '억지로' 그 일을 하는 바람에 우울증까지 왔다고 한다. 너무 힘들어 정상적인 생활이 불가능할 정도였다고 한다. 결국 이 심리상담사와 몇 회에 걸친 면담을 통해 자신과 맞지 않는 직무를 벗어나면서 나아졌다고 한다. 우울증은 다양한 원인이 있겠지만, 이처럼 현 상황이 자신의 욕구를 지속해서 충족시켜 주지 못할 때 발병할 수 있다고 한다.

『메타인지의 힘』의 저자 구본권은 다음과 같이 말했다.

"개인의 의지력은 성격적 특성이라기보다 일종의 근육처럼 작동한다는 게 인지과학의 연구 결과다. 근육을 장시간 사용하면 피로가 쌓여 어느 순간 한계에 부닥치는 것처럼 의지력은 금세 고갈되는 유한한 자원이다."[69]

인재에게 억지로 일을 시켜서는 좋은 성과를 기대할 수 없다. 자신에게 맞는 일을 할 때보다 억지로 일을 할 때 에너지 소비량의 차이는 엄청나다. 의지력에 한계가 오면 번아웃이나 생존을 위한 회피로 나타난다. 그 결과 조직과 리더는 인재의 퇴사나 조용한 사직만을 손에 쥘 뿐이다. 이것이 구성원들의 동기와 욕구를 파악해야 할 또 하나의 중요한 이유이다.

리더는 조직 구성원들이 매일 직장으로 출근하는 동기를 파악해야만 한다. 그리고 그들을 움직이게 만드는 동기, 즉 어떤 욕구가 결핍되어 있는지를 파악하고 관리해야만 한다. 목적은 하나다. 구성원들이 그들의 직무에 몰입하게 만들기 위해서이다. 욕구의 결핍은 곧 불안정한 상태이다. 불안정한 상태에서는 무엇이든지 제대로 될 리가 없다. 언제, 어디서, 어떻게 문제가 터질지 모른다. 따라서 미리 관리하고 예방해서 조직과 인재의 성과를 극대화해야 한다.

더불어 우리 자신도 돌아보자. 정확히 무엇을 바라보고 있는지를 파악하자. 이것은 꿈이나 목표와도 같다. 현재 어떤 욕구를 채우려고 애쓰고 있는가? 당장 의식주가 필요한 것인지, 안전한 환경을 찾고 있는지, 소속이나 사랑을 느끼고 싶은지, 현재 일에 인정을 받고 싶은 것인지, 나의 꿈, 자아실현을 위해 노력하고 있는지를. 이왕이면 우리 사회를 지금보다 더 발전시키겠다는 꿈이라면 좋겠다.

동기 관리에 필요한 리더십

먼저 구성원들의 동기를 단박에 알아보는 지름길은 없다는 점을 명심하자. 리더는 구성원들에 대한 강한 호기심, 꾸준한 관찰, 그리고 신뢰가 전제된 대화 자세가 필요하다. 여기서 가장 중요한 것은 호기심이다. 리더 자신도 호기심이라는 무형의 역량을 가지고 있어야만 한다. 인재 관리 컨설팅 업체 이곤 젠더는 "호기심이 많은 사람은 궁금해서 도저히 참을 수 없기 때문에 새로운 것을 배우려고 노력하고 중도에 포기하지 않는다"라고 말했다.[70] 리더도 구성원들에 대해 꾸준한 호기심이 있어야 업무 수행 모습을 장기간 공들여서 관찰도 하고, 또 의문이 드는 일에 질문할 수 있다. 그럼으로써 서로를 알아가게 된다. 호기심이 없는 리더는 리더로서의 자질에 의구심이 드는 건 어쩔 수가 없다.

관찰의 방법에는 여러 가지가 있다. 아마도 리더 위치에서는 구성원의 직무 태도와 결과물이 가장 많이 눈에 들어온다. 여기에는 일종의 가면이 씌워져 있다. 구성원 위치에서는 누구라도 조직이 원하는 모습, 리더가 원하는 모습을 먼저 보여주려고 한다. 가면 뒤의 진짜 모습을 파악하기 위해 원온원에서 가식을 벗고 대화해야 한다. 회식이나 야유회 등의 비업무적인 상황에서 어떤 모습을 보이는지 관찰하는 방법도 있다. 대화의 물꼬를 쉽게 트기 위해 외부 심리검사나 적성검사 결과를 가지고 시작할 수도 있다.

그럼에도 직장이라는 장소에서 구성원들이 리더와 일대일로 대화하는 일은 무척 부담스럽다. 면담 내용을 가지고 어떤 평가를 하게 될지 모른다는 불안 때문이다. 리더는 구성원들이 직무를 수행하는 데 있어 방해 요소를 제거하고 온전히 몰입하는 조직을 만들기 위한 노력이라는 점을 먼저 밝힐 필요가 있다. 그리고 구성원들의 제안이나 고충 사항이 다시 구성원들을 옭매는 대책으로 돌아와서는 안 된다. 이러한 일을 반복적으로 경험하면 더 이상 입을 열지 않는다. 솔직히 대답한 결과가 자신을 포함해서 구성원 모두를 옭매는 피해로 돌아왔다고 생각하기 때문이다. 더 이상 리더의 진정성을 담은 노력은 아무런 의미가 없다. 구성원들이 기대했던 신뢰가 무너졌기 때문이다. 구성원들의 솔직한 생각을 듣고 싶다면 리더와의 대화에서 신뢰를 보장하고 어설픈 대책을 세워서는 안 된다.

리더가 호기심이 없거나 리더의 일에만 집중하고 있다면 머지않아 바닷가의 모래성 같은 조직을 갖게 된다. 파도를 한 번만 맞아도 사라져 버리는 모래성 말이다. 이 사실을 알아야만 한다. 구성원들도 리더를 평가하고 있다. 단지 공식적으로 관리할 제도와 경로가 없어 그들 사이에 증권가 찌라시처럼 리더에 대한 평가가 돌아다니고 있을 뿐이다. 설령 그러한 제도가 있다고 하더라도 실효적인 피드백이 없으면 구성원들은 무의미하고 형식적으로만 대할 뿐이다. 리더가 구성원들에게 관심을 보이지 않으면 구성원들도 리더의 언행에 관심을 두지 않는다. 리더의 업무 지시는 단지 리더 개인을 위한 일이라고 생각한다. 조직과 담당 직무에 대한 몰입은 이미 사라졌다.

이런 상황이 지속되면 바로 '조용한 사직'이 조직 전체에 스며든다. 지시한 내용 이상을 기대하는 리더와 지시 사항을 소극적으로 하려는 구성원과는 함께 갈 수 없다. 이런 구성원이 만들어 온 결과물을 리더가 만족할 리 없다. 결과물의 품질은 리더의 기대와는 한참 동떨어져 있다. 결국 다시 부정적인 피드백을 한다. 그 구성원은 리더가 제대로 알려주지 않았다고 투덜대며 다시 작업한다. 이러한 일이 몇 번 반복되면 리더도 구성원도 지치고 서로가 원망스럽다. 조직의 가장 큰 장점인 조직력이 무너져 버리고, 기회만 있으면 서로 상대에게서 벗어나려고 애쓴다. 구성원들만 현 부서를 벗어나려고 애쓰는 게 아니다. 리더도 조직 개편 시기를 틈타서 다른 조직으로 이동할 생각을 한다. 구성원들은 사내 공모나 인맥을 동원한 이동, 정기 평가 시기에 직무 이동 요청 등 현 조직에서 벗어나기 위해 다양한 경로를 찾고 고민한다. 리더와 구성원 모두 맡은 직무에 대한 몰입은 전혀 이뤄지지 않으며, 구성원의 고몰입과 조직의 고성과는 요원할 뿐이다.

리더도 할 말은 있다. 리더도 정신없이 바쁜데 언제 어떻게 이런 일을 할 수 있냐고 답답해한다. 현실도 모른다면서. 그러나 이 상황을 개선할 수 있는 사람은 오직 리더뿐이다. 이 모든 일의 목적은 조직 구성원들 모두 담당 직무에서 높은 몰입도를 가지고 업무를 수행하는 조직을 만드는 데 있다. 이 결과의 혜택은 누가 보는가? 당연히 리더이다.

리더에게는 두 가지 추진 방향이 있다. 첫째는 한정된 구성원 수로 많은 양의 업무를 처리해야 한다면, 먼저 구성원들과 머리를 맞대고 불필요한 일들을 찾아서 제거하는 활동을 해야 한다. 완전히 제거해도 되는 일, 자동화 도구를 사용해서 신속히 처리할 수 있는 일, 실행 주기를 늘려도 문제가 없는 일 등 다양한 기준과 대처 방법을 함께 찾아서 기준을 만들고 조직 전체로 공유해야 한다.

그럼에도 반드시 해야 할 일들이 너무 많아서 제때 제대로 처리하지 못하고 있다면 구성원을 충원해야만 한다. 인력 충원은 쉽지 않는 길이다. 급격히 성장하는 조직이 아니라면 아마도 마지막 선택지일 확률이 높다. 채용 담당 의사결정권자는 그마저도 쉽게 선택하지 않기 때문에, 우리도 잠시 접고 다음 내용을 보자.

둘째는 권한위임이다. 모든 일을 리더가 알아야만 한다고 해서 손에 전부 쥐고 있으면 안 된다. 이 결과, 모든 의사결정이 경중을 가리지 않고 결국 리더에게 올라간다. 리더는 더욱 바빠지고 의사결정은 늦어져 일의 속도가 나지 않는다. 구성원들은 바쁜 리더에게 낮은 품질의 보고 자료를 메일로 보내는 것으로 할 일이 끝났다고 생각한다. 자료의 품질이 좋든 나쁘든 결정은 리더가 하니까 말이다.

리더는 시간에 쫓겨 미흡한 정보를 스스로 찾는다. 자료 마무리는 결국 리더가 하게 된다. 리더의 의사 결정은 더욱 느려진다. 극단적으로 이 조직은 리더만 바쁘고 구성원들은 한가하다. 리더의 느린 의사결정 속도에 구성원들은 답답하다. 리더가 결정을 빨리 내리지 않는다고 불만이다. 서로를 바라보며 불평불만만 쌓인다. 결국엔 서로 등을 돌린다. 조직의 존재 의미가 없어지는 순간이다.

이것 모두 리더가 자초한 일이다. 해결도 리더만이 할 수 있다. 구성원들에게 해결책을 내라고 해도 그들의 눈높이와 정보량과 생각의 범위는 절대 리더만큼 될 수 없다. 리더가 보기에 평범하고 시시한 대책들만 나열되어 있다. 이러한 사태가 오기 전에 먼저 움직여야 한다. 바로 권한위임이다. 권한위임을 통해 리더는 시간을 확보할 수 있다. 업무 속도가 올라가고 구성원들의 추진력과 몰입도가 올라간다. 리더가 권한위임을 할 때는 조직 성과와 리더에게 위험이 작은 과제들을 찾아서 구성원들에게 맡기면 된다. 이후 결과 피드백을 통해 구성원별로 권한과 책임을 조절하면 된다.

권한위임의 장점은 또 있다. 각 과제를 맡은 구성원들은 일의 시작과 끝을 담당함으로써 책임감을 가질 수 있다. 결과에 대한 피드백도 담당자에게 직접 돌아간다. 개인의 학습 능력을 키울 수 있는 좋은 기회가 된다. 구성원들은 책임감을 가지고 스스로 돌아보고 실행하는 일련의 과정을 통해 성취감도 느낄 수 있다. 권한위임은 구성원들로 하여금 소속감을 느끼게 할 뿐만 아니라, 조직에서의 인정과 개인의 성장까지도 이끈다. 구성원의 학습 능력, 즉 공^{Ball}의 크기를 키울 수 있는 훌륭한 기회가 된다. 리더는 권한 위임한 과제들을 원온원을 통해 코칭과 조언으로 진행 상황을 점검만 하면 된다. 리더와 구성원 모두에게 긍정적인 효과를 가져다준다.

조직 구성원들이 어떤 동기를 가지고 아침에 힘들게 출근해서 일하고 있는지를 파악하기 위한 필수 조건은 바로 리더의 여유이다. 리더가 바쁘게 여기저기 회의에 불려 다니고, 이 일 저 일 모두 직접 챙기다 보면 어느 순간에는 이 조직에서 열심히 일하는 사람은 나 혼자뿐이라고 느낄 때가 온다. 리더는 외롭고, 조직 구성원들은 무심해진다. 바쁜 리더는 일 잘하는 리더가 아니다. 바쁜 리더는 조직 구성원들을 무능력하고 무기력하게 만들어 버린다. 결국에는 그들을 바보로 만들 뿐만 아니라 조직 역량까지 훼손해 버린다.

조직을 관리하는 일은 매우 중요하다. 많은 리더가 조직 성과에만 관심을 두고 구성원들을 관리하는 데는 소홀하다. 결국 조직 성과와 구성원들의 역량은 분리할 수 없다. 그래서 매니저Manager라는 소리를 듣고 다른 조직 구성원들보다 더 많은 보상을 받는 이유 아닌가. 리더는 조직 구성원들이 직무에 더욱 몰입하기 위해 그들의 동기를 파악하는데 시간과 노력을 할애해야 한다. 그리고 그들의 동기를 관리하는 것이 리더의 중요한 역할이다. 그들이 일하는 동기는 무엇이고 내면에는 어떤 욕구가 있는지까지 확인하고 관리해야 한다.

이왕이면 채용 단계부터 자아실현의 욕구를 가진 인재를 찾으면 좋다. 조직 내부적으로는 숨은 인재를 발굴하는 활동도 필요하다. '조용한 사직' 상태의 구성원도 당연히 포함된다. 이들은 현재 조직과 리더 밑에서는 성장이나 자아실현의 욕구를 충족할 수 없어서 조용한 사직을 선택했다. 낮은 단계의 욕구가 충족되지 않아서 조용한 사직을 선택하지는 않기 때문이다. 이들을 채용하기로 결정했을 때를 생각해 보자. 무언가 장점을 보고 채용을 결정하지 않았을까? 이 장점이 제대로 발휘하게끔 조직과 리더는 잘 관리하고 있는가?

매슬로는 자아실현을 하는 개인들은 평균적인 사람들보다 덜 '결정되며' 더 많은 '자유 의지'를 가지고 있다고 말했다.[71] 즉 리더나 주위 간섭 없이도 자발적으로 조직과 개인의 성과를 위해 움직인다는 말이다. 이런 인재에게는 몰입을 방해하는 요소들만 제때 자주 제거해 주기만 하면 된다. 그렇다고 방임하라는 것은 아니다. 원온원을 통해 업무 방향과 리더의 도움이 필요한 점을 수시로 파악하고 적절한 코칭을 해야 한다. 왜냐하면 주어진 업무에 대한 맥락과 정보는 리더가 훨씬 더 많이 가지고 있기 때문이다. 조직 안과 밖으로 자아실현이라는 내적 동기가 잘 발현되고 있는 인재를 적극 찾아라. 그리고 적절한 코칭과 방향 제시로 함께 조직 미션을 결과로 만들어라.

04

인재분해: 3B 작동의 이해

창의력은 그들이 경험했던 것을 새로운 것으로 연결할 수 있을 때 생겨나는 것입니다.
그러한 경험은 그들이 다른 사람들보다 더 많은 경험을 하고,
그들의 경험에 대해서 더 많이 생각하기 때문에 가능한 것입니다.

— 스티브 잡스(Steve Jobs)

인재 내부에서 3B가 작동하는 원리

리더 관점에서 구성원을 '인재분해'하면 '기질Bowl', '학습 능력Ball', 그리고 '동기Ball Driving'의 '3B'로 인수분해 할 수 있다. 게다가 각 인수별로 무엇을 의미하는지를 지금까지 자세히 살펴봤다. 이 장에서는 세 인수가 인재 내부에서 어떻게 동작하는지 좀 더 구체적으로 설명한다. 3B 동작 원리를 이해하고 구성원 관리에 활용한다면 리더 조직에서도 뛰어난 인재들이 많이 발굴될 수 있다고 확신한다. 소위 조직 내 '인재 밀도'를 높일 수 있다.

인재는 각자 고유한 특징으로서 기질이라는 다양한 형태의 그릇을 가지고 있다. 그릇 내에는 학습 능력이라는 공이 놓여 있다. [그림

[그림 10] 우리 내면에는 기질이라는 그릇 속에 학습 능력이라는 공이 놓여 있다

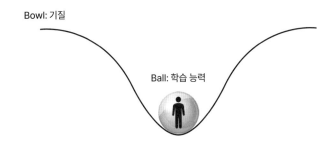

Bowl: 기질

Ball: 학습 능력

10]을 참조하길 바란다. 인재가 가장 편안한 상태에서는 그릇 내에서 가장 낮은 위치에 공이 저절로 자리 잡는다. 이때는 아무런 에너지를 소비하지 않는다. 그저 자연스럽게 놓아뒀을 때 공이 가장 낮은 위치로 찾아가는 것과 같은 이치이다. 일상에서 그릇 속에 구슬을 떨어뜨리면 그릇의 가장 낮은 바닥으로 저절로 굴러가듯이 말이다.

그 공은 앞에서 소개했듯이 사람에 따라서 공이 클 수도 있고 작을 수도 있다. 학습 능력이 큰 사람은 당연히 공이 크고 작은 사람은 공이 작다. 여기서 인재에게 내적 동기이든 외적 동기이든 어떤 동기를 자극하면 인재는 자신의 한정된 에너지를 사용하여 그릇 내에 있는 공을 열심히 굴린다. 즉 학습 능력이 발휘된다. 그렇게 해서 성과를 내면 인재의 욕구가 충족된다. 설령 욕구가 100% 충족되지 않는다고 해도 그 과정만으로도 만족하며 꾸준히 학습 능력을 발휘하고 성장도 시킨다. 인재가 결과뿐만 아니라 과정 또한 중요하게 받

아들이는 이유이다.

다음 내용은 '인재분해: 3B'에서 각 인수별 역할을 비교 설명했다. '3B' 모델의 중요성을 이해하기가 좀 더 수월할 것이다.

인재의 기질Bowl과 직무 적합도가 다를 때

두 가지 상황을 상상해 보자. 먼저 인재가 스트레스를 받지 않고 편안하게 일을 하고 있을 때는 어떨까? 이 상태는 인재가 본인의 기질과 잘 맞는 직무에서 이미 알고 있는 지식과 경험을 활용하여 일을 원만히 수행할 때다. 여기서는 인재가 힘들게 에너지를 소진할 필요가 없다. 에너지를 조금만 소비해도 충분히 일을 해낸다. 이때는 일이 즐겁고 오랫동안 지속 가능하다. 에너지 소비가 적기 때문에 남은 에너지로 더 나은 방법을 찾기도 하고, 주위를 둘러볼 여유까지도 생긴다.

그런데 갑자기 이 인재에게 본인 기질과 맞지도 않고 과거에 해보지도 않았던 일이 주어진다면 어떻게 될까? 인재는 부담스러운 일을 수용하는 것만으로도 자신의 에너지를 일단 소비해야 한다. 내키지 않는 일을 받아들이는 데는 그만큼 스트레스를 받기 때문이다.

다음으로 이 일이 이미 알고 있는 지식과 경험으로 처리할 수 있는지를 생각한다. 모르는 일이라면 학습 능력이라는 공을 더 열심히 굴려야 한다. 여기에 인재는 자신의 한정된 에너지를 더 소비하게 된다. 앞의 조건과는 반대의 상황이 발생한다. 이러한 일이 지속되면 인재는 동일한 근무 시간에도 더 많은 에너지를 소비하기 때문에 심적인 여유도 없어지고, 주위를 둘러볼 여력도 없다. 인재의 한정된 에너지는 곧 바닥을 드러내게 된다. 쉽게 지치고 얼마 지나지 않아 번아웃이 온다.

인재의 기질에 맞지 않는 직무를 수행할 때는 항상 긴장 상태가 된다. 연구개발 직무에 적합한 사람이 품질 직무로 갔을 때처럼 지속된 긴장 상태는 인재의 에너지를 계속 소모하게 만든다. 이는 곧 담당 직무에서 몰입을 떨어뜨리는 작용을 한다. 인재의 직무 몰입이 낮아지면 조직 성과도 떨어진다. 리더가 무엇을 선택할 것인지는 명확하다.

인재의 학습 능력Ball이 다를 때

또 다른 상황으로 인재가 가지고 있는 공의 크기가 다르다면 어떨까? 즉 인재의 학습 능력에 차이가 있다면 어떻게 될까? 학습 능력이 크다는 의미는 기질이라는 그릇 속에 놓인 공이 크다는 뜻이다. 학습 능력이 작다는 것은 당연히 공의 크기가 작다는 뜻이다.

이 두 조건에서 내·외적 동기가 발동되어 새로운 일을 하게 될 때를 보자. 학습 능력이 크다면 에너지를 조금만 사용해도 기질이라는 그릇을 쉽게 벗어날 수 있다. 다시 말하면 그릇 속에 큰 공이 있을 때는 작은 힘으로 굴려도 그릇 밖으로 빼낼 수 있다. 즉 본인만의 고유한 틀을 벗어나서 새로운 지식과 사람들을 찾아 나서는 데 적은 에너지로도 쉽게 접근이 가능하다. 반면에 학습 능력이 작다면 본인의 기질을 벗어나기까지 힘을 많이 쏟아야 한다. 한정된 에너지를 더 많이 소비해야만 한다. 다음 [그림 11]을 보자. 학습 능력이 크면 한두 번만 공을 굴리면 그릇 밖으로 벗어날 수 있다. 반면 학습 능력이 작으면 몇 배는 더 공을 굴려야만 한다.

[그림 11] 학습 능력의 크기에 따라 에너지 소비 차이가 발생한다

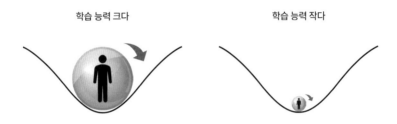

이해하기 쉬운 예를 들자면, 자전거를 타고 오르막을 넘어갈 때 바퀴가 큰 자전거가 작은 자전거에 비해 작은 힘으로 쉽고 빨리 넘어갈 수 있다. 한 번 페달을 밟을 때 큰 바퀴가 작은 바퀴에 비해 더 멀리 나아가기 때문이다. 그리고 과속 방지턱이나 포트홀 같은 도로의 방해물을 만나더라도 바퀴가 크면 작은 바퀴에 비해 충격을 작게 받으며 넘어간다. 그래서 유모차 바퀴가 큰 것이 작은 것에 비해 안전하고 충격도 작아 소중한 아이가 편안하게 누워 있을 수 있다. 따라서 바퀴가 큰 것이 여러모로 더 유리하다.

인재의 학습 능력도 마찬가지다. 학습 능력이 큰 인재는 호기심을 가지고 새로운 지식을 습득하는 일이 즐겁다. 스펀지처럼 흡수력이 매우 좋다. 앞서 인재 관리 컨설팅 업체인 이곤 젠더에서 호기심 많은 인재의 뛰어난 학습 능력과 이들의 꾸준함을 익히 강조한 글을 소개한 적도 있다. 이들은 새로운 직무나 과제를 개인 역량의 성장 기회로 받아들인다.

반면 학습 능력이라는 공이 작은 인재는 더 많은 에너지를 쏟아야만 주어진 일을 할 수 있다. 물론 그 결과마저도 상대적으로 만족스럽지도 않다. 학습 능력이 작은 인재는 일을 할 때 더 많은 에너지를 쏟게 되어 쉽게 지친다. 새로운 학습이나 지식을 습득하는 일이 귀찮거나 힘들어한다. 이 상황이 개선되지 않고 지속된다면 에너지 소진에 따른 새로운 문제가 또 나타난다. 이들은 에너지 소비를 줄이기 위해 가능한 기존에 해 왔던 일이나 리더가 시키는 일만 좁게 해석해서 수행하려고 한다. 당연히 조직, 리더, 인재 모두 만족할 수 없는 결과만 가져올 뿐이다.

학습 능력이 큰 인재의 장점은 또 있다. [그림 12]와 같이 학습 능력이라는 공이 큰 인재는 고유한 기질의 영향을 작게 받으며 업무를 수행할 수 있다. 당연히 인재 본인의 기질과 잘 맞는 직무를 수행할 때 직무 몰입이 더 높아져 성과가 좋아지는 건 당연하다. 그렇지만 인재의 기질과 적합한 직무에 배치하더라도 다양한 성격의 일들을 처리해야 한다. 연구직을 맡았더라도 장비, 부품, 재료 공급업체

[그림 12] 학습 능력이 크면 기질의 영향이 작다

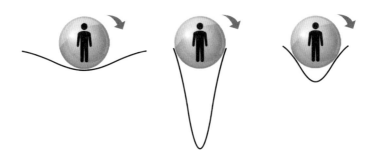

사람들과 협업할 일도 있고, 샘플 제작하는 제조 현장 사람들과도 협력할 일이 있다. 또 리더가 된다면 리더십을 발휘해서 구성원들과 함께 성과를 만들어야 할 수도 있다.

현실적인 어려움도 있다. 조직과 리더는 모든 인재를 적합한 직무에 배치할 수 없다. 직무에 적합한 기질의 인재를 구하기가 쉽지 않을 수도 있다. 조직과 리더가 원할 때 바로바로 나타나는 일은 없기 때문이다. 직무에 맞는 기질을 보유한 인재를 배치하더라도 조직 환경 변화로 인재의 이동이 빈번히 발생한다. 이때는 인재의 기질에 맞는 직무로 이동하면 좋겠지만, 자리가 비어 있는 곳을 채우기에 더 급하다. 그러다 보면 적합한 직무 배치가 틀어질 확률이 높아진다. 그리고 현재 인재를 재배치하는 과정에서 한정된 조직의 규모에서 이미 적합한 인재가 먼저 자리를 차지하고 있을 수 있다. 드문 일이겠지만 차기 경영 리더로 육성하기 위해 다양한 직무를 경험하도

록 의도적으로 순환근무를 시킬 수도 있다.

이처럼 다양한 상황에서도 학습 능력이 큰 인재는 개인의 편익을 주장하기보다는 조직 구성원으로서 기꺼이 수용한다. 비록 기질에 맞지 않는 직무라고 하더라도 조직과 리더의 결정 배경과 맥락을 이해하고, 조직 성과를 먼저 생각하기 때문이다. 또한 뛰어난 학습 능력으로 굳이 에너지를 과도하게 소비하지 않아도 업무 수행이 가능하기 때문이다. 심지어 자신이 잘 모르는 분야에 대해 강한 호기심도 발동한다. 그들은 새로운 업무를 수행하는 데 심적인 부담이 적다. 따라서 학습 능력이라는 공이 크면 인재의 기질과 맞지 않은 직무라도 적은 에너지를 소비하면서도 원활하게 수행할 수 있다. 인재는 기질과 잘 맞는 직무에서는 성장을, 그렇지 않은 직무에서는 역량 확장이라는 성과가 따라온다는 점을 이미 잘 알고 있다.

인재의 동기Ball Driving가 다를 때

구성원의 동기를 파악하고 관리해야 하는 중요성에 대해서는 3장에서 충분히 살펴보았다. 여기서는 간단하게만 짚어보자. 다음 [그림 13]을 보자. 인재가 일해야 하는 동기가 발현되지 않을 때는 에너지 소비를 하지 않는 아주 편안한 상태로 있게 된다. 개인의 하루 일과 중 잠자리에 들 때가 바로 이 상태이다. 어떠한 동기도 필요 없고 의식하지 않는 시간이다. 출근해야 하는 평일 아침에는 어떨까? 귀를 때리는 알람 소리와 함께 동기가 바로 가동된다. 개인 욕구를 충

[그림 13] 동기 미발현 vs 동기 발현

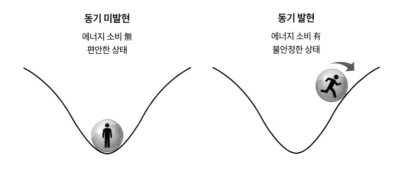

족하는 데 필요한 활동을 해야만 하는 시간이다. 매일 직장으로 가서 주어진 직무를 완수하기 위해 열심히 학습 능력을 굴려야만 한다. 사실 오르막의 경사진 길에서 공을 굴리는 일은 매우 위태로운 상태다. 힘이 떨어지면 이내 내리막으로 공과 함께 굴러 떨어져 버린다.

인재가 조직에서 맡은 일을 열심히 하다가 동기가 사라졌다면? 동기가 사라졌다는 의미는 현 조직과 직무에서는 자신의 욕구가 충족되고 있지 않다는 뜻이다. 학습 능력이라는 공을 열심히 굴릴 의미가 사라져 버렸다. 학습 능력이라는 공을 열심히 굴려야 성과를 만들 수 있다. 인재가 공굴리기를 멈추면 이내 그릇의 가장 낮은 곳으로 굴러 떨어지게 된다. 여기서는 인재 개인적으로 에너지 소비가 없으니 편안하다. 그러나 조직적으로는 업무 차질이 발생한다. 인재가 자신의 몫을 다하고 있지 않기 때문이다. 이때 인재는 조용히 사직한 상태이다.

인재는 마음이 편안하나 리더와 동료들은 더 힘들어지며, 더 나은 조직 성과와 조직문화는 불가능하다. 이것이 인재의 동기를 잘 관리해야 하는 중요한 이유이다. 우리가 학습 능력이라는 공을 굴리는 행위 그 자체만으로도 불안정한 상태이다. 이 불안정한 상태를 관리 가능하고 예측 가능해야 인재와 조직이 서로 만족할 수 있다. 이를 관리하는 일이 바로 리더가 할 일이다.

지금까지 살펴본 바와 같이 우리는 가장 바람직한 인재의 모습을 그려 볼 수 있었다. 인재 개인의 고유한 기질에 맞는 직무에서 뛰어난 학습 능력을 갖추고, 내적 동기 또는 성장 욕구가 잘 발현되는 구성원이 곧 리더 조직의 인재이다. 이러한 인재는 스스로 열정을 가지고 적극적으로 움직인다. 미하이 칙센트미하이는 이를 '자기 목적성을 가진 사람'이라고 표현한 적이 있다. 그는 또 "자기 목적성을 가진 사람은 원하는 일을 하는 것 자체가 이미 보상이 되기에 물질적 수혜라든가 재미·쾌감·권력·명예 같은 별도의 보상이 필요하지 않다"[72]라고도 말했다.

이처럼 자기 목적성을 가진 인재는 개인의 가치관도 중요하지만 이를 환경 측면에서 굳건히 받쳐줄 조직과 리더의 의지가 더 중요하다. 조직과 리더는 이런 인재를 찾으려는 노력뿐만 아니라 육성하는 데도 큰 비중을 둬야만 한다. 이것은 지극히 당연한 일이다.

기질 vs 학습 능력

앞서 조직 내에 있는 인재의 '3B'가 어떻게 동작하고 어떤 영향을 주는지 살펴봤다. 동일한 인재라도 기질과 학습 능력이 나타나는 조건이 달라질 수 있다. 이번 글을 참조해서 인재를 보다 더 잘 관리할 방법을 생각해 보자. 과연 인재를 구성하는 기질과 학습 능력은 주로 어떤 상황에서 더 강하게 드러날까?

먼저 기질이 잘 발현되는 조건을 알아보자. 여기는 성과에 대한 책임도 크고 업무 수행 자유도가 높은 위치에 있는 인재들이다. 주로 대표, 조직 리더, 고연차 직원들이다. 조직에서 직위가 높아질수록 권한과 책임의 폭이 넓어지는 건 당연하다. 이들은 조직 내에서 직무 수행에 대한 자유도가 높다. 책임을 지는 범위도 넓고 무게도 무겁지만, 자유 의지로 선택할 수 있는 폭도 넓다. 조직 내 높은 직위에 있는 사람들은 직무를 수행하는 데 있어 본인의 기질을 제한하는 요인은 많지 않다. 오히려 그들의 기질을 보고 해당 지위에 배치한다. 이 때문에 리더의 기질에 따라서 조직이 운영되기 쉽다.

애덤 그랜트의 최근 저서 『히든 포텐셜』에서 스티븐 딜버트와 데니스 윈즈의 2009년도 연구 결과를 소개한 내용을 보자. 그들은 회사 내 고위직으로 올라갈수록 외향적인 사람들이 많아진다고 한다. 수치로는 중견급 간부는 83%, 고위급 간부는 88%, 최고위급 임원은 93%까지 올라간다.[73] 이 결과가 바로 앞의 내용을 증명한다고 볼 수 있다. 외향적인 기질을 가진 인재가 더 큰 책임을 맡는 자리에 배치되고 있다. 이사회를 포함한 임명권자는 조직 외부와 활발한 관계를 요구할 뿐만 아니라 조직 내부로도 리더십을 적극 발휘할 수 있는 기질을 가진 인재를 리더로 선호한다고 해석할 수 있다.

다음으로 긴급하거나 위기 상황에서도 인재의 기질이 잘 드러난다. 이때는 학습 능력이 뒤로 밀릴 수밖에 없다. 예를 들어 이번에 새로 출시한 신제품이 시장에서 동일한 불량이 계속해서 발생하고 있고, 고객들의 구매 취소가 급증하고 있는 급박한 상황이라면 어떻게 할까? 기질 매트릭스 내 4사분면의 인재라면, 앞뒤 잴 것도 없이 빨리 유관부서 담당자들을 불러 모아서 현재까지의 현황을 정리하고 원인과 대책을 세우는데 속도를 올린다. 큰 흐름은 신속히 추진하지만, 그 과정에서 놓치는 부분도 발생한다. 그러나 개의치 않고 진행하면서 보완하면 된다고 생각한다. 리더는 이들에게 중요하고 급박한 일을 맡기면 된다.

반면 동일 상황에서 3사분면의 구성원이라면? 이들은 먼저 정확한 자료들을 먼저 모으려고 애쓴다. 자료들을 취합하고 원인별, 귀책 부서별로 분류한 후에야 비로소 불량 원인과 대책을 수립하기 위해 관련 부서 담당자들을 모아서 회의를 진행한다. 이 기질은 좀 더 체계적이고 제대로 일을 처리하지만, 속도가 느리다는 문제가 있다. 이들에게는 중요하지만 급하지 않은 과제를 맡기면 된다.

기질이 잘 드러나는 조건은 자유도가 높은 직위에 있거나 시급한 상황에서 잘 발현된다. 중요하고 위급한 일이 발생했을 때는 빠른 처리가 중요한지, 아니면 정확한 대응이 필요한지에 따라서 적합한 기질을 가진 인재를 담당자로 배치하면 된다. 그리고 그들이 온전히 직무에 몰입할 수 있도록 책임과 권한을 넓게 주어라. 만약 적합한 기질을 가진 인재가 없다면 부 기질을 참고해서 배정하되, 리더의 적절한 코칭을 통해 업무 방향을 가이드하면 된다.

반면 학습 능력이 잘 발현될 때는 언제일까? 반대로 생각하면 된다. 신입이나 저연차 직원들은 직무에 대한 자유도가 많지 않다. 일단 조직에서 기존에 계속해 왔던 일상적이거나 관료적인 일들을 맡을 확률이 높다. 기존에 해 왔던 일이란 처리 기준과 규칙이 있다는 뜻이다. 이때는 이 기준과 규칙을 빨리 학습해서 조직 업무에 적응하고 적용하는 능력이 필요하다. 이들의 기질적 특성은 후순위로 밀릴 수밖에 없다.

신입사원이나 저연차 직원들이 다양한 역할을 수행해야만 하는 조직, 즉 초기 스타트업이나 적은 수의 직원이 있는 소기업에서는 주 업무 외에도 부수적인 업무가 많이 부여된다. 이럴 때 조직 전체를 보지 못하고 본인의 직무만 좁게 생각하거나 일의 앞뒤를 생각하지 않는 구성원은 오히려 짐이 된다. 인재의 학습 능력이 중요한 이유다. 추가로 일상 업무나 시급하지 않은 업무는 기질 발현 없이도 학습 능력만으로도 충분히 해낼 수 있다. 일일, 주간, 월간, 분기, 연간 업무처럼 일상적이고 주기적으로 해 오던 업무들이 해당된다. 이런 일들은 과거 학습된 지식과 경험으로 수행할 수 있으며, 기질 특성은 크게 영향을 주지 않는다. 지금까지의 내용을 [그림 14]로 정리했다.

[그림 14] 기질과 학습 능력이 잘 드러나는 조건

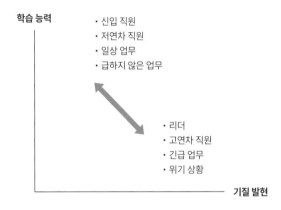

인재를 직무 배치할 때 본인의 역량을 충분히 발휘하길 원한다면 기질에 맞는 직무에 배치하고 책임과 권한을 주면 된다. 시급하고 중요한 일을 처리해야 할 때는 인재의 기질을 고려해서 진행 상태를 바라봐야 한다. 혹여나 진행 과정이 미흡하다면 중간중간 적절한 코칭을 해야 한다. 리더가 직접 뛰어들어 미흡한 부분을 해결하는 일은 마지막 선택이 되어야 한다. 그리고 일상적이고 관료적인 일, 그리고 업무 범위가 넓은 일을 수행하는 데 필요한 인재라면 적합한

기질을 찾을 필요도 있지만, 기질 특성을 넘어설 수 있는 학습 능력이 뛰어난 인재에게 맡겨야 한다. 그래야 인재뿐만 아니라 리더 자신도 본인의 직무에 더 충실하게 몰입할 수 있다.

조직 관리 관련 'X이론, Y이론'을 소개했던 더글러스 맥그리거는 이렇게 말했다.

"만일 자신의 계발과 관련된 의사결정에 본인이 적극적인 역할을 할 수 있다면, 그는 주어지는 기회를 최대한 활용할 것이다. 반면 수동적인 존재로 그저 직무 교체를 당하거나 교육을 받게 되거나 승진이 되거나 혹은 다른 방식으로 조종당한다면, 그는 자기 계발에 대한 의욕을 느끼지 못할 것이다."[74]

리더는 인재의 기질 발현이 중요한 자리이든, 학습 능력의 발휘가 중요한 위치든 간에 그 전제로서 맥그리거의 말을 명심할 필요가 있다. 스스로 결정하고 추진하는 자유도를 넓게 인정하는 것이 인재의 성장을 기대할 수 있다. 리더의 불안감에 인재를 수동적으로 움직이게 해서는 안 된다. 결국에는 리더에게 모든 결정을 떠넘겨 버린다. 리더만 조직 구성원 수가 증가하는 만큼 일거리가 비례해서 증가하게 된다. 그 결과로 업무 추진 속도는 반비례해서 늦어질 뿐이다.

인재에게 신뢰와 책임, 권한을 주면서도 일이 되도록 하는 방법을 제안하자면, 이들을 주기적으로 점검하면 된다. 현황 보고만 받으라는 게 아니다. 리더가 먼저 능동적으로 인재에게 질문해야 한다. 인재가 일이 막혀서 길을 찾고 있다면 적절한 코칭을 해야 한다. 진행 결과만 보고 받고 닦달만 한다면 인재는 리더에게 마음을 닫는다. 열린 마음을 가지고 일이 더 잘되게 하려면 무엇을 도와줘야 하는지를 물어보라. 그러면 인재도 현 직무에 지금보다 더 몰입할 수 있다. 구성원의 높은 직무 몰입은 곧 높은 조직 성과로 돌아온다.

3부

인재분해:
3B의 응용

✛

위대한 기업을 만들기 위한 핵심 질문은
'무엇이 위대한 비즈니스 아이디어인가'가 아닌
'누구와 함께해야 하는가?'이다.

— 짐 콜린스(Jim Collins)

인재 발굴과 혁신 성장의 비밀, 3B 모델

역발산 기개세力拔山 氣蓋世[75]의 서초 패왕 항우를 잡고 한漢나라를 세운 유방이 어느 날 신하들에게 물었다. "짐이 항우를 이기고 지금의 자리에 온 까닭이 무엇이라 생각하오?" 신하들은 여러 가지 이유를 댔으나 한 고조 유방은 이렇게 말했다.

"짐은 책략을 짜고 천리 밖에서 승부를 결정짓는 데는 장량에게 미치지 못하고, 내정을 충실히 하며 민생을 안정시키고 군량을 조달하고 보급을 확보하는 데는 소하에 미치지 못하오. 또 백만이나 되는 대군을 자유자재로 지휘해 승리를 거두는 일은 한신이 짐보다 뛰어나지. 하지만 짐은 그들을 잘

부리는 능력이 있소. 항우에게도 범증이라는 뛰어난 모사가 있었지만, 그는 범증 한 사람도 제대로 쓰지 못하지 않았소. 그것이 바로 항우가 내게 패한 이유라오."[76]

지금까지 리더가 인재를 알아보는 기준과 방법에 대해 자세히 소개했다. 인재를 '3B: Bowl(기질), Ball(학습 능력), Ball Driving(동기)'으로 분해하고 파악한 뒤 가장 적합한 직무에 배치하고 관리하라. 그러면 그들은 높은 직무 몰입으로 조직 성과를 저절로 가져온다. 한 고조 유방은 열린 시각으로 인재의 장점을 파악하고 그들 모두를 적합한 일에 배치했다. 그 결과, 초나라를 무너뜨리고 한나라를 세울 수 있었다.

지금 우리는 시간이 소중한 시대에 살고 있다. 그리고 한 고조처럼 거창하게 나라를 세울 필요도 없고 그럴 시대도 아니다. 단지 리더 조직을 성공적으로 운영하여 계속해서 성과를 내고 성장하면 된다. 이를 위해 리더는 인재의 '3B'를 알고 그들의 역량을 제대로 발휘하게 만들면 그뿐이다. 이것은 리더만이 할 수 있는 일이다. 누가 그것을 모른단 말인가? 리더가 구체적인 실행 방법을 모르고 있다는 점이 사실 더 심각하다. 지금까지 강조했던 '인재분해: 3B'가 조직의 모든 문제를 해결하는 만능열쇠는 아니다. 우주에서 가장 복잡하고 심오한 인간을 이렇게 단순화할 수는 없다. 인간 그 자체로 하나의 우주이다. 이 복잡한 우주들을 한곳에 모아 하나의 목표로 이끌고 간다는 건 쉬운 일이 아니다.

비즈니스 컨설턴트 조시 카우프만은 『퍼스널 MBA』에서 다른 사람들과 함께 효과적으로 일하기 위해 다음과 같이 강조하기도 했다.

"다른 사람들과 일하는 것은 비즈니스와 삶에서 늘 직면하는 부분이다. 혼자서는 살아갈 수도, 비즈니스를 할 수도 없기 때문이다. 고객, 직원, 계약자 그리고 파트너들은 모두 그들 자신만의 독특한 동기와 욕구를 가진 개인들이다. 만약 하고 있는 일을 더 잘하고 싶다면 어떻게 일을 더 잘할 수 있는가를 이해하는 것이 필요하다."[77]

인간의 복잡한 특성을 이해하고 어떻게 관리할지에 대한 리더의 고민은 매일매일 일어난다. 이런 노력이 힘들고 어렵다고 손 놓고 있는 리더보다는 백배 천배 낫다. 이 책이 강조하는 점도 바로 이 부분이다. 이토록 복잡한 인간도 특정 조건 아래에서는 예측이 가능하다. 우주 만물의 관계를 설명할 수 있는 물리 법칙이 있듯이 인간에 관해서도 법칙은 아니어도 예측 가능한 행동을 잘 설명하는 이론들도 많이 있다. 이를 활용하여 리더 조직의 성과를 극대화하자는 것이 이 책의 목적이다. 다음 장부터는 인재의 '3B'를 어떻게 활용하면 좋은지를 소개한다. 이 글들을 통해 리더의 지혜는 깊어지고, 리더 조직은 한층 더 성장하고 지속해서 발전하길 바란다.

05

스펜서의
'핵심역량 빙산 모델'과 3B 모델

직원들에게 능력에 맞는 업무를 주기 위해서는
개개인의 독특한 자질을 파악하는 것이 바람직하다.
— 미하이 칙센트미하이(Mihaly Csikszentmihalyi)

이 책은 오랫동안 여러 직무를 통해 습득한 직접 경험과 열린 시
야로 취득한 다양한 간접 경험, 그리고 스스로 깊은 사고를 통해 깨
달은 통찰의 산물이다. 이 통찰이 세상 혼자만의 생각이 아니었다는
것을 알고는 큰 위로가 되었다. 바로 심리학자 스펜서의 '핵심역량
빙산 모델'[78] 때문이다. 스펜서가 말하는 '역량'이란 개인의 내적인
특성으로서 다양한 상황에서 일반적으로 나타나며 비교적 장시간
지속되는 행동 및 사고방식이라고 말한다. 그리고 역량의 5가지 유
형을 다음과 같이 소개하고 있다.

1. 동기^{Motives}

개인이 일관되게 마음에 품고 있거나 원하는 어떤 것으로 행동의

원인이 된다. 동기는 특정한 행위나 목표를 향해 행동을 '촉발하고, 방향을 지시하며, 선택하도록' 작용한다.

2. 특질 Trait

신체적인 특성, 상황 또는 정보에 대한 일관적 반응성을 의미한다. (중략) 동기와 특질은 어느 정도 타고난 요소로서, 능동적이고 자발적인 '마스터 특질'이며 개인의 장기적 직무 행동을 예측할 수 있는 역량 유형이다.

3. 자기 개념 Self-concept

태도, 가치관, 또는 자기상을 의미한다. 가치관은 주어진 상황에서 단기적으로 나타내는 반응적 Respondent 행동에 영향을 주는 요소이다.

4. 지식 Knowledge

특정 분야에 대해 가지고 있는 정보이다. (중략) 지식은 그 사람이 무엇을 할 수 있다는 것을 말해 줄 수 있을 뿐, 실제로 무엇을 할 것인지는 예측하지 못한다.

5. 기술 Skill

특정한 신체적 또는 정신적 과제를 수행할 수 있는 능력을 말한다.

[그림 15] 스펜서의 핵심역량 빙산 모델

스펜서는 앞서 정리한 인재의 핵심 역량을 [그림 15]와 같이 빙산에 비유했다. 빙산은 물과 얼음의 밀도 차이로 인해 물 밖으로 드러나 볼 수 있는 부분은 전체 부피의 10%밖에 되지 않는다. 나머지 빙산을 구성하고 있는 90%는 수면 아래에 있어서 일반 사람들은 쉽게 볼 수 없다. 인재의 스킬과 지식은 물 밖에 드러나 있는 빙산처럼 누구라도 쉽게 파악할 수 있다. 전공, 학위, 자격증, 직무 경험 등으로 관련 자료만 있으면 쉽게 판단할 수 있는 역량이다. 이런 역량은 추가 교육과 현업에서의 직무 경험으로 지속 계발이 가능하다. 반면 물 아래 잠겨 있는 빙산처럼 자기개념(태도, 가치관 등), 특질, 동기는 확인하기가 쉽지 않다. 게다가 이것을 외부의 힘으로 계발하는 것도 어렵다. 그래서 스펜서는 빙산 하부에 위치하는 동기와 특질을 기준으로 인재를 선발한 다음, 업무 수행에 필요한 지식과 기술을 가르치라고 강조한다.

구글의 인사 담당 수석 부사장을 10년간 지냈던 라즐로 복은 국내 한 일간지와의 인터뷰[79]에서 이렇게 말한 적이 있다.

"우리도 초창기에는 출신 학교, 성적 같은 기록을 봤지만, 지금은 아닙니다. 졸업 후 2~3년이 지나면 학교 성적은 직무 성과와 별 상관이 없다는 사실을 알았기 때문입니다. (중략) 그 대신 우리는 종합 인지 능력과 문제 해결 능력, 리더십 능력을 봅니다. 어떤 문제 상황에서 리더로서 역량을 발휘하는지가 중요합니다. 또 그 사람의 '구글다움googleyness' 여부를 봅니다. 우리와 비슷한지, 즐길 줄 알고, 양심적인지conscientious, 지적으로 겸손한지 등을 살핍니다. 가장 비중이 낮은 게 업무 전문성입니다. (중략) 열린 마음으로 무엇이든 배우려는 호기심 많은 사람이 대체로 가장 정확한 답을 찾아냅니다."

그리고 그는 또 이렇게도 말했다.

"구글은 인력 예산 대부분을 신입 직원 선발에 할당합니다. 평균적인 사람을 교육으로 탁월하게 키우기는 불가능에 가깝습니다. 바뀌는 경우도 있지만 대부분 교육보다 업무 유형이나 맥락을 바꾼 결과입니다. 채용을 잘하면 교육 훈련비용이 훨씬 덜 들어갑니다. 구글은 훈련 부서가 따로 없습니다. 직원들이 배우고 싶으면 알아서 조직해서 배웁니다. 회사는 그것을 지원할 뿐입니다."

앞서 스펜서의 주장처럼 구글 또한 인재의 보이지 않는 역량을 더 중요한 가치로 생각하고 있다. 구글은 보이지 않는 역량을 채용 후 교육으로 변화시킨다는 것이 불가능하다는 점을 알게 되었다. 이후로는 채용 단계부터 구글에 적합한 인재를 찾으려고 노력하고 있다. 구글은 전 세계적으로 역량이 뛰어난 인재들이 몰려들기 때문에 이처럼 말할 수도 있지 않겠냐고 생각할 수 있다. 그러나 그는 구글이 작은 기업일 때도 이 원칙을 유지했다고 한다. 특히 마지막에 언급한 내용은 전적으로 동의한다. 학습 능력이 있는 인재는 획일적인 전 사원 교육의 효과성을 의심한다. 오히려 직무 수행에 필요한 기술이나 지식을 스스로 찾아서 배우는 편을 더 선호한다. 이때 일정, 비용 등 인재 개인 차원에서 해결하기 힘든 부분을 조직과 리더가 지원하면 될 일이다.

2022년 국내에서도 이와 동일한 연구 결과가 소개되기도 했다. 한국경영학회 뉴로경영위원회와 충남대 박지성 교수 및 HR 전문기업 마이다스인은 기업 인재 선발 과정에서 주로 활용하는 기존의 스펙들이 실제로 인재가 기업에 입사해 창출하는 직무 성과와 얼마나 관련이 있는지 연구 결과를 발표했다. 국내 기업에 재직 중인 4,040명을 대상으로 직무 성과와 입사 당시 선발 기준의 상관관계를 분석했다고 한다. 결과는 현재 활용하고 있는 선발 기준인 학벌(대학 순위), 학점, 영어 성적, 자격증, 인·적성검사, 면접 등은 실제 직무 성과와 관계가 없거나 반비례하여 채용 시 활용하기에 부적합한 수준으로

나왔다.[80]

이 책의 목적도 동일하다. 지금 대부분의 조직에서는 신입 사원을 채용하거나 기존 구성원을 재배치할 때 스킬과 지식을 먼저 본다. 기준이 명확하고 판단하기 쉽고, 리더 자신과 다른 사람들을 설득하기가 쉽기 때문이다. 앞에 소개한 구글 사례나 국내 연구에서 강조하듯이 쉽게 보이는 스펙은 중요하지 않다. 오히려 보이지 않는 역량을 찾기 위해 더 많은 에너지를 쏟아야만 한다.

리더도 스스로 생각해 보자. 조직 내에서 업무 수행이 만족스러운 구성원과 아쉬운 구성원을 떠올려 보자. 과연 눈에 보이는 역량으로 판단하는지, 아니면 업무 수행하는 태도를 보고 판단하는지를. 리더는 구성원들의 직무 성과에 만족하느냐 그렇지 않느냐는 결국 눈에 보이지 않는 역량으로 판단한다. 리더는 조직성과에 구성원들이 얼마나 적극적으로 참여했는지를 놓고 판단한다. 그런 구성원이 더 예뻐 보인다. 인재의 기술과 스킬 역량을 무시할 수는 없겠지만 이것들을 더 비중 있게 받아들일 필요는 없다. 채용 때나 직무 배치할 때는 인재의 자기 개념, 특질, 동기를 확인해야 한다. 이 내용을 잘 표현하고 있는 사례가 있다. 우리가 익히 알고 있는 미국의 종합 미디어, 엔터테인먼트 회사인 '월트 디즈니Walt Disney'다. 월트 디즈니는 '태도를 보고 채용하라, 기술은 익히면 된다Hire for attitude, train for skill'라는 채용 정책을 유지하고 있다.[81]

이쯤 되면 구성원들의 보이지 않는 역량을 어떻게 파악할 것인지에 대해 리더의 의문과 고민은 당연하다. 단번에 알 수 있는 마법의 지팡이나 도깨비방망이는 확실히 없다. 그러나 '인재분해: 3B'가 리더에게 도움을 줄 수 있다. 나아가 리더의 무기가 될 수 있다. 지금까지 강조한 내용을 머릿속에 두고 조직 구성원들을 꾸준히 관찰하고 원온원을 통해서 파악하면 된다. 인재 채용에서는 면접 단계에서 집중적으로 확인하고, 채용을 결정했다면 단기 계약이나 수습 기간을 적극 활용하는 게 최선이다.

현실은 어떤가? 조직과 리더는 당장 필요한 기술과 스킬을 보유하고 있는 구직자들의 보이는 역량 중심으로 1차 선별한다. 그다음 컬처핏Culture Fit을 면접 단계에서 검증한다. 나름 합리적으로 보인다. 그러나 이미 인재 전체 역량의 10%만 보고 채용 여부를 결정한 상태라고 봐도 무방하다. 컬처핏은 조직과 잘 맞으면 다행이고, 그렇지 않다면 인재의 태도 변화를 기대하며 채용을 결정한다.

기술과 스킬 역량Spec.이 상대적으로 낮아서 탈락한 지원자들 중에는 학습 능력도 크고 내적 동기가 잘 갖춰진 인재도 있을 수 있다. 인재의 90%나 차지하지만, 보이지도 않고 계발 불가능한 역량은 채용 기준에서 후순위로 밀려나 있다. 이런 조직과 리더는 인재 채용을 운에 맡겼다는 표현이 더 정확하다. 인재 선발의 잘못이 드러나도 자기 합리화하기에 바쁘다. 실력은 뛰어나니 기존 구성원들이 더 가르쳐 줘야 한다며 계발 불가능한 역량을 개조하느라 조직과 동료들의 에너지를 마구 투입하고 있다. 밑 빠진 독에 물을 붓는 헛수고를 하고 있다.

1장에서 간략히 소개했던 개인 사례를 다시 떠올려 보자. 열심히 재미있게 일하던 중 새로운 외부 인재가 오면서 선호하던 개발 직무의 절반 이상이 날아갔던 사례 말이다. 여기에 스펜서의 핵심 역량의 빙산 모델을 비춰 보자. 조직에 변화가 발생하는 시점에 나의 기술과 스킬 역량은 동일했다. 기술 지식, 개발 노하우와 경험은 한순간에 사라지는 역량이 아니다. 그러나 기질에 잘 맞았고, 또 선호하던 직무의 절반 이상이 떨어져 나갔다. 이 시점 이후 신제품 개발의 전 과정을 이끌며 성취감과 인정받고 싶었던 욕구가 사라졌다. 즉 동기가 없어졌다.

그 뒤로 직무를 대하는 태도가 소극적으로 자연스럽게 변해 버렸다. 인재 전체 역량 중 90%나 차지하는 곳에 부정적인 영향을 준 셈이었다. 즉 조직 변화 시점 전후에 '보이는 역량', 즉 개발 지식과 스킬 10%는 그대로였지만, '보이지 않는 역량' 90%가 직무 몰입을 좌우했다. 당시 상황을 지금 돌이켜 보면 스스로 반성할 점도 있다. 변화에 대한 수용 능력이 부족했다는 점이다. 나 개인의 학습 능력은 그다지 뛰어나지는 않다고 말할 수 있겠다. 물론 이 경험 또한 지금 글을 쓰는 데 통찰을 주는 좋은 사례가 되기는 했지만.

당시 조직은 동일한 급여를 주면서 구성원 역량의 90%는 버리고 10%만 활용한 꼴이 되었다. 그렇다면 자신의 기질에 맞춰 개발 프로세스의 앞단인 초기 설계 부서로 이동하는 것이 맞지 않냐고 의문을 가질 수 있다. 여기에 대한 답은 다음과 같다. 나는 새로 영입한 그 인재가 요구하는 인재상이 아니었다. 그가 선호하는 석·박사 학력이 아니었고, 그가 주도하는 변화에 적극 반대했으며, 그의 독단적인 모습을 좋아하지 않았기 때문에 함께할 생각은 전혀 없었다. 기존에 많은 힘을 실어줬던 리더가 있는 조직에서 일하는 게 낫다고 생각했다. 어차피 재미없는 일이라면 함께 일하고 싶은 사람을 선택한 것이다. 결국 직무 수행의 선택 기준은 '리더'였다.

리더는 구성원들을 채용하고 배치하는 권한을 가지고 있다. 구성원의 전체 역량 중 10%만 보고 직무를 맡길 것인지, 아니면 90%까지 확인할 것인지는 고민할 일도 아니다. 리더가 원하는 스킬이나 기술을 가지고 있는 구성원들과 빨리 가고자 한다면 10%를 보고 선택해도 된다. 그러나 그것은 조직으로나 구성원 개인으로나 좋은 선택은 아니다. 조직의 힘을 한곳에 모을 수도 없고, 결정적으로 지속할 수 없기 때문이다.

동일한 급여를 주면서 구성원의 10%만 쓰고 나머지 90%를 무시한다면 결국 조직은 구성원 역량의 10%조차도 쓰지 못하는 상황이 오게 된다. 이 구성원은 자신이 가지고 있는 역량을 온전히 활용하고 인정받을 수 있는 곳으로 이동해 버린다. 원자의 최외각에 위치하고 있는 불안정한 전자처럼 외부의 작은 자극으로도 이탈해 버린다. 실제로도 나는 부서 이동 제안이 오자마자 주저 없이 선택했다.

06

인재를 부채 아닌
자산으로 만들기

모든 사람은 천재다.
그러나 만약 당신이 물고기에게 나무 오르는 능력으로 판단한다면,
물고기는 평생 자신이 형편없다고 믿으며 살아갈 것이다.

— 알베르트 아인슈타인(Albert Einstein)

이 책 전체를 관통하는 사상은 리더가 조직 구성원들을 그들의 직무에 몰입하게 만들면 조직 성과는 자연스럽게 따라온다는 사실이다. 그것도 조직에서 투입하는 인건비는 변함이 없으면서도. 초반에 소개했던 갤럽 조사 결과를 다시 보자. 고몰입 조직은 저몰입 조직보다 생산성은 15% 증가, 순이익은 23% 증가하고, 직원들의 이직률은 36% 감소했다.

미국 심리학자 크리스토퍼 브라운의 연구에 의하면 개인과 직무 간 적합성의 중요성을 다음과 같이 강조했다.

"개인-직무 간 부합이 높을수록 자신의 직무, 동료, 상사에 대한 만족도가 높아지고, 조직에 대해 더욱 높은 몰입과 애착을 보이며 전반적인 작업 수행 성과가 높아지는 것으로 나타났다. 또한 직무

스트레스는 감소하고, 이직 의사 또한 현저히 낮아지는 것으로 확인되었다. 따라서 직원들을 적성과 선호에 부합하는 직무에 배치하는 것은 기업 입장에서도 생산성을 높일 수 있고, 지속 가능한 성장을 견인하는 핵심 요건이 된다."[82]

또 다른 사례로 국내 채용 포털 사이트 '잡코리아'에서 설문 조사한 결과를 보자. 경력 10년 미만의 직장인이 '첫 직장을 떠난 이유'와 '첫 직장에 계속 근무하는 이유'는 모두 '직무 적성'이 1위였다. 각각의 수치를 보면 '적성에 맞지 않는 직무'로 첫 직장을 떠났다고 선택한 비율이 26.3%, '적성에 맞는 직무'였기에 첫 직장에서 계속 근무하고 있다고 선택한 비율이 28.9%였다.[83]

이처럼 '인재를 개인의 성향에 맞는 직무에 배치하라'는 말은 '물은 낮은 곳으로 흐른다'와 같이 당연한 말이 되었다. 이 당연한 사실을 현업에 적용하려면 어떻게 해야 하는가? 그 방법은 지금껏 강조했듯이 '인재의 3B(기질, 학습 능력, 동기)를 파악하고 관리하라'이다. 구성원들의 직무몰입을 높여 조직 성과를 자연스럽게 올리고 싶은 리더는 이 '3B' 모델을 활용하여 직무에 적합한 구성원을 채용하고 배치해야 한다. 리더의 이런 노력은 곧 고성과 조직과 함께 리더와 구성원들 모두 성장하는 선순환의 결과를 가져온다.

여기서 리더가 3B 기준으로 구성원들을 잘 채용하고 적절히 배치했다고 손 떼서는 안 된다. 밭에 좋은 모종을 심었다고 잘 자라는 것이 아니듯 물도 주고 잡초도 꾸준히 제거해 줘야 한다. 즉 리더는 구성원들의 직무 몰입을 방해하는 요소를 꾸준히 관리해야 한다. 몰입을 방해하는 요소는 다양하다. 그리고 구성원들의 성향에 따라 달라질 수도 있다. 어떤 구성원은 관료적인 절차와 규칙을 준수하는 일이 몰입에 방해된다고 말하기도 하고, 어떤 구성원은 상사의 지나친 간섭이 몰입을 깬다고도 한다. 또 어떤 구성원은 저성과 동료와 같은 일을 하는 것이 싫다고 할 수도 있다. 이러한 예들은 실제로 개인적인 경험을 통해 뽑았다.

실리콘밸리의 위대한 코치 빌 캠벨 또한 동일한 생각을 했던 것 같다. 그는 다음과 같이 강조했다.

"성공적인 기업의 토대는 사람이다. 모든 관리자의 으뜸가는 책무는 사람들이 더 효율적으로 일을 할 수 있게 도와 그들이 성장하고 발전할 수 있도록 하는 것이다. 위대한 일을 할 능력이 있으면서 의욕도 충만한 훌륭한 사람들은 주변에 많다. 하지만 이 위대한 사람들은 그들의 에너지를 분출하고 확대시킬 수 있는 환경에서만 성장할 수 있다. 관리자들은 그들을 지원하고 존중하고 신뢰하면서 이런 환경을 만든다."[84]

조직이 커지면 이와 비례해서 다양한 구성원들을 통일된 기준으로 관리하기 위해 필수 업무 절차를 제정하고 반드시 지키기를 요구한다. 또 과거 이슈들이 재발되지 않도록 체크리스트를 누적해서 관리한다. 조직 내 쉽게 전파하기 위해 표준 문서와 업무 지도서도 만든다. 당연히 시간이 흐를수록 관리해야 할 항목들은 증가만 한다.

이를 하나하나 점검하는 데 일은 늘어나고 시간은 더 소요된다. 이런 문서들을 줄이려니 다음에 사람이 바뀌면서 동일한 사고가 재발할까 봐 걱정된다. 그렇다고 문서화하지 않고 개인의 노하우로 운영된다면 이 또한 조직 내부 전체로 전파하는 건 불가능하다. 기록하고 점검하고 관리하는 일이 필요한 점도 있다. 똑같은 실수를 반복하지 않기 위해서 말이다. 그러나 규정과 절차가 누적되면 될수록 관료적인 일만 늘어난다. 여기에 반비례해서 구성원들의 핵심 업무에 대한 몰입도는 점차 떨어진다.

또 구성원들이 각자의 직무를 잘 수행하고 있는지 중간 점검도 필요하다. 리더는 효율적인 업무 관리를 위해서 구성원 전체를 회의실에 불러 모아 놓고 각자의 업무 진행 현황을 일일이 점검하며 문제점들을 지적한다. 여기서 조직 전체로 자연스럽게 전파되기를 의도한다. 그러나 책임감 있는 일부 구성원들 외에는 다른 생각으로 쉽게 빠지기 마련이다. 이를 막기 위해서 리더는 회의 분위기를 험악하게 만들어 긴장시키기도 한다.

회의 중 리더로부터 심한 질책을 받은 구성원은 일에 흥미를 잃는다. 다음에 욕먹지 않기 위해서 이번에 지적당한 내용 위주로 일을 챙긴다. 모든 일을 챙기려면 시간도 부족하고 넘치는 업무량에 쫓기는 것은 당연하다. 회의에서 험한 소리를 듣지 않은 구성원들은 한순간 잘 넘겼다고 생각하지만, 다음 회의가 두려워진다. 다음 차례는 나인가 싶어 불안하다.

사실 맞다. 리더는 조직을 공정하게 관리한다는 나름의 기준으로 결국에는 구성원들 모두에게 돌아가며 질책한다. 그러니 조직 구성원들에게 조언을 하나 하겠다. 리더의 질책이 객관적으로 옳거나 자신의 잘못이 아닌 일로 과도하게 지적당했다면 개인적인 비난으로 받아들이지 말자. 조직 전체에 긴장을 불어넣기 위해서라고 생각하면 된다. 너무 스트레스받지 말고 마음 건강을 챙기길 바란다.

또 다른 사례로 조직 내에서 자신의 주위를 한번 둘러보자. 누가 봐도 일 잘하는 동료도 있지만, 반면 이 실력과 태도로 어떻게 지금 조직에 왔는지 궁금한 동료도 있다. 그러면서 일 잘하는 동료보다는 일 못하는 동료와 자신을 자연스럽게 비교하게 된다. 지금 자신처럼 애쓰지 않아도 같은 월급을 받아 간다는 생각이 저절로 스며든다. 그리고 부서에 할당되는 일을 자신이 맡지 않고 다른 동료에게 떠넘기는 능력을 발휘하고 이 또한 자신의 실력이라고 착각하며 지낸다.

이렇듯 조직을 강요와 강압으로 이끌고 구성원들의 틀어진 속마음을 방치한다면 머지않아 저성과 조직이 되어 버린다. 직무 몰입도가 낮은 조직이 되고, 자발적으로 열심히 하는 인재도 차츰 물들어가서 시키는 일만 하게 된다. 일을 통해 배우고 성장하는 재미는 없다. 오로지 자신이 현 조직에 있는 동안에는 큰 사고 없이 상사로부터 욕먹지 않고 하루하루 보내기만을 바랄 뿐이다. 결국은 리더가 의도했든 의도하지 않았든 저몰입 조직, 저성과 조직이 되어 버린다. 일 잘하는 인재는 조직에도 관심이 없어지고 일도 재미가 없다. 조직을 떠난다. 결국 '이대로 영원히'만을 바라는 저성과 구성원들만 남는다.

조직이 여기까지 갔다면 어떠한 당근책을 내놓아도 자기 일이 아닌 남의 일이라고 생각한다. 당근을 주면 감사하고 안 줘도 상관이 없다. 조직 존폐를 다투는 일이라고 하더라도 저성과 조직 구성원들은 크게 피부에 와 닿지 않는다. 리더의 자리만 없어질 뿐, 구성원 개개인은 다른 곳으로 이동하면 된다고 생각하기 때문이다. 규모가 큰 조직에 있다면 다른 부서로 이동하면 된다. 작은 조직에 있다면 구성원으로서의 역할을 잘못했다는 반성보다 개인 경력을 잘 쌓았다고 생각하고 이직하면 그뿐이다. 즉 다음 글이 리더의 조직에서 현실이 된다.

"적절한 사람들은 당신의 가장 큰 자산이 될 수 있되 잘못된 사람들은 당신의 가장 큰 부채다. 따라서 모든 사람이 자산이 아니다. 조직에 가치를 제공하는 적절한 사람들이 자산이다."[85]

지금, 이 글을 읽고 있는 리더는 얼마나 공감할까? 전적으로 동의하지 않을까? 누가 자산이고 누가 부채가 될지는 이미 잘 알고 있다. 추가로 신규 채용 인재도 자산이 될 사람을 찾아야만 할 것이다. 이경우, 3B 모델이 도움을 줄 수 있다.

대기업 등 규모가 큰 조직은 인재를 채용할 때 부적격자를 거르는 것이 주목적이다. 채용한 인재들에 대해서는 그들의 학습 역량을 믿고 인력 충원을 요청한 부서에 배치한다. 일반적으로 규모와 체계가 있는 조직에서 신입 직원을 채용하기 때문에 직무 성향에 맞게 잘 배치한다고 생각할 수 있다. 그러나 지원자들을 줄 세워서 부적격자를 빼고 나면, 요청 부서에 적합한 인재를 얼마나 매칭해 줄 수 있을까? 그나마 학교 전공이 1차 판단 기준이 된다. 이 기준은 업무 담당자가 선택할 수 있는 쉬운 길일뿐 옳은 길은 아니다. 우리가 대학교 전공을 선택할 때는 자신과 얼마나 잘 맞는지보다는 성적이나 사회적으로 유망한 직업 등의 외적 기준이 주로 고려된다. 원하는 학교와 학과에 수월하게 합격할 수 있는 뛰어난 소수를 제외하고는 일반적으로 성적이나 지역 또는 취업이 잘되는 과를 선택한다. 설령 내가 원해서 입학한 학과라고 해도 그다지 객관성이 높지는 않다. 나의 의견보다는 부모님, 선생님의 조언으로 지원만 내가 했을 뿐이다.

그래서 대학교에 다니며 공부하다 보면 적성에 맞지 않아 이 길이 아니다 라는 생각도 든다. 그렇지만 결국 계속 외부의 의도대로 끌려간다. 대학교 학부를 마칠 때가 되면, 일부는 사회로 진출하여 취직도 하고 일부는 대학원에 간다. 석·박사 과정을 보내면서도 과연 이 길이 나와 맞는지를 계속 고민하게 된다. 뒤늦게 내가 원하는 길은 이것이 아니라고 결론 내리고 경로를 변경한다.

이러한 일들이 벌어지는 건 당연하다. 학점 취득을 위한 책만 열심히 파다 보니 자신을 돌아볼 시간이 없다. 그리고 다양한 시각을 가질 수 있는 경험을 쌓는 데도 소홀했다. 마침내 사회 진출을 하면서 경험도 많아지고 스스로 돌아보는 시간도 생기면서 서서히 자신을 알게 된다. 그 결과, 자신의 인생 경로를 변경하게 된다.

이런 일련의 과정을 고등학생, 대학생 때 미리 알려준다고 한들 그것이 얼마나 무게 있게 받아들여지겠는가? 뭐든지 다 할 자신이 있을 때 아닌가? 그리고 실패해도 큰 충격 없이 재도전할 수도 있는 시기니까. 더구나 이 시기는 스스로 자아상을 구축해 가는 과정이니까. 개인적으로는 그럴 수 있다. 경로 변경에 대한 책임은 온전히 개인에게 돌아간다. 그러나 이런 인재를 채용하고 제 역할을 기대했던 조직과 리더는 어떨까? 힘들여 채용한 신입 직원이 적성에 맞지 않는 직무로 고민하고 있다면 조직 성과를 어떻게 낼 수 있을까?

조직과 리더의 입장에서 직원 채용에 실패하면 어떤 손실이 발생하는지를 간단히 살펴보자. 먼저 채용 단계이다. 2022년에 HR 플랫폼 기업 '사람인'이 기업 499개사로부터 설문 조사한 결과다. 기업이 직원 1명 채용에 드는 시간은 평균 32일, 비용은 평균 1,272만 원이 들었다고 한다. 게다가 최근 고용노동부와 한국고용정보원이 매출액 기준 상위 500대 기업 인사 담당자를 대상으로 조사한 내용을 보면 응답 기업의 75.6%가 직원 조기 퇴사로 인한 기업의 손실 비용(1인당 채용·교육비용 등)이 2,000만 원 이상이라고 답했다.[86] 조직의 경제적 손실이 상당하다고 한다.

조직은 채용 인재 검증을 위해 수습 기간을 보통 운영한다. 이 수

[그림 16] 신입사원 퇴사율과 퇴사 사유

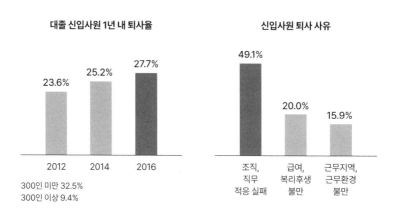

습 기간을 일반적인 3개월로 운영했을 때 추가 투입되는 인건비는 2024년도 최저임금 기준으로 920여만 원이 필요하다. 만일 조직에 적합하지 않은 인재로 판단하고 퇴사시키면 지금껏 투입한 시간과 인건비를 그냥 허비한 셈이다. 게다가 이 시간과 돈에 대한 기회비 용도 발생한다. 무엇보다 또다시 채용 프로세스를 반복해야만 하는 숙제가 남는다. 규모가 있는 조직은 채용 전담 부서가 있어서 대표 나 조직 리더가 인재 채용에 직접 뛰어다니며 에너지를 쏟는 일은 많지 않다. 그러나 여기 작은 규모의 대표와 리더는 인재 채용에 많 은 시간과 에너지를 투입하고 있음은 명확하다.

조직과 리더 입장에서 인재 채용이 성공적으로 마무리되어도 문 제가 끝나지 않는다. [그림 16]을 보면, 대졸 신입사원의 1년 내 퇴사율이 27.7%[87]나 된다. 한 단계 더 깊이 들어가면 300인 미만은 32.5%, 300인 이상은 9.4%이다. 조직 규모가 작을수록 퇴사율이 더 높다. 그리고 동일 기관에서 동일 실태를 계속 조사한 결과 2012년, 2014년 그리고 금번 2016년까지 계속해서 증가하고 있다. 이후 해당 기관에서의 조사는 멈췄지만, 지금은 이때보다 더 올랐을 것임은 틀림없다.

같은 조사에서 신입사원 퇴사 사유로 조직, 직무 적응 실패가 가장 많은 49.1%를 차지하고 있는 점도 크게 눈에 띈다. 2024년 3월에 잡코리아에서 직장인 981명을 대상으로 조사한 결과에서도 1년 내 퇴사를 경험한 사람이 66.1%나 된다고 한다. 최근 퇴사가 높은 이유는 직장 경험이 있는 중고 신입을 선호하는 현 세태에 기인하는 탓도 있다. 그렇지만 대기업이든 중소기업이든 일단 취직을 먼저 한 뒤 조직 문화와 직무가 맞지 않아 퇴사하는 사례가 계속 늘어나고 있다는 점은 틀림없는 사실이다.

이처럼 좋은 스펙을 가진 인재를 뽑아서 필요한 조직에 배치한다고 해서 성공적인 채용이라고 말할 수 없다. 채용한 인재가 조직 내에서 잘 안착하고 조직과 함께 인재 자신도 계속 성장해야 성공한 채용이다. 최근 몇 년간 스펙 중심의 역량으로 채용하지 않고 소위 조직과의 컬처핏Culture Fit까지 검증하는 게 흐름이다. 특히 한 명 한 명의 역할이 매우 중요한 스타트업 중심으로 많이 고민하고 있고 채용에도 적극 반영하고 있는 현실이다. 스펜서의 빙산 모델처럼 보이지 않는 역량이 인재 채용의 성공을 좌우한다. 여기에 더 관심을 가져야 하는 이유다.

조직에 적합하지 못한 인재가 채용되거나 제 몫을 하지 않는 인재가 조직 내에 있다면 어떻게 될까? 이들이 먼저 제 발로 퇴사하거나 타 부서 전출을 요청한다면 오히려 감사한 일이다. 조직에 적합하지 않은 인재를 그대로 방치한다면 조직의 존립까지 위험하게 만들 수 있다. 서울대 경영대학 김성수 교수는 그의 논문에서 이렇게 말했다. "개인과 조직 간 적합성이 떨어지는 인재가 영입되면 조직에 부정적인 영향을 주고, 성과를 떨어뜨린다."[88]

연세대 경영대학 정동일 교수는 다음과 같이 경고하기도 했다.

"높은 경쟁률을 뚫고 뽑힌 신입사원이 업무와 회사에 대한 몰입과 열정을 상실한 채 겉도는 학습된 무기력증에 빠진다. 이것이 무서운 이유는 전염성이 강하기 때문이다. 한두 명이 무기력증에 빠져 수동적으로 시키는 일만 하면 주위의 몰입해 일하는 직원도 생각이 변하고, 이는 회사의 문화로 자리 잡는다."[89]

조직에 적합하지 않은 인재가 있으면 성과를 떨어뜨릴 뿐만 아니라 주위 동료들에게도 나쁜 영향을 확산한다. 신규 직원을 채용했다고 HR 담당자가 할 일은 다 했다고 생각한다면 큰 잘못이다.

과거 GE의 최고경영자인 잭 웰치는 자기 일의 75%를 인재 관리에 사용했다고 말한 적이 있다. CEO가 경영의 최우선 과제로 인재를 채용하고 성장하는 곳에 중점을 뒀다는 것이다. 그는 중요한 포지션에 필요한 인재를 직접 찾아다니고 입사를 제안하며 일을 믿고 맡겼다. 규모가 작은 조직의 리더들은 잭 웰치를 따라 할 수는 없겠지만 적어도 인재 채용과 관리에 더 큰 비중을 두는 점은 잘 배워두자. 단지 결원이 생겼거나 인사 평가를 할 때만이 아니라 평소에도 계속 관심을 가져야 한다.

신규 채용뿐만 아니라 기존 구성원들에 대해서도 조직과 직무에 적합한지 계속해서 점검해야 한다. 채용을 결정하거나 조직 구성원을 배치하는 그 순간에는 최선을 다해 판단했다는 것에는 의심의 여지가 없다. 그러나 그 당시 최선의 판단이 이후에 달라질 수 있다는 점도 유연하게 받아들일 필요가 있다. 조직도 변하고 구성원도 변한다는 사실을 잊어서는 안 된다. 이 점을 전제에 두고 구성원의 '3B'를 확인하고 기록하고 관리해야 한다. 이것은 리더뿐만 아니라 HR 부서도 함께 해야 할 일이다. 레이 달리오는 인재의 잠재력이 최대로 발휘하게 만들고 그 결과에 책임을 지는 리더의 역할을 오케스트라의 지휘자로 비교하며 다음과 같이 강조했다.

"사람들을 선택하고 교육하고 평가하고 분류하는 일의 중요성은 아무리 강조해도 지나치지 않다. 당신이 해야 하는 일은 간단하다.

1. 목표를 기억하라.
2. 목표를 달성할 수 있는 사람들에게 일임하거나(이것이 가장 좋

다), 목표 달성을 위해 무엇을 해야 하는지 지시하라(이것은 세부 관리로 첫 번째 방법보다 좋지 않다).

3. 당사자들이 책임지도록 하라.

4. 교육을 시키고 배울 시간을 주었는데도 일을 수행할 수 없다면 조직에서 제거하라."[90]

07

모래밭에서 바늘을 찾는 도구

직원을 교육하고 훈련하는 데 쓰는 돈을 채용 단계에 집중하라.
평균적인 사람을 교육으로 탁월하게 키우기는 불가능에 가깝다.
바뀌는 경우도 있지만 대부분 교육보다 업무 유형이나 맥락을 바꾼 결과이다.
채용을 잘하면 교육 훈련비용이 훨씬 덜 들어간다.
직원들이 배우고 싶으면 알아서 조직해서 배운다.
— 라즐로 복(Laszlo Bock)

세계 최대 규모의 인터넷 플랫폼 기업 아마존^{Amazon}에서 부사장을
지낸 콜린 브라이어와 빌 카는 『순서 파괴』에서 인재 채용의 기준인
'바 레이저^{Bar Raiser}' 채용 프로세스를 소개하면서 다음과 같이 말했다.

"잘못된 채용 결정에는 반드시 대가가 따른다. 새로 뽑은 사람이 '적합한 자'
가 아닐 때 최상의 결과는 그가 바로 그만두는 것이다. 하지만 그렇다고 하
더라도 단기적으로 지출되는 비용은 상당하다. 공석은 예상보다 더 오래 공
석으로 남게 되고, 인터뷰어는 각자의 소중한 시간을 낭비하는 꼴이 되기
때문이다. 심지어는 좋은 지원자가 따로 있었는데 중간에 돌려보냈을지도
모른다. 하지만 이보다 더 최악의 경우는, 잘못 뽑은 사람이 계속 회사에 다
니며 발생 가능한 모든 나쁜 결과를 촉발하는 경우다. 그렇게 그는 팀 전체

를 기준 이하로 끌어내릴 것이고, 그가 회사를 그만둔 후에도 오랫동안 없어지지 않을 장기적인 손해를 끼칠 것이다.”

이처럼 채용의 중요성을 강조한 사람은 한둘이 아니다. 미국의 금융회사 캐피털 원 파이낸셜의 창업자이자 CEO인 리처드 페어뱅크는 “대부분의 기업은 주어진 시간의 2%를 직원 채용에 쓰고, 75%는 채용 오류를 수습하는 데 쓴다”라고 말했다.[91] 그리고 현대 경영학의 아버지 피터 드러커도 “당신이 채용에 5분밖에 시간을 사용하지 않는다면, 잘못 채용된 사람으로 인해 발생한 사고를 수습하는 데에 5,000시간을 사용하게 될 것이다”라고 경고했다.

이와 관련한 실질적인 유·무형의 손해에 관해서는 6장에서도 충분히 확인했다. 이번 장에서 다시 한번 강조하는 이유는 조직 성과와 생존에 기여할 ‘인재’를 알아보고, 그들이 높은 직무 몰입으로 일할 수 있게 만들려는 리더의 노력이 그만큼 중요하기 때문이다. 많은 리더가 적합하지 못한 인재로 인해 과거에 고생했거나, 현재 골머리를 앓고 있거나, 앞으로 발생하지 않기를 간절히 기도하고 있을 것이다. 여기에 리더들의 고민에 도움을 주고자 한다.

민트 색 바다 물빛 옆에 드넓은 하얀 모래밭이 있다. 리더가 알고 있는 유명한 ‘비치Beach’를 상상하면 된다. 그런데 그곳에서 바늘을 하나 잃어버렸다. 다른 사람들이 다치지 않으려면 반드시 찾아야 한다. 어떻게 할까? 바늘은 자석에 붙는 성질이 있으므로 성능 좋고 커

다란 자석을 가지고 모래사장을 훑으면 된다. 만일 자석에 붙지 않는 금속이라면? 이때는 금속 탐지기를 가져오면 된다. 그렇다면 자석에도 붙지 않고 금속 탐지기에도 검출되지 않으며 모래 속에 숨겨져 있는 비닐이나 페트병, 깨진 유리들을 찾으려면? 요즘 지자체에는 관광객의 안전을 위해 모래 속의 이물질을 수거하는 특수 제작된 장비를 사용한다. 이 장비는 롤러에 갈고리가 박혀 있고, 이를 회전시켜 나아가면서 모래 속에 묻혀 있는 위험한 쓰레기들을 걸러낸다. 국내 유명한 해수욕장에 가면 이 특수 장비를 운용하는 모습을 볼 수 있다. 장비 운전자는 단지 이 기계에 올라타고 모래사장을 따라 몇 번 왕복만 하면, 그 넓은 면적의 모래사장을 깨끗하고 안전하게 제공할 수 있다.

리더 조직에 새로운 인재를 채용할 때도 마찬가지다. 조직과 리더가 원하는 인재를 찾기 위해서는 적합한 도구를 활용해야만 한다. 일반적으로 새로운 인재를 채용할 때는 해당 직무에 필요한 기술이나 스킬 역량을 먼저 본다. 이 역량은 지원자의 전공, 경력, 자격증 등으로 쉽게 판별이 가능하기 때문에 누구라도 이력서나 증빙자료로 쉽게 검증할 수 있다. 즉 물 위로 드러나 있는 빙산의 10%에 해당하는 역량이기 때문이다.

다음 단계로, 10%의 역량으로 1차 선별된 지원자 중에서 누가 우리 조직과 직무에 잘 맞을지를 찾아보자. 빙산의 나머지 90%를 확인하는 노력이 필요한 시점이다. 이때 필요한 도구가 바로 '인재분해:

3B'이다. 인재의 타고난 기질과 개인이 보유하고 있는 학습 능력, 그리고 자발적으로 일하게 만드는 동기를 확인해야만 한다.

리더가 인재 채용 단계에서 보이지 않는 역량을 파악하는 방법을 소개하자. 미국 샌디에이고주립대학교 경영학과 조직행동 분야의 교수이자 작가인 스티븐 로빈스는 다음과 같이 말했다.

"개인의 미래 행동에 대한 가장 좋은 예측치는 (유사한 상황에서의) 과거 행동이다. 따라서 면접을 진행할 때, 관리자들은 직무와 관련된 개인의 과거 행동에 초점을 맞춘 질문을 해야 한다."[92]

예를 들어 이 책에서 주장하는 '3B' 중 개인의 동기를 알아보고자 한다면 다음과 같이 물어볼 수 있다. "당신이 조직 생활에서 충족되길 기대하는 욕구는 어떤 것이며, 왜 그런 욕구가 중요한지 이전 직장이나 학교생활에서 있었던 사례를 통해 말씀해 주세요." 여기서 지원자의 답변에 한두 번 더 깊은 질문이 이어지면 그가 어떤 욕구와 동기를 가지고 리더 조직에 들어오려고 하는지 확인이 가능하다. 이런 방식으로 진행하는 면접을 '행동 중심 면접Behavior-based Interviewing'[93] 또는 '행동 사건 면접Behavioral Event Interview'[94]이라고 한다.

그럼에도 무엇보다 중요한 점은 채용하려는 포지션의 업무 성격을 먼저 잘 파악해야 한다. 단순히 R&D 부서라고 해서 모든 소속 구성원을 연구개발 성향인 3사분면의 인재들로 채용하고 배치해서는 안 된다. 이들의 특성은 사물이나 현상에 대해 깊은 탐구를 선호한다. 기술적으로 완벽한 제품을 출시하는 데만 집중한다. 이들은 각자 관점도 명확해서 고집도 있고 소신도 강하다. 반면에 전후 맥락이나 주위 환경을 보는 능력이 상대적으로 부족하다. 경영 관점에서 전체를 바라보는 시야(출시 일정·비용·고객 대응 등)가 좁다. 이런 성향의 구성원들만 모아 놓고 일정에 맞춰 개발하라고 하면 실패하기 쉽다. 이때 이들을 조직화하고 조율하며 결과를 만들 수 있는 관리 능력, 리더십 능력이 있는 4사분면의 인재를 배치하면 조직적 단점을 보완할 수 있다. 사실 3사분면의 인재들도 누군가가 리더십 있게 조직이나 과제를 주도해서 관리해주면 연구 개발에 집중할 수 있어 더 좋아한다.

즉 연구개발 부서라고 하더라도 필요로 하는 직무와 역할에 적합한 기질의 인재를 채용하고 배치하라는 것이다. 이 인재의 지식과 기술은 연구 개발자들과 대화가 가능한 수준이면 충분하다. 만약 다 같이 함께하는 조직문화를 만들고 싶다면 사람과의 관계를 선호하는 1사분면의 관계 중심 인재를 선발하는 방법도 좋은 선택이다. 또는 연구개발 전문 인력들을 위해 지원 중심의 업무를 해야 하는 직무라면 남을 돕는 일에 의미를 가지는 2사분면의 인재를 채용하면 된다. 그리고 이렇게 조직을 구성한 이유와 배경에 대해서 리더는 잘 알고 있어야 한다. 그래야 각자 조직 내 서로의 역할을 보완하는 존재로서 협업이 필요한 의미를 이해시키고 때로는 강조할 수 있다. 그들의 역할에 각각 전문성과 의미를 부여할 수 있기 때문이다.

이 책의 중요한 개념 중 하나는 직무 성격과 역할에 잘 맞는 기질을 가진 인재를 찾고 배치하라는 것이다. 모든 사람은 4가지 기질이 다양한 강도로 섞여 있다. 그렇지만 주 기질을 중심으로 구분 짓자면 4가지뿐이다. 아무리 다양한 디자인의 컵이 있다고 해도 이들의 용도는 컵이다. 다양한 밥그릇이 있어도 용도는 밥그릇이다. 다양한 크기의 접시도 결국 접시이고, 국그릇은 국그릇일 때 제대로 사용하는 것이다. 따라서 신규 채용 인재의 주 기질을 파악하는 데 더 많은 노력을 들여야 한다.

조직 내 직무도 단순하지는 않다. 인재 채용을 위해 '주요 업무Job Description'을 작성하다 보면 고민스러울 때가 많다. 조직 규모가 커서 해당 직무가 세분화, 전문화가 잘되어 있다면 주요 업무를 작성하기는 쉽다. 그러나 조직 규모가 작다면, 인재가 수행할 주 업무 외에 원활한 조직 운영을 위해 업무 경계가 불명확한 부 업무들도 수시로 발생하게 된다.

여기에 이 책의 또 다른 주요 개념 중 하나인 인재의 학습 능력이 필요하다. 직무 범위가 넓고 다양하다면 학습 능력이 더 뛰어난 인재를 채용하는 데 중점을 둬야 한다. 그래야 리더가 인재에게 업무 지시할 때 '3요'를 들을 일이 줄어든다. 인재도 충분히 조직의 상황을 이해하고 자신의 역할에 대해 잘 인식하고 있기 때문이다. 물론 인재와 직무의 적합성이 높고, 학습 능력이 뛰어나다면 리더는 더할 나위 없이 인재의 높은 직무 몰입을 기대할 수 있다.

직접 경험을 통해서도 깨달았지만, 개인의 기질과 맞지 않는 직무를 수행할 때는 많은 문제가 있었다. 직무에 몰입하는 시간과 질이 대폭 줄어들었다. 리더가 직무 몰입도가 낮은 상태의 구성원들로부터 얻을 수 있는 성과는 크지 않다. 업무에 차질이 발생하지 않으면 그나마 다행이다. 차질이 발생하든 그렇지 않든 리더는 더 이상 이 구성원을 신뢰할 수 없게 된다. 신뢰 상실은 인간관계에서 매우 심각한 문제다. 리더는 계속해서 일의 진도를 확인하며 압박을 준다. 그러면 이 구성원은 더욱 위축되어 버린다. 자신과 맞지 않는 업무라 재미도 없는데 상사로부터 질책까지 들으면 더욱 일하기가 싫다. 일도 싫고, 리더도 싫고, 조직도 싫다. 악순환이 계속 반복된다. 이때는 구성원이 과거에 습득한 학습 능력만으로 버티는 상황이다. 바로 직접 그런 시기를 겪었다. '조용한 사직'의 시기였다.

반대로 재미있게 일하면서 만족도가 높았던 시기는 자신의 기질과 직무 성격이 잘 들어맞았을 때였다. 리더의 응원까지 곁들여지면서 직무 몰입도는 최상이었다. 리더의 응원은 금전적인 보상보다는 긍정적인 코칭과 조언을 말한다. 이때는 주야 2교대로 일주일씩 일할 때조차도 스스로 그 결과물이 궁금했었고, 즐거움도 느낄 수 있었다. 물론 테스트 결과가 좋지 않을 때면 피로가 몇 배로 돌아오기도 했었다. 이때의 실패는 학습 능력을 키우는 기회로 받아들였다. 실패 경험도 인재의 실력 향상의 선순환으로 발전하는 것이다.

자신의 기질에 맞는 일을 할 때 시간은 빨리 가고 피로는 덜 느끼는 건 누구나 경험했을 것이다. 아마 그때 그 일이 자신의 기질과 잘 맞아떨어졌다고 생각할 수 있다. 사람들과 어울릴 때, 목표를 세우고 달성하려 노력할 때, 주위의 현상이나 원리를 알고자 애쓸 때, 또는 다른 사람들을 위해 도와줄 때 등 다양한 일들이 있을 수 있다. 이러한 시간과 경험을 스스로 잘 찾아보라. 직무 몰입도가 높을 때는 금전적인 보상은 중요하지 않다. 단지 즐겁게 일하고 개인이 성장한다는 느낌이 더 좋을 뿐이다. 금전적인 보상은 이후에 자연스럽게 따라올 뿐이다.

08

조직 내 숨은 인재 찾기

조직의 구성원이 각자 가장 원하는 팀에서 즐겁게 일할 때
가장 좋은 성과가 나온다.

— 제임스 다이슨(James Dyson)

피터 드러커가 한 컨퍼런스에서 고위 중역들을 상대로 강연하고 있을 때였다. 그가 회사에 '쓸모없는 목재'가 많은 사람은 손을 들어 보라고 하자 청중 상당수가 손을 들어 올렸다. 그러자 드러커가 말했다.

"그들은 당신이 면접에서 고용하기로 마음먹었을 때 이미 쓸모가 없는 목재였습니까? 아니면 회사에 들어오고 나서 쓸모없게 된 것입니까?"

재치 있고 핵심을 찌르며 다시금 생각하게 만드는 좋은 글이다. 조직과 리더가 보유한 역량을 최대로 가용해서 뛰어난 인재를 채용했는데 이후 쓸모가 없게 되었다? 여기에는 두 가지 문제점이 있을 수 있다. 하나는 필요한 직무에 적합한 인재를 채용하지 못했다. 여

기에 대해서는 7장에서 충분히 설명했으니 참조하길 바란다. 또 다른 하나는 인재 관리를 잘못했다. 리더가 인재의 역량을 알아보지 못하고 마구잡이로 운영한 탓이다. 리더가 제 역할을 못 했다. 그러니 성과를 내지 못하는 인재를 탓하지 말라. 오히려 인재를 더욱 위축시키고 업무 태도를 수동적으로 만드는 역효과를 가져온다. 이를 바로 잡을 책임과 권한은 리더에게 있다.

삼성글로벌리서치 피플 애널리틱스 연구팀은 최근 저술한 책에서 "최고의 인재는 우리 안에 있다"라고 강조했다. 모든 조직이 항상 외부의 훌륭한 인재를 찾고 있다. 인재 채용의 성과가 꼭 보장되는 것도 아닌데, 여기에 많은 시간과 노력을 투입하고 있다. 외부에 있는 인재는 정보도 부족하고 단시간에 평가하는 데도 한계가 있다. 반면에 조직 내에 있는 구성원들은 그렇지 않다. 이미 구성원에 관한 많은 데이터를 가지고 있다. 잦은 소통과 장기적인 육성도 가능하다. 게다가 현 조직 문화와 프로세스에도 익숙해서 적응에도 문제가 없다. 그렇기 때문에 조직과 리더는 지금 함께하고 있는 구성원들에 대해 충분히 이해하고 있는지를 먼저 돌아보라고 한다.[95]

그리고 와튼경영대학원 경영학 교수이자 인적자원센터 소장인 피터 카펠리는 「하버드 비즈니스 리뷰」에 기고한 글에서 내부 인재 발굴의 중요성에 대해 다음과 같이 소개한 적이 있다.

"내 동료인 와튼경영대학원 매슈 비드웰 교수는 외부에서 채용한 인재가 동일한 포지션에서 내부 선발자만큼 일을 해내려면 3년이

걸린다는 사실을 밝혀냈다. 반면, 내부 선발자가 외부 채용 인재만큼 연봉을 받으려면 7년이 걸렸다. 외부 채용이 대세가 되면 직원들은 이직할 자리를 알아보는 데 시간과 에너지를 소모하게 된다. 조직문화는 흐트러지고, 새로운 동료가 조직을 파악하고 적응하도록 도와야 하는 기존 직원은 부담이 가중한다."[96]

즉 외부 채용 인재는 내부 육성 인재만큼 성과를 내는 데 시간이 더 소요되고, 인건비는 더 많이 지출해야 한다. 그리고 조직의 에너지도 소진된다는 뜻이다.

여기에 리더들의 고민을 덜어주는 도구이자 무기인 '3B' 모델을 다시 가져오겠다. 리더는 이 '3B'를 기준으로 조직 구성원들을 분해하듯 관찰하고 대화하면 된다. 다양한 심리나 성격 분석 도구들을 활용해도 좋다. 자기 보고식 검사들의 허점도 감안해야 한다. 자신의 모습을 제대로 파악하지 못하거나, 조직과 리더가 원하는 모습, 또는 개인이 선호하는 모습을 선택할 수도 있다. 분석 결과에 대한 신뢰도는 적절히 비중을 조절하면 된다. 리더는 구성원들과 쉽게 대화를 트는 데 활용해도 좋다. 그리고 평소 구성원들의 직무 수행 태도와 맞춰 보며 원온원을 하면 구성원의 '3B'를 파악하는 데 도움이 된다.

리더들은 이미 잘 알고 있을 것이다. 리더의 위치에서 바라보면 일을 잘하는 구성원과 그렇지 못한 구성원은 쉽게 구분된다. 이들을 3B 기준으로 특징과 차이점을 파악해야 한다. 원온원의 시작은 일 잘하는 구성원부터 하길 바란다. 이들을 먼저 분석하다 보면 왜 그가 조직에서 필요로 하는 인재인지 기준과 눈높이가 생긴다. 직무 성향과 구성원의 기질이 어느 정도 매칭되어 있는가? 구성원이 가지고 있는 학습 능력은 어느 정도인가? 그리고 이 구성원은 과연 어떤 동기와 욕구를 가지고 일하고 있는지를 확인하라. 그다음 도출된 구성원들의 문제들을 하나씩 해결하면 된다.

일 잘하고 있는 구성원을 군이 파악해야 할까? 직무 환경, 학습 능력, 개인의 동기는 시간에 따라 변한다. 고정불변이 아니다. 비즈니스 세계에서 변하지 않는 건 없다. 당연히 리더 조직 내에서 인정받는 인재라고 하더라도 관심을 가져야 한다. 그도 현 직무에 계속 만족하고 전문성을 높이고 싶어 하지 않는지, 학습 능력의 성장으로 직무의 확장이나 새로운 직무를 희망하고 있지 않는지, 지금 어떤 욕구가 중요하고 무슨 동기로 일을 하는지를 알아야 한다. 여기서 드러난 문제나 숙제를 관리해야 한다. 인재가 직무몰입에 어떤 방해물들이 있는지 확인하고 꾸준히 제거해야 한다. 그렇지 않으면 인재는 조직과 리더를 떠난다.

일을 잘 못 한다고 생각되는 구성원은 더욱 깊이 확인하자. 본인의 기질과는 다른 직무 배치로 현 직무에 흥미를 잃은 상태인지, 부족한 학습 능력으로 힘들게 쫓아가는 데 급급하지 않은지, 현재 자신의 동기와 욕구가 어디를 향하고 어느 정도 충족되고 있는지 등을 파악하자. 그리고 개선하고 그 결과와 성과를 차분히 지켜보자.

중간 어디쯤 위치하는 구성원들도 있을 것이다. 이들은 조직이 나아가는데 중심 역할을 한다. 이들이 함께 같은 방향을 바라봐야 배가 나아간다. 일 잘하는 인재가 노 젓는 기준이 된다면 중간에 있는 구성원들은 노 젓는 일에 합을 맞춰 배의 속도를 가속하는 역할을 한다. 이들은 현 직무에 몰입까지는 하지 않지만 그렇다고 방해도 하지 않는다. 따라서 조직 문제로 잘 드러나지는 않는다. 이들이 조직 친화적인 성향이냐, 그렇지 않으냐에 따라서 조직의 분위기에 많은 영향을 준다.

조직은 소수의 스타 플레이어로 운영되지 않는다. 전 조직원이 한 방향으로 노를 저을 때 조직의 성과도 따라온다. 한두 명이 반대 방향으로 노를 젓거나 손을 뗀다고 배가 뒤로 가거나 멈추지는 않는다. 그러나 이들을 방치한다면 중간에 있는 구성원들도 결국 따라간다. 앞서 학습된 무기력증의 전파력이 무척 빠르다고 한 것처럼.

앞서 잠깐씩 언급했지만, 요즘 MZ세대를 대표하는 우스갯소리가 있다. '3요'이다. 리더가 이들에게 일을 지시하면 '이걸요? 제가요? 왜요?'라고 묻는 반응이 오기 때문이란다. 과거 직장 생활을 돌이켜 보면 MZ가 아님에도 스스로 이런 반응을 보였던 순간들이 있었다. 단지 리더 앞이라 속으로만 생각하고 동료들과 뒷담화로만 불만을 표현했다. '3요'는 MZ세대의 문제가 아니다. '3요'는 조직 내에서 개인의 생각을 표현하는 데 주저함이 없는 MZ세대에게서 자주 듣게 되는 현상일 뿐이다. 이전 세대들도 외치고 있었다, 단지 나처럼 속으로만. 들리지 않는다고 문제가 없는 건 아니다. 겉으로든, 속으로든 왜 이런 반응이 나올까? 리더 입장에서는 이해하기 쉽지 않다. 구성원으로서 마땅히 해야 할 일을 왜 하지 않으려는지 궁금하지 않겠는가? 아마도 리더 조직과 구성원들에게 과도하게 일이 몰려서 그럴 수도 있다. 또는 경계가 모호한 일을 타 부서로 떠넘기지도 못하고 자꾸만 받아 오는 리더에 대한 불만일 수도 있다. 비슷한 이유로 조직 내 구성원 간 업무 분장이 모호해서 그럴 수도 있다. 어찌 됐든 '3B'가 잘 관리되고 있는 인재라면? 그는 이러한 조직과 리더가 처한 상황을 이해하고 어떻게 해결할 것인지에 초점을 둔다. 일이 많다면 일의 우선순위와 마감일을 조정하는 식의 방법도 동원한다. 결국 일이 되게 한다. 그렇지 않은 인재들은 '3요'가 먼저 튀어나오게 된다. 리더는 '3요'가 듣기 싫다고 이 구성원을 리더만의 절대 무기인 인사고과로서 응징할 것이 아니라, 먼저 어떤 문제가 숨겨져 있는지부터 찾고 해결하려는 노력이 우선 되어야 한다.

두 번째 회사에 경력 입사한 지 얼마 되지 않았을 때였다. 앞서 개인적인 사례로도 들었지만, 신제품 연구개발은 나의 기질과 동기가 잘 들어맞았던 직무였다. 당시 기준으로 세계 최대 크기의 제품을 개발하라는 업무를 맡게 되었다. 제품에 대한 설계부터 전용 생산 장비 셋업까지 새로 합류한 동료들과 함께 시작해야만 하는 상황이었다. 힘든 일이라는 생각에 스스로 의문도 들었고 두려움도 많았다. 그럼에도 일단 받아들였다. 호기심도 있었고, 성과에 대해 인정도 받고 싶었기 때문이었다. 그 와중에 부족한 나의 학습 능력으로 인해 가끔 사고도 쳤다. 동료들도 함께 고생할지언정, 왜 내가 이런 일을 해야 하는지에 대한 고민은 없었다. 이 일은 조직의 중요한 미션이었고, 또 함께 우리만의 성과로 만들자는 각오로 기꺼이 받아들였다. 그 과정에서 새로운 지식과 경험을 쌓는 일도 무척 재미있었다. 성장의 즐거움을 느낄 수 있었기 때문이었다.

반면 주어진 일이 나와 맞지 않고 재미도 느끼지 못할 때는 부담이 크지도 않은 일조차 받아들이기 쉽지 않았다. 마음으로는 거부하는데 업무량이 늘어나는 게 좋을 사람은 없다. 그나마 MZ세대와 차이가 있다면 앞서 말했듯이 직접적인 반응이 아니라 속으로 생각하거나 빙빙 돌려서 표현했다. 그래도 받아들여지지 않을 때는 '내가 아니면 내 옆의 동료가 하게 되니까 주위 동료에게 민폐 끼치지 말자'라고 자포자기하는 심정으로 수용했다. 일의 시작부터 이처럼 마음이 흐트러졌는데 그 결과물의 품질은 어떠할지 뻔했다.

인재가 본인에게 잘 맞는 직무를 수행하고 있다면 적은 에너지를 소비하면서도 높은 성과와 결과물들이 나온다. 또 이를 통해 인재 스스로 성장의 즐거움을 얻을 수 있어 새로운 일을 추가로 받아들이는 데 거부감이 작다. 또 새로운 배움의 기회로 생각하고 성과를 낸다면 이는 곧 본인의 성장과 바로 직결될 수 있다. 소위 일 잘하는 인재에게는 일로써 보상이 간다는 말이 있다. 리더 입장에서도 적은 에너지를 쓰면서도 일을 맡길 수 있다. 여기서 적은 에너지란 구성원을 이해시키고 설득하고 또 중간중간 제대로 진행되고 있는지를 점검해야 하는 모든 노력을 말한다.

현재 본인의 직무에 만족하지 못하고 이직 등의 다른 생각을 하는 구성원이 있는가? 그는 많은 에너지를 소진해야만 비로소 리더나 동료의 눈높이에 맞는 결과물을 만드는 그런 힘든 상황에 있다. 여기에 새로운 일이 추가된다면 당연히 반발한다. 그의 직무 스트레스는 더욱 심해진다. 그는 여기서 굳이 일을 더 맡지 않아도 당장 신변에 영향을 주지 않기 때문에 가능한 한 거부한다. 그렇지 않아도 리더 자신도 힘든데, 그를 이해시키고 제대로 하는지 점검하는 일은 더 힘들다. 결국 믿고 맡길 만한 구성원에게 일을 넘긴다. 그것이 또 리더 입장에서 에너지 소모를 줄이는 방법이기 때문이다. 일 잘하는 인재는 미래 보상과는 별개로 지금 당장 주어진 일을 쳐내는 것조차 힘들다. 똑같은 일들이 벌어질 갑갑한 미래가 그려지기 때문에 현 상황이 싫어진다. 일의 재미를 잃고 만다. 리더도 조직도 인재를 잃는 큰 손실이 발생한다. 조직 전체적으로도 부담이다. 조직의 긴장도가 올라가고 작은 충격에도 폭발할 수 있다.

리더도 이런 상황이 싫다. 그러나 리더는 피할 수도 없다. 불안정한 상황이 표면화되어 터지는 일은 시간문제다. 리더와 구성원 서로가 피해 보고 상처 입는다. 갈등을 잘 관리하려면 갈등의 원천을 찾아야 한다. 그 시작이 각 구성원의 '3B'를 먼저 확인해 보는 것이다. '3B' 기준으로 직무와 인재가 잘 매칭이 되어 있는지를 파악하자. 직무 성과는 인재의 몸에 잘 맞는 옷을 입은 상태에서 수행한 결과와 불편한 옷을 입고 하는 결과 차이는 명백하다. 그리고 동일한 일을 경험하더라도 이를 발전적으로 체득하는 역량과 그냥 흘려보내는 역량의 차이도 크다. 개인의 역량이 조직의 역량이다. 그래서 인재를 잘 파악하는 능력도 리더의 중요한 역량 중 하나다.

물론 이 글처럼 단시간에 쉽게 진행될 일은 아니다. 리더는 조직 관리의 궁극적인 목표로서 구성원의 높은 직무 몰입이 조직 성과를 높인다는 점을 잊어서는 안 된다. 지금부터 시작한다면 적어도 현 상태보다는 직무 몰입도가 더 올라갈 것 아닌가? 다만 지금 모습으로도 조직이 어느 정도 운영되고 있으니 조급해하지는 말자. 그렇다고 이대로 머물러서는 안 된다. 리더는 조직을 성장시켜야 한다. 구성원들의 3B를 항상 떠올리자. 앞으로도 계속 성장하는 조직과 구성원들을 상상하며 추진하자. 이것이 조직 내 숨은 인재를 발굴하고 육성하는 동력이다.

09

3B 모델로 인재 밀도 높이기

내 시간의 75%를 핵심 인재를 찾고, 채용하고,
배치하고, 보상하고, 내보내는 데 썼다.

— 잭 웰치(Jack Welch)

리더는 조직 구성원들의 직무 몰입도를 올리고 조직 성과를 개선하길 원한다. 조직 성과 개선 방법은 많은 사람이 고민했던 만큼 다양하다. 리더들은 이미 알고 있거나 들었던 방법들도 많이 있을 수 있다. 여기서는 '인재분해: 3B'를 통해 신규 채용과 기존 구성원들을 관리하라고 말한다. '3B' 모델은 사람이 자연스럽고 편안해하는 생각과 행동을 중시하며 접근 방법을 만들었다. 상대가 원하는 모습으로 강제로 행동하길 바라고 요구하는 방법으로는 오래갈 수 없다.

구성원들의 직무 몰입이 지속되길 바라는 리더에게 이들의 '3B'를 관리하는 방법으로 다음을 제안한다. 구성원들을 바라볼 때 그들 각각의 머리 위에 고유한 그릇이 떠 있고, 여기에 각자 다양한 크기의 공이 놓여 있으며, 이들 모두는 각자의 동기로 공을 굴리고 있는

[그림 17] 성과 기준 인재 분포

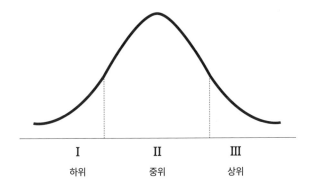

<table>
<tr><td>Ⅰ</td><td>Ⅱ</td><td>Ⅲ</td></tr>
<tr><td>하위</td><td>중위</td><td>상위</td></tr>
</table>

모습을 상상하면 된다. 마치 증강현실 기술이 적용된 안경을 쓰고 있는 것처럼 말이다.

이처럼 현업에 바쁜 리더들이 이와 같은 노력을 기울여야만 하는 이유는 뭘까? 바로 조직 내 '인재 밀도'[97]를 높이는 데 있다. 인재 밀도는 한 조직 내에 있는 뛰어난 인재들의 비율을 말한다. 당연히 인재 밀도가 높다는 말은 전체 구성원 중 조직이 필요로 하는 인재들이 많다는 의미이다. 인재들의 생산성이 일반 구성원들보다 직무별로 4~12배까지 차이가 난다는 자료를 다시 떠올려 보길 바란다.

흔히 조직 내 인재들을 성과 기준으로 놓고 본다면 [그림 17]과 같은 정규분포가 일반적이다. 이 정규분포를 가지고 열심히 관리했던 때가 있었다. 1980년대 GE의 잭 웰치가 승승장구하던 시기이다. 소위 'GE 활력 곡선Vitality Curve'이란 것이다. 잭 웰치는 이를 가장 적극적으로 활용한 경영자였다. 조직 구성원들의 성과를 정규분포로 나누고 상위 20%는 승진이나 성과급으로 보상했다. 중위 70%에 대해서는 임금 동결을 했으며, 하위 10%는 해고했다.

매년 이렇게 운영했다고 하니 구성원들의 업무 긴장도는 무척 높았을 것이라고 생각된다. 여기에 따라오는 조직 구성원들의 자연스러운 반응으로 조직 성과를 우선하기보다 자신부터 살고 보자는 식으로, 폐쇄적으로 직무를 수행하게 되었다. 부서별 사일로Silo 현상뿐만 아니라, 구성원 개개인들도 정보 공유나 협업을 주저하게 했다. 이 방식은 새로운 평가 방법이 나오기 시작하는 2010년대 초반까지 이어졌다.

2012년에 산업조직심리학 학술지 「퍼스널사이콜로지」에 '롱 테일 곡선Long Tail Curve'98라는 개념이 소개되었다. 우선 [그림 18]을 보자. 이것은 조직 내 10~20%에 해당하는 인재가 일반적인 인재에 비해 4배의 성과를 낸다는 의미이다. 나머지 일반 구성원들 간에는 성과에 큰 차이점이 없었다고 한다. 이후 마이크로소프트Microsoft나 어도비Adobe 같은 업체들이 선도해서 기존 평가 방식을 폐지하고 새로운 평가 방법을 도입했다. 특히 폐쇄적인 직무 수행을 막고 협업을 유도하기 위해 다면평가 방식을 채택했다. 이런 추세는 현재도 계속 유효하게 적용되고 있다.

그러나 여기 롱 테일 곡선은 현상적으로는 맞을 수 있겠지만 두 가지 의미를 생각해야만 한다. 하나는 자연적인 상태에서는 모든 현

[그림 18] 롱 테일 곡선

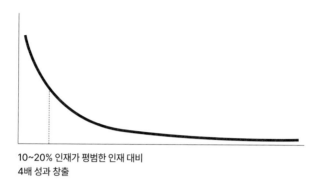

10~20% 인재가 평범한 인재 대비
4배 성과 창출

상이 정규분포를 가질 수밖에 없다. 롱 테일 곡선은 여기 조직에 소속된 구성원들은 인위적으로 선별된 사람들이기 때문에, 정규분포의 하위 절반이 이미 제거된 상태라고 볼 수 있다. 즉 채용 단계에서 저성과가 예상되는 사람은 탈락하여 조직에 들어갈 수 없다. 그래서 이러한 곡선으로 나타난다고 볼 수 있다.

또 하나는 구성원들의 성과가 롱 테일 곡선 형태를 띤다고 해도 아직도 조직과 리더는 이렇게 관리하지 않는 게 현실이다. 인사 평가를 '상, 중, 하'든, 'A, B, C, D'든 결국 단계를 나눈다. 신규 직원을 채용할 때 지원자 중 정규분포의 상위 절반을 선발해도 결국 조직 내에서는 고성과자와 저성과자로 구분해서 바라보게 된다. 이러한 이분법적인 사고는 모든 인간이 어느 정도 가지고 있는 자연스러운 현상이다. 오래전부터 인류가 생존을 위해 현상을 단순화하고 빠르게 판단할 필요가 있었기 때문이다. 따라서 조직과 리더는 구성원들에 대해 좋은 목적이든 나쁜 목적이든 평가하고 구분 짓게 된다. 그러다 보면 결국 정규분포로 만들어 버린다.

이제 인재의 '기질'과 '학습 능력' 그리고 '동기'를 우선해서 바라보는 관점으로 이 두 가지 인재의 성과 분포 그래프를 해석해 보자. 전통적인 인재의 정규분포 형태를 먼저 보자. 3B의 관점으로 해석하자면, 성과 상위 20%는 인재의 기질에 잘 맞는 직무에 배치되어 있다. 이들은 뛰어난 학습 능력으로 조직의 목표와 방향에 대해 잘 이해하고, 주어진 직무에 대한 성과와 성장을 즐긴다. 이들이 가지고 있는 욕구는 조직 내에서 원활하게 충족이 되고 있다. 자연스럽게 직무에 대한 몰입이 잘되고 있다. 스스로 과거를 떠올려 보면, 연구개발 직무에서 적절한 책임과 권한을 가지고 있을 때라고 볼 수 있다.

중위 70%는 혼재된 상태다. 개인별로 직무 적응 능력에 따라서 업무를 수행하고 있다. 구성원 본인의 학습 능력은 크지 않지만 그나마 직무가 기질에 맞거나, 반대로 기질에 맞지 않는 직무라도 적당한 학습 능력으로 일하고 있다. 또는 직무가 본인 기질에도 맞지 않고 학습 능력도 작아서 힘들게 일하고 있지만, 대외 이미지나 고정적인 급여를 보며 꾹 참으며 따라가고 있을 수도 있다.

그렇지만 이런 사례들 모두는 조직이 기대하는 역량에는 미흡하더라도 일단 업무 수행은 하고 있다. 이로 인해 리더에게 문제로 인식되지는 않는다. 그러나 과연 이 상태는 문제가 없을까? 당연히 그렇지 않다. 이들은 해당 직무에서 적당한 성과만 내고 있을 뿐이다. 그들은 직무에 몰입한 상태가 아니므로 충분히 개선의 여지가 있다. '3B'를 파악하고 관리하면 성과를 더 낼 수 있는 위치의 구성원들이다.

다음으로 하위 10%의 인재를 보자. 이들은 리더가 보기에도 쉽게 인지할 수 있다. 그리고 빨리 조치하지 않으면 '학습된 무기력증'으로 주위 동료와 조직에까지 피해를 주게 된다. 이들은 현 상황에 대해 불만을 가지고 있는 구성원들이다. 그 불만은 다양하다. 기질에 맞지 않는 직무에 배치되어 일의 의욕이 없었을 수 있다. 또는 정말 학습 능력이 떨어져 주어진 일을 제대로 해내지 못할 수도 있다. 아니면 현 직무를 수행하는 데 전혀 동기 유발이 되지 않는 상태일 수도 있다. 어찌 됐든 이들은 조직이 기대하는 성과에는 미흡하다.

이들에게 어떤 문제들이 있는지는 확인하지도 않고 단순히 인사 조처만으로 해결하는 시도는 새로운 문제를 만든다. 문제에 대한 정확한 대책이 아니라 해고라도 한다면 잠재력 있는 인재를 놓칠 수도 있고, 남아 있는 구성원들에게도 심리적 충격을 유발할 수도 있다. 조직에 대해 실망하게 되고, 열심히 일할 의욕도 사라진다. 내 살길은 내가 찾는다는 식의 마음을 가지게 만든다. 구성원들의 직무 몰입도는 급격히 떨어진다.

인재 정규분포에서 '3B' 모델 운영의 최우선 순위는 하위 10%에 있는 저성과 구성원들이다. 이들에 대해 정확한 원인을 찾고 대책을 수립하는 것이 우선이다. 조직 전체에 적용하는 일괄적인 대책이 아니라 일대일의 개인적 접근으로 해결해야 한다.

예를 들어, 일에 대한 의지가 있으나 본인의 성향에 맞지 않는 구성원은 직무를 조정해 준다. 학습 능력이 작아서 새로운 일을 맡는 데 어려움을 가지고 있다면 창의성을 요구하는 업무보다는 단순 관리 직무로 변경하는 것도 방법이다. 조직 과제를 주체적으로 수행하고 인정받고 싶은 욕구는 크지만, 현재 수동적으로 리더 지시만 처리하고 있다면 적합한 과제의 처음과 끝을 맡겨볼 수도 있다. 개인 문제로 성과를 내지 못하고 있는 구성원은 조직적으로 도움을 준다든지, 그 문제가 개인적으로 해결될 때까지 배려하면 된다.

그러나 원인도 없이 일의 성과가 없거나 현 상황을 함께 해결하려는 의지도 없는 구성원은 함께 가지 않아도 된다. 나쁜 영향을 받고 있던 주위 동료들은 오히려 잘했다는 반응을 보일 수 있다. 조직과 리더가 그대로 방치하고 있는 상황을 옆에서 지켜보기도 힘들기 때문이다. 이는 채용 자체가 잘못되었다. 이때는 조직의 채용 절차와 방법을 개선하는 대책이 필요하다. 다음으로 중위에 분포하고 있는 구성원들로 대상을 확대하면 된다. 상위 20%의 구성원들은 하위 및 중위 구성원들의 운영 기준을 잡기 위해 3B 분석을 먼저 완료해 두는 것은 잊지 말자.

[그림 18]의 롱 테일 곡선에서도 마찬가지다. 타 구성원 대비 4배

의 성과를 내는 10~20%의 인재들은 본인의 기질, 학습 능력, 동기가 직무에 잘 들어맞고 있다. 인재의 머리 위에 있는 그릇 속에서 큰 공이 신나게 잘 돌고 있다. 그외 능력의 차이가 없다고 하는 나머지 80~90%의 구성원들은 기질과 학습 능력, 동기가 제대로 발휘되지 않는 환경에 있다고 이해해야 한다. 무엇이 이들로 하여금 자발적으로 움직이게 할 수 있는지를 찾아야만 한다.

여기서 리더의 역할이 중요하다. 당연히 구성원들의 직무 몰입도를 높이려면 리더 또한 많은 에너지를 쏟아야만 한다. 방법은 계속해서 강조했듯이 '3B' 모델 기준으로 구성원들을 꾸준히 관찰하고 원온원하며, 조정해 줘야만 한다. 그렇게 해서 인재 밀도를 높이는 데 목적을 둬야만 한다. 그러나 쉽게 대응하려고 해서는 안 된다.

잭 웰치처럼 매년 하위 10%를 잘라낸다? 그렇게 해도 그다음 해에는 또 하위 10%가 나오기 마련이다. 이런 규정을 없앨 때까지 계속 반복된다. 또는 전 구성원들의 사기를 북돋우려고 보너스를 준다든지 복리후생을 강화하는 제도나 정책을 도입하는 조처를 한다? 이런 대책은 분포를 통째로 수평으로 이동시키는 역할만 한다. 정규 분포 그래프는 그대로이고, 하위에 있는 구성원들도 여전히 그 자리이다. 이들 모두는 리더가 적은 에너지로 쉽게 대응하려는 욕심이다. 이런 리더는 접근을 잘못했다. 인재를 관리하는 방법은 리더의 에너지를 쏟아야만 가능하다. 잭 웰치가 저성과 인재를 해고하는 방식은 원인과 대책 관점에서 보면 문제가 있었지만, 그가 인재를 관리하는 데만 직무의 75%를 썼다는 점은 인정해 줘야 한다.

　리더가 조직 관리에 사용하는 에너지를 줄이기 위해 전 구성원 대상으로 일괄 도입하는 제도나 정책은 일 잘하는 인재조차도 일의 재미를 잃게 만드는 부작용도 발생한다. 인재는 성과에 대한 차별화된 인정이 필요하다. 그런데 그런 인정이 다른 구성원들과 똑같은 대우로 돌아온다면 무슨 재미를 느낄 수 있겠는가? 리더는 구성원들 개개인별로 접근해야 한다.

　에너지가 많은 리더라면 성과 하위 구성원들뿐만 아니라 중위에 있는 구성원들도 관심을 가지고 개선하면 된다. 리더가 에너지가 적거나, 다른 업무로 여유가 없다면 적어도 성과 하위자들을 우선하여 소통과 조정을 해야 한다. 개별적인 대책으로 저성과자의 문제를 해결하는 데 도움을 주면 된다. 만일 저성과자들과 면담하는 과정에서 공통적인 문제를 발견하게 된다면 이때 비로소 조직적인 해결책을 찾으면 된다. 예를 들어 특정한 제도나 정책이 구성원들의 직무 몰입을 떨어뜨린다면 즉시 제거해야 한다. 구성원들과 리더 사이의 중간 관리자가 관리 능력이 떨어지는 것이 문제가 된다면 이 중간 관리자를 개선할 수도 있다.

　세계적인 경영 전략가이자 베스트셀러 작가 게리 해멀은 인간의 열정과 창의성, 추진력의 가치를 강조하면서 다음과 같이 말했다.

　"당신이 창조경제의 시대에서 경제적 우위를 차지하고자 한다면 단순히 순종적이고 세심하며 눈치가 빠른 근로자보다는 상위 능력을 가진 근로자가 필요하다는 것이다. 일에 흥미를 갖고 열정적인 사람들 말이다. 따라서 우리는 조직의 더없는 기쁨을 성취하는 데 방해가 되는 장애물이 무엇인지 스스로 물어봐야 한다."[99]

그리고 펜실베이니아대학 와튼 경영대학원 교수 피터 카펠리와 같은 소속 연구원인 리앗 엘더는「하버드 비즈니스 리뷰」에 직원들의 업무 몰입도를 측정하는 방법에 대해 기고한 글에서 다음과 같이 강조하기도 했다.

"직원들에게 '당신의 업무와 상사의 직원 관리 방식에서 무엇을 바꾸고 싶습니까?'라는 개방형 질문을 던지고, 상사와 함께 업무 효율에 방해가 되는 요소에 대한 의미 있는 대화를 나누는 것이다."[100]

이들이 주장하는 내용 모두는 구성원들의 직무 몰입도를 올리기 위해서는 이를 방해하는 장애물과 요소를 제거해야만 하고, 그 수단으로 구성원과 열린 대화를 강조하고 있다.

리더는 평소 조직 관리 목표로 고성과 인재들이 많이 분포하도록 만드는 일에 관심을 가지고 집중해야 한다. 자연적으로는 모든 현상이 정규분포를 띤다. 그러나 정규분포가 왜곡된 형태로 나타날 때가 있다. 이런 현상은 정규분포에 인위적인 힘이 반영되었을 때 나타난다. 왜곡된 분포가 틀렸다는 것이 아니고, 외부의 힘으로 충분히 그러한 분포를 만들 수 있다는 점이 중요하다. 리더라면 조직의 성과를 극대화하기 위해 이러한 힘을 가할 수 있는 사람이다. 저성과자를 최소화하고 고성과자를 최대화하려는 노력을 기울여야만 한다.

[그림 19] 조직 내 인재 밀도 높이기

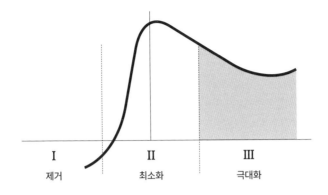

그리고 [그림 19]와 같은 분포를 만들어야 한다. 즉 리더는 I 영역은 제거하고, II 영역은 최소화하며, III 영역은 극대화해야만 한다. 이것이 리더 조직의 인재 밀도를 높이는 길이다.

처음부터 전 조직 구성원을 III 영역으로 만들겠다고 무리한 목표를 세울 필요는 없다. 매슬로는 자아 실현자가 전체 인구 중 8%만 존재해도 세계는 자아실현을 하는 사회가 될 것이라고 말했다.[101] 주위에 자아실현을 하는 사람이 있으면 훌륭한 본보기로서 변화의 동력이 된다는 뜻이다. 리더 조직 내의 구성원들에 대해 시간을 가지고 차근차근 인재분해 하자. 이러한 분포를 만드는 최선의 방법이 구성원들의 '3B', 즉 '기질, 학습 능력, 동기'를 파악하고 여기에 맞는 직무를 배치하고 관리하면 된다.

세계 최고의 경영 컨설턴트 램 차란·도미닉 바튼·데니스 캐리가 공저한 『인재로 승리하라』에서는 인재 배치의 중요성을 잘 설명하고 있다.

"인재 배치는 투자처 결정만큼이나 중요하다. 회사의 재무 상황에 기울이는 것과 같은 수준의 관심을 인재 현황에 기울여라. 당신의 회사 구성원들은 각자의 잠재력을 최고로 발휘할 수 있는 업무와 직급에 배정되어 있어야 한다."[102]

더불어 이러한 리더의 노력이 헛되이 되지 않기 위해 구성원들의 직무 몰입을 방해하는 것들은 꾸준히 제거해서 최소화해야 한다. 이것이 조직을 책임지는 리더가 해야 할 1순위의 일이다.

10
3B 모델 운영의 전제 조건: 심리적 안전감

좋은 리더는 그들을 안전하다고 느끼게 만든다.
그러면 그들은 신뢰와 협업으로 나타난다.

— 사이먼 사이넥(Simon Sinek)

사례 1

어느 날 리더가 새로운 아이디어가 필요해서 구성원들을 일시에 소집한다. 리더는 조직에 떨어진 시급한 과제에 대한 고민을 꺼내면서 이 문제를 돌파할 구성원들의 참신한 아이디어가 필요하니 주저하지 말고 여러분의 생각을 말해 달라고 한다. 일부 선임들은 그래도 의견을 내지만 대부분은 동조만 할 뿐, 고민하지도 않고 아이디어도 없어 보인다. 결국 리더는 역시 너희가 무슨 아이디어가 있겠냐면서 평소 말이 잘 통하는 한두 명만 데리고 일한다.

사례 2

인사 평가의 시기가 왔다. 그래도 이 리더는 구성원들에 대한 애착이 있어서 원온원에 열심히 시간을 할애했다. 면담할 때는 리더가 생각하는 잘한 점과 개선할 점을 열심히 침 튀기면서 말한다. 그리고 더 잘하라고 격려의 의미로 어깨도 두드리고 악수도 한다. 마지막으로 하고 싶은 말은 없냐고 물어보지만, 이 구성원은 빨리 일어나기 위해 더 이상 할 말은 없다고 말하고 나가 버린다. 그러고는 다음 면담 대상자에게 찾아가서 지금 리더에게 가라고 알려주고 차 한잔하러 밖으로 나간다.

두 가지 사례는 리더들이 흔히 겪는 경험이다. 그리고 다년간 실제로 경험했던 일들이다. 여기에는 어떤 문제가 공통으로 있는가? 바로 리더와 구성원 간의 대화는 없고 일방적인 상황이 문제다. 이런 일들은 특별하지도 않다. 우리 주변에서 흔히 볼 수 있다. 왜 그럴까? 여러 이유가 있을 수도 있지만 가장 중요한 건 구성원들의 의견이 평소에 리더에게 반영되지 않고 있었을 탓이 크다. 이런 일들은 이미 오래전부터 누적되어 온 결과다.

리더와 구성원들이 함께 모였던 초기에는 다양한 의견과 생각들이 오고 갔다. 그러나 점점 리더는 시간에 쫓기게 되고, 구성원들의 생각을 반영하기에는 정보량도 적고 깊은 고민의 흔적도 없어 이들로부터 나오는 아이디어가 만족스럽지 않다. 결국 이런 회의는 리더의 시간만 아깝게 낭비하는 느낌이 든다. 리더는 아이디어의 질적인 차이가 없다면 차선책으로 업무 추진 속도를 선택한다. 리더와 일부 구성원만 참여해서 아이디어를 내고 과제를 정리한다. 그리고 참여하지 못한 구성원들에게는 자료를 공유하고 마무리한다. 이러한 일들이 오랫동안 쌓이면서 리더와 구성원 간에는 건설적인 대화가 사라져 버렸다.

효과없는 원온원도 마찬가지다. 평소 구성원들이 의견을 말해도 리더가 일방적이고 수용하지 않는 일들을 경험하고 누적되다 보니 원온원에서도 계속 이어진 결과다. 구성원들은 속으로 이 리더는 우리가 아무리 말해도 듣지 않는다고 생각하고 마음을 이미 닫은 상태다. 리더는 바쁜 시간을 쪼개서 일대일로 대화하는데 구성원들의 짧고 얕은 답변들로 인해 이내 실망한다. 그러고는 내가 힘들게 시간 내서 이럴 필요가 있는지 또 의구심이 든다. 다음부터는 형식적으로 하든지, 그렇지 않으면 인사 관리 시스템에 평가 내용을 알아서 입력하고 끝내 버린다. 서로가 불만이 쌓일 수밖에 없다.

이처럼 리더와 구성원들 간의 관계는 곧 구성원들 사이에서도 문제가 된다. 현재 조직과 직무에서 열심히 일하는 구성원과 소극적이고 폐쇄적인 구성원 사이에 불만들이 쌓인다. 열심히 일하길 원하는 구성원은 상대방에게 조용히 잘 따라오거나 자신에게 맞춰 달라고 한다. 반대로 소극적인 구성원은 상대방에게 제발 나서서 일 좀 만들지 말라고 한다. 그냥 가만히 있으라고 말이다. 이내 서로에게 비난과 불만이 쌓인다. 이런 조직 분위기에서는 구성원들의 직무 몰입은 떨어지고, 조직 성과는 평범하거나 과거를 반복하는 결과물만 만들어 낼 뿐이다.

인재와 조직 관리에 관한 글들을 읽다 보면 좋은 내용들을 많이 볼 수 있다. 도대체 언제 이 많은 방법을 모두 시도해 보고, 언제 조직에 뿌리내리도록 해야 할지 부담이 들 정도이다. 우선 조직문화와 인재 관리를 위해서 어떠한 단어들이 소개되고 있는지 나열해 보자. 소통, 수평적 문화, 주인 의식, 다양성, 혁신, 열린 마음, 협업, 팀 우선, 신뢰, 자율, 솔직함, 직원 몰입, 창의력, 권한위임 등 나열만 하기에도 벅찰 정도다. 모두가 좋은 단어들이고, 좋은 의도이다. 물론 이 책에서도 구성원들의 '3B'를 파악하라는 주문이 있다. 이들이 조직 안에 제대로 녹아든다면 더할 나위 없이 높은 성과를 기대할 수 있다. 그리고 어떤 리더들은 이미 일부를 조직에 잘 적용하고 성과를 내고 있을 수도 있다.

그러나 가장 중요한 용어를 하나 소개하겠다. 바로 '심리적 안전감Psychological Safety'이다. '심리적 안전감'이란 용어는 조직 심리학의 대가인 에드거 샤인이 리더십 학자 워런 베니스와 함께 1965년에 처음 제시한 개념이다.[103] 이는 구성원들이 조직에서 업무와 관련한 어떠한 의견을 제시하거나 실수해도 무시, 질책, 해고 등의 불이익을 받지 않을 거라는 믿음을 말한다.

『두려움 없는 조직』의 저자 에이미 에드먼슨은 이렇게 말했다.

"넓은 의미에서 심리적 안정감[104]은 '조직 구성원이 자유롭게 의사소통할 수 있는 분위기'를 뜻한다. 좀 더 구체적으로는 당황스러운 상황에 직면하거나 응징당할지도 모른다는 두려움에서 벗어나 자신의 실수와 우려를 기꺼이 이야기할 수 있는 분위기다. 지식 기반 사회에서 이는 조직의 성과를 극대화하는 아주 사소하지만 확실한 요인이다. 따라서 리더라면 반드시 학습과 혁신을 통해 조직이 성장할 수 있는 심리적 안정감을 만드는 일에 매진해야 한다."[105]

이 글에서도 알 수 있듯이 조직 성과를 올리기 위해서는 심리적 안전감이 필수다. 게다가 저자는 여기서 "심리적 안정도와 직원 몰입도는 비례한다"[106]라고도 주장했다. 우리가 직장에서 업무와 관련해서 했던 말과 행동이 자신에게 부정적인 반응으로 돌아온다면 어떨까? 당연히 업무에 집중하는 것이 아니라 매 순간 리더와 동료의 눈치를 보게 되고, 질책을 듣지 않으려다 보니 업무 태도는 저절로 위축되고 만다. 이런 상황에서는 누구도 자신의 직무에 몰입할 수 없다. 직무 몰입이 되지 않으면 조직 성과도 좋을 리가 없다.

심리적 안전감이 없는 조직에서는 다양한 의견과 창의적인 아이디어를 반영하기도 어렵다. 리더의 과거 경험에 의존한 편향된 의사 결정이 비일비재해진다. 결국 이 조직은 잘하면 현 상태를 유지하겠지만 그렇지 않다면 오히려 조직 성과는 뒤처질 수밖에 없다. 조직 구성원들의 심리적 안전감이 가장 밑바탕에 있어야 한다. 그렇게 되어야 앞서 조직문화와 인재 관리를 위해 언급했던 온갖 좋은 의도들이 제대로 작동한다.

회의나 업무에서 자신의 의견을 내면 질책당하고 욕먹는 분위기에서 어느 누가 입을 열 수 있을까? 서로가 솔직해지기는 불가능해지고, 소통은 없이 지시만 일방적으로 내려온다. 수평적 문화는 없고, 주인의식은 이미 사라졌다. 구성원들의 직무 몰입이나 신뢰는 벌써 깨졌다. 자율과 창의는 의미가 없다. 이런 리더와 조직에서 권한위임이니, 다양성 추구 등의 시도는 무의미하다. 혁신은 책에서나 볼 수 있는 단어로 현 조직과는 아무런 관계가 없다. 계속해서 리더 지시를 받기만 하는 구성원들은 일하는 재미가 사라진 지 오래다. 그 결과로 구성들은 생각을 접고 입을 닫아 버린다. 리더는 더욱 답답할 뿐이다. 이 모든 것의 출발점은 리더가 구성원들의 '심리적 안전감'을 느낄 수 없게 만들어 버린 탓이다.

2012년부터 몇 년간 구글에서 '아리스토텔레스 프로젝트'를 진행한 적이 있다. 구글에는 세계 최고의 인재들이 모여 있음에도 왜 어떤 팀은 다른 팀보다 유독 월등한 성과를 내고 있는지 의문을 품고 이를 분석했던 프로젝트였다. 분야별 전문가들이 모여 구글 내 180여 개 이상의 조직을 대상으로 분석했다. 마침내 고성과 팀이 갖는 5가지 요소를 발표했다. 즉 고성과 팀은 저성과 팀과 비교해서 의존성Dependability, 체계와 명확성Structure & Clarity, 의미Meaning, 영향력Impact, 심리적 안전감Psychological Safety을 가지고 있었다.

각각의 의미를 보면, 의존성은 신뢰를 바탕으로 모두가 자신의 역할을 성실히 수행하는 것을 말한다. 체계와 명확성은 팀의 목표에 각 개인의 역할과 목표를 이해하고 기여한다는 뜻이다. 의미는 일에 대한 만족감과 팀 공동 목표를 향한다는 것을 말한다. 영향력은 자기 일이 회사에 긍정적인 영향을 미친다는 믿음이다. 끝으로 심리적 안전감은 이번 장에서 지금까지 설명했던 내용 바로 그것이다. 이 보고서는 마지막으로 다음 내용을 강조했다. 이 5가지 중 '심리적 안전감'이 다른 요소들의 밑바탕이 되는 가장 중요한 요소이다.

'골든 서클'로 잘 알려진 리더십 전문가 사이먼 사이넥은『리더는 마지막에 먹는다』에서 리더가 구성원들에게 심리적 안전감을 조성할 때의 이점을 다음과 같이 말했다.

"내부에 있어서 안전하다는 느낌은 마음의 평화를 줄 뿐만 아니라 조직 자체에 놀랍도록 긍정적인 효과를 미친다. 안전권이 확고하게 만들어져 누구나 소속감을 느낄 수 있다면 협업과 신뢰 그리고 혁신이라는 결과는 저절로 따라온다."[107]

지금까지 살펴본 내용은 직접 경험과도 정확히 일치했다. 주어진 직무에 일정 수준의 자율권을 갖고 수행하는 과정에서 리더의 신뢰와 응원, 그리고 적절한 조언은 일이 힘들어도 즐겁게 일하도록 만들었다. 옳든 그르든 내 생각을 자주 표현할 수 있었고, 설령 의견이 수용되지 않더라도 그 이유와 배경을 이해하고 받아들였다. 반면에 보고 자료 내 숫자와 토시 하나도 본인의 생각대로 맞추길 원했던 리더와는 스스로 존재감을 느낄 수 없었다. 출근이 싫었고 일하는 재미도 없었다. 사소한 결정조차도 리더에게로 떠넘기기만 할 따름이었다. 책임감은 전혀 없었다.

리더도 구성원들의 머리는 필요 없고 손발만 열심히 움직이길 원했다. 구성원들의 직무 몰입은 바닥이었다. 이런 일들이 도돌이표처럼 계속 반복되면서 일하고자 하는 의지는 이미 사라졌다. 단지 자신의 시간을 회사에서 보내기만 하면 정해진 시기에 급여가 제때 입금되는 상황만 생각했다. 이런 구성원들로 가득한 조직의 성과는 어떻겠는가? 계속 리더 혼자서 슈퍼맨처럼 헤집고 다닐 것인가? 결국 조직 성과에 영향을 주지 않을까?

조직과 리더 입장에서 조직 규모가 크다는 건 정말 다행이다. 내가 속했던 조직들은 모두 규모가 컸다. 조직 구성원 일부가 제 몫을 다하지 못해도, 직무에도 잘 맞고 학습 능력이 뛰어난 소수 인재의 헌신으로 조직 미션에 차질이 발생하는 일은 없었다. 다만 결과에 대한 품질까지 좋았다고는 생각되지 않았다. 아마 맡은 직무에 제대로 충실했다면 더 잘할 수 있었을 거라는 생각을 지금도 많이 하게 된다.

리더의 지나친 개입과 압력은 구성원들을 더욱 위축되게 만든다. 이는 구성원들이 일의 재미는커녕 그나마 가지고 있던 작은 책임감마저도 사라지게 만든다. 구성원들의 산출물 품질은 더욱 떨어진다. 그러면 또 리더가 개입하게 된다. 악순환이 반복된다. 구성원이 현 조직을 떠나든지 리더가 인사이동으로 다른 곳으로 가기만을 기다리게 된다. 이런 조직문화를 만드는 일차적인 책임은 리더에게 있다. 아마 리더들은 본인들의 문제점을 잘 깨닫지 못할 때가 더 많다. 지금 리더 위치에 오른 이유가 자신의 업무 스타일을 조직과 상사로부터 인정받았고, 또 그에 대한 보상과 결과라고 생각하기 때문이다.

실무 역량과 조직 관리 역량은 별개이다. 실무를 할 때는 자신과 업무와의 관계이다. 리더의 자리는 사람 대 사람의 관계가 더 중요시된다. 리더는 조직 구성원들의 역량을 최대한 끌어내 인재와 조직의 성과를 극대화하는 자리이다. 이 차이점을 알아야 한다. 리더의 권한과 책임을 제대로 활용해야 한다. 구성원들을 몰입하게 만들고 그들의 역량을 제대로 발휘할 수 있는 환경을 만들어야 한다. 이를 통해 조직성과 창출로 연결할 줄 알아야 하는 자리이다. 그럼으로써 조직과 리더와 구성원들이 함께 성장하도록 이끌어야 하는 자리이다. 그러려면 구성원들의 심리적 안전감을 보장하는 조직문화를 만드는 일이 최우선이다.

2014년 「하버드 비즈니스 리뷰」에 런던비즈니스스쿨 조직행동학과 명예교수인 랍 거피와 인시아드 객원교수이자 런던 경영대학원 경영자교육센터 연구원인 가레스 존스가 「꿈의 직장을 만드는 여섯 가지 원칙」이라는 글을 발표했다. '꿈의 직장'이란 직원들에게 최상의 업무를 해낼 수 있는 환경을 조성해 최대의 잠재력을 실현하는 조직이라고 정의했다.[108] 세부 내용은 다음 글을 보자.

1. 자신을 있는 그대로 드러낼 수 있다.

2. 실제 일어나는 상황을 직원들에게 솔직하게 공개한다.

3. 직원의 능력을 키워준다.

4. 의미 있는 가치를 지지한다.

5. 직원들이 일상적인 업무에 보람을 느낀다.

6. 쓸데없는 규칙이 없다.

'3B' 모델과 비교하자면, 1번은 구성원들의 '기질'을 파악하고 이를 잘 발휘할 수 있는 조직문화를 만들어야 한다. 2, 3, 5번은 구성원들이 일을 수행하는 목적을 알고 그 성과를 통해 성장을 하는 '학습 능력'을 말한다. 4번은 구성원들의 일하는 '동기'를 관리하는 일이다. 6번은 구성원들이 높은 직무 몰입을 유도하기 위해 방해물을 제거하라는 뜻으로 이해할 수 있다.

리더는 이처럼 바람직한 조직 문화를 만들고 구성원들이 심리적 안전감을 조성해 그들의 역량이 최대로 발휘되게 만들어야 한다. 심리적 안전감 그 자체가 조직의 성과를 보장하지는 않는다. 그러나 앞서 조직문화나 조직 성과를 위한 많은 대책이 제대로 동작하려면 심리적 안전감은 건물의 기초공사처럼 조직 저변에 기본으로 형성되어 있어야만 한다.

에이미 에드먼슨도 이를 잘 알고 있었고, 다음과 같이 강조했다.

"심리적 안정감은 결코 만병통치약이 아니다. 오늘날 기업이 성공하는 데 필요한 요소 중 하나다. 앞서도 말했듯이 심리적 안정감은 구성원의 동기나 자신감, 다양성과 같은 여러 가지 요소가 좀 더 원활하게 작동해 성공적인 결과를 낳는 데 바탕이 된다. 요컨대 심리적 안정감은 기업의 성공 요인(구성원의 역량, 진실성, 생각의 다양성 등)이 좀 더 효과적으로 발현되도록 돕는 매개체다."[109]

그렇다. 심리적 안전감은 조직 구성원들의 높은 직무 몰입으로 조직의 높은 성과를 끌어내는 매우 중요한 매개체이자 밑바탕이다.

11

리더와 조직, 인재의
공동 성장 전략

동양인은 세상을 관계로 파악한다.

— 리처드 니스벳(Richard E. Nisbett)

20세기 중반 미국의 심리학자 더글러스 맥그리거는 'X이론, Y이론'[110]을 발표했다. 이 이론은 인간 행동에 대한 두 가지 상반된 가정을 제시하는 경영 이론이다. 주 내용은 관리자가 직원들을 어떻게 바라보는지에 따라 그들의 관리 방식이 달라진다고 말한다. X이론은 다음과 같은 가정에 기초한다.

1. 평균적인 사람은 본질적으로 일하기를 꺼리며, 가능한 일을 피하려고 한다.
2. 대부분의 사람은 책임을 회피하며, 안전과 보안을 선호한다.
3. 사람들은 강력한 외부 통제와 감독이 필요하며, 강제와 위협을 통해서만 목표를 달성할 수 있다.

반면 Y이론은 다음과 같이 보다 긍정적인 가정을 바탕으로 한다.

1. 노동은 자연스럽고, 휴식만큼이나 정상적인 활동이다. 사람들은 자발적으로 노동에 참여할 수 있다.
2. 외부 통제와 강제가 아닌, 자신의 야망을 충족시키기 위해 스스로 일한다.
3. 사람들은 목표를 향해 자발적으로 노력하며, 책임지는 것을 두려워하지 않는다.

그러면서 맥그리거는 Y이론이 당시 현대 조직에 더욱 적합하다고 주장했다. 그는 관리자가 Y이론에 따라 직원들을 대할 때, 직원들이 더 창의적이고 생산적으로 변할 가능성이 커진다고 보았다. 이 이론은 직원의 자율성과 자기 결정권을 강조함으로써, 직장 내 동기부여와 만족도를 높일 수 있다고 한다.

스스로 과거 경험에 비춰 보면 한 리더가 정확히 X이론의 전형적인 표본이었다. '3B' 기준으로 기질에 맞지 않는 품질 직무를 수행할 때였다. 뛰어나지는 않지만 작은 학습 능력을 열심히 발휘하며 조직에 방해는 하지 말자는 다짐으로 직무를 수행하고 있을 때였다. 대부분 기업이 그렇듯 매년 연말에는 리더들의 인사이동이 있다.

하루는 내부 회의를 하는데 동료들의 표정이 모두 굳어 있었다. 그 이유를 옆에 있던 동료에게 물어보니, 과거 악명 높았던 리더가 다시 돌아온다고 말하며 걱정스러워했다. 그 당시에는 팀 내부의 파트 리더였는데, 이번에는 팀을 관리하는 상위 조직의 리더로 돌아왔다. 이후 직접 겪어 보니 동료가 그토록 걱정했던 이유를 알 수 있었다. 그는 구성원들의 자발적인 의지와 동기는 중요하게 생각하지 않는 스타일의 리더였다. 조직 성과를 위해 나를 따르라는 방식으로 모든 업무는 그의 지시로부터 나왔다. 그리고 구성원들의 능력에 100% 이상 몰아붙이는 방식으로 조직을 운영했다. 소위 컵에 물이 넘치도록 따라야 물을 온전히 가득 채울 수 있다는 신념의 소유자였다.

그렇다고 넘쳐흐른 물은 버리느냐, 그것도 아니었다. 모두가 잊을 만할 때 넘쳤던 물에 해당하는 일을 다시 챙겼다. 당연히 우리들은 컵에 가득 찬 물을 먼저 처리하다 보면 넘쳤던 물은 후순위로 밀려 잊혀지기 십상이었다. 잊혀진 일은 당연히 지시대로 진행되지 않았기 때문에 또 이것으로 닦달하는 일이 반복되었다. 그는 일을 폭풍처럼 쏟아내고 결과를 가져오라는 운영 방식을 가진 리더였다. 가능한 한 이 리더와는 엮이지 않는 것이 최선이지만, 담당 조직에 소속된 구성원으로서 피할 길은 없었다. 그는 맥그리거가 정의한 X이론에 전형적인 리더였다.

자율적으로 내적 동기를 더 선호하고 이슈가 발생했을 때 행동보다는 생각부터 먼저 하는 나에게는 또 다른 큰 벽이 나타난 셈이었다. 어쨌든 조직의 리더와 구성원의 상하 관계로서 그의 지시에 힘들게 따라갈 수밖에 없었다. 이 리더와 보낸 3년이란 시간 동안 일에 대한 흥미와 몰입도는 바닥을 찍었다. 시키는 일만 해내기에도 버거웠기 때문에 일의 결과물이 충실하게 실행한 결과라고는 말할 수 없었다. 시간이 지나 이 리더는 조직 개편 시기에 성과를 인정받고 타부서로 옮기게 되어 이 압박감에서 벗어날 수 있었다.

이런 상황이 모두에게 힘들었지만, 그럼에도 이 리더의 업무 수행 방식을 수용하고 잘 맞추는 동료들도 있었다. 즉 이 리더와 함께 일하는 것을 선호한 동료들도 있었다. 스스로 무엇을 더 잘할 것인지 고민할 필요가 없었다. 리더가 알아서 해야 할 일을 주었고, 그 일을 마무리하고 나면 리더로부터 인정도 받을 수 있었다. 또 구체적인 성과를 낸 것처럼 뿌듯해 보이기도 했다. 이런 일은 리더가 힘을 실어주기 때문에 추진력 또한 좋았다. 이런 점을 선호하는 동료들은 이 리더와 원만히 잘 지냈다.

더 중요한 점은 이런 업무 스타일의 리더는 그의 상사로부터도 인정을 받는다는 점이다. 아마도 그런 상위 조직의 상사들은 '리더의 한마디에 조직원들이 일사불란하게 움직이는 모습을 선호하는 사람들로만 구성되어 있구나'라는 생각이 들 정도였다. 본인들을 대신해서 조직원들을 열심히 다그치는 이런 리더가 업무 추진력도 있고, 성과도 가져오니까 말이다. 그래서 인사권을 가진 상사는 이런 리더를 싫어할 이유도 없고 더 중요한 자리에 앉히려고도 한다.

리더 자신도 뛰어난 추진력으로 조직의 가시적인 성과에 많은 기여를 했다고 생각한다. 스스로 자신에 대한 만족도도 무척 높다. 조직 구성원들의 나빠진 정서 상태와 낮은 직무 몰입은 중요하지 않다. 이것은 구성원들이 제대로 일을 하지 않기 때문이고, 또 구성원들이 알아서 극복해야 한다고 생각한다. 이것이 그런 리더가 추구하는 조직 문화다.

반면 Y이론에 잘 들어맞는 리더와도 함께 일했었다. 이 리더는 나를 작은 조직의 리더로 직무 배치하고 함께할 동료들도 몇몇 배정해 주었다. 그리고 신제품 개발 업무를 맡겼다. 이 리더는 일이 진행되는 과정에서 필요한 결재와 적절한 시기의 보고를 받는 수준 정도로만 관여했다. 물론 일이 잘 풀리지 않을 때는 적극 개입해서 유관부서와 협의도 끌어내고, 다음 단계로 원활하게 넘어갈 수 있게 지원도 해 주었다. 무엇보다도 조직 구성원들의 자율성을 폭넓게 보장해 주었다. 신제품 설계에 있어 실무 개발자들의 결정을 믿고 따라줬다. 우리들의 업무 목표는 눈앞에 있는 리더를 보는 것이 아니라 시야를 자발적으로 더 넓혀야만 했다.

리더의 신뢰는 개발자들의 역량을 발휘할 기회를 넓혀줄 뿐 신제품의 성능과 품질은 개발 실무자인 우리가 책임져야 할 일이었다. 덕분에 우리 개발자들은 더욱 책임감을 가지고 업무를 수행했다. 개발 단계에서 제대로 된 설계를 확보해야 다음의 내부 고객인 제조부서와 최종 고객인 소비자에게 만족을 줄 수 있다. 제조부서에는 불량이 적고 생산하기 쉬운 설계를 제공하고, 최종 소비자에게는 돈 아깝지 않을 성능과 만족스러운 품질의 제품을 전달하겠다는 마음가짐으로 일했다. 힘든 일도 많았지만. 이 시기는 개인적으로 조직 생활에 있어서 가장 만족도도 높았고, 일하는 재미와 몰입도도 무척 좋았다.

조직 성과를 비교해 보자. X이론을 선호하는 리더나 Y이론을 선호하는 리더 모두 QCD[111] 관점의 계량형 목표는 모두 달성되었다. 추가 개선해야 할 잔여 과제들도 보고되고 사후 보완 활동도 이어졌다. 대외적으로 발표하는 성과 지표로는 어느 방식의 리더가 더 낫다고 단정 지을 수는 없다. 그러나 두 방식의 리더를 모두 경험한 결과, Y이론을 더 선호하는 나로서는 리더에 따라서 직무 몰입 수준이 확연히 차이가 났다. 직무 몰입이 높았을 때는 정신적·심리적 건강도 좋았고, 직무에 임하는 자세 또한 '무엇을 더 할 수 있을까?'라는 생각으로 일했다. 반면 직무 몰입이 낮을 때는 정신적 스트레스가 많은 것은 당연했고, 그 결과로 매번 '무엇을 하지 않을까?'라는 자세로 출근했다. 소위 요즘 용어로 '조용한 사직' 상태였다.

여기서 한 가지 깨달았다. 이 내용만 봐서는 Y이론이 현시대에 조직 운영의 목표처럼 보인다. 그러나 모든 조직이 무조건 Y이론을 지향점으로 삼을 필요는 없다. 맥그리거는 Y이론이 현대 조직에 더 적합하다고 주장했지만, 사실 현대 조직에서도 X이론을 더 선호하는 사람과 직무가 있고, Y이론을 더 선호하는 사람과 직무가 있다. 시대의 흐름에 따라 X이론의 사람들과 직무가 틀렸다는 말이 아니다. X이론에 맞는 리더는 X이론에 맞는 구성원이 필요하고, Y이론에 맞

[그림 20] 조직/리더와 개인의 성향은 맞춰야만 한다

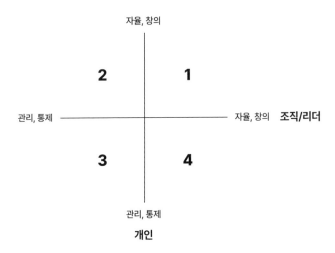

는 리더는 Y이론에 맞는 구성원이 필요하다. 이것이 인재와 직무 사이에 보강간섭이 일어나게 만드는 필수 조건이다. 매슬로도 이와 동일한 내용의 말을 한 적이 있다. "권위주의적인 학생을 가르칠 때는 민주주의적이고 관대한 성격의 Y이론식 선생님보다는 권위주의적인 선생님이 더 나은 것과 마찬가지 이치다."[112]

이를 이해하기 쉽게 만든 [그림 20]을 보자. x축은 조직 또는 리더의 성향이고, y축은 구성원 개인의 성향으로 보면 된다. 두 축 모두 (+) 방향은 Y이론에 부합하는 영역이고, (-) 방향은 X이론에 부합하는 영역으로 구분했다.

먼저 1영역을 보자. 조직과 리더 둘 다 자율적이고 창의적인 조직

문화와 인재를 선호한다. 그리고 인재도 개인의 권한을 가능한 한 넓게 인정받고 자율적이며, 또 창의적인 발상을 선호한다. 소위 연구개발이나 디자인 등의 창의적인 직무와 기업에는 이러한 인재를 찾을 필요가 있다.

어디선가 들었을 이야기지만 구글에 입사했던 한국인 직원이 처음 조직에 배치받고 나서 아무도 자신에게 일을 주는 사람이 없었다고 한다. 그래서 리더에게 가서 어떻게 무엇을 해야 하냐고 물어봤다. 그 리더는 그에게 구글에 입사했다는 것 자체로 당신의 역량은 검증된 것이니 여기서는 조직 성과에 무슨 일로서 기여할 것인지를 스스로 찾아보고 다시 면담하자고 답했다고 한다. 우리나라 조직에서는 이해하기 힘든 문화이지만 반대로 그래서 구글이구나 싶긴 했다. 그리고 구글의 이런 조직 문화에는 미치지 못하지만, 나의 두 번째 회사 생활 전반부는 이와 비슷했던 느낌이었다.

이어서 2영역을 보자. 조직과 리더는 관리 중심이고 통제를 선호한다. 여기에 자율적이고 창의적인 인재를 채용하거나 배치한다면 어떻게 될까? 불 보듯 뻔하지 않겠는가? 첫 회사에 근무했던 시간과 두 번째 회사의 후반부가 이 상황과 유사했다. 조직과 리더는 소속 구성원들이 한 방향으로 빠르게 움직이길 원했고, 여기에 잘 부응하는 구성원들은 문제가 없었다. 그러나 여기에 맞지 않는 구성원들은 무척 힘들어진다. 그들은 많은 에너지를 소비해 가며 시키는 일만이라도 잘하려고 애쓰지만, 결과는 리더 마음에 들지 않는다. 몸은 지치고 마음은 이미 떠났다. 업무 품질이 좋을 리가 없다. 그러면 리더는 또다시 이들을 강하게 압박하는 악순환이 계속 이어진다. 이런 환경에 어려움을 겪는 구성원은 시간이 갈수록 적응하며 나아지기는커녕 더욱 움츠러들게 된다.

이제 3영역을 보자. 조직과 리더도 관리와 통제를 선호하는데 인재도 동일한 성향이라면 추진력과 돌파력은 타의 추종을 불허한다. 유명한 자동차 경주 중 하나인 '포뮬러 1^{Fomula 1}'을 보자. 여기에는 자동차 경주가 진행되는 중간에 경주용 차, 소위 '머신^{Machine}'에서 마모된 타이어를 빠른 시간 내에 차질 없이 교체해 줘야 한다 이 작업을 '핏스탑^{Pitstop}'이라 하고, 이 중요한 일을 하는 인원들을 '핏크루^{Pit Crews}'라고 한다. 여기에는 약 20명의 핏크루가 3초 내외로 완벽하게 제 몫을 해내야 한다. 필요한 행위를 세분화하고, 각자 맡은 분야를 일사불란하게 완수해야만 한다. 크루 모두 담당 분야에서 주어진 시간 내에 정확하게 통제되어야만 가능한 일이다. 이들 중 단 한 명이라도 자율적이고 창의적인 크루가 있어서 다른 방법이 더 좋을 것 같다고 임의로 행동한다면 그 크루는 병목이 되고 조직의 약점이 될 뿐이다.

이 일은 개인의 창의적인 생각은 중요하지 않다. 반복된 훈련으로 몸에 익혀서 반사적이고 기계적으로 수행해야만 한다. 아마 이런 인재는 있을 수 있다. 현재보다 더 시간을 단축할 방법이나 동선을 찾는다면? 이런 인재는 핏스탑의 크루로 둬서는 안 된다. 창의적인 발상을 필요로 하고 수용할 수 있는 직무에 배치해야만 한다. 그대로 두는 것은 조직도, 인재 개인으로서도 큰 손실이다.

또 다른 예를 찾아보자면 앞서 개인적인 사례로 든 리더와 일부 동료들이 해당한다. 이런 조직을 또 찾아보면 군대가 그렇다. 군인 또는 군대 체질이라는 소리를 듣는 인재가 그렇다. 명령과 지시를 충실히 완수하면 된다. 개인이 고민할 일은 많지 않고 또 개인이 고민하는 것을 좋아하는 조직도 아니다. 여기에는 군대와 군인의 전형적인 모습을 말하는 것이지, 모든 군 조직이 창의력이 필요하지 않다는 뜻은 아니니 오해하지 말기를 바란다. 군대라는 조직에도 다양한 직무들이 있으니까 말이다.

마지막으로 4영역을 보자. 조직과 리더는 자율적이고 창의적인 조직문화를 만들어서 운영하는데, 신규 채용된 인재가 관리와 통제를 선호한다면 이 또한 큰 문제다. 조직과 리더는 이 인재가 알아서 필요한 일을 찾아내고 잘 해낼 것이라고 믿고, 채용하고 직무를 맡겼다. 그런데 이 인재는 자발적으로 필요한 일을 찾는 데 소질이 없다. 게다가 누군가가 자신에게 할 일을 알려주길 선호한다면? 리더와 동료들도 매번 일일이 신경 써줄 수 없다. 이는 창의적으로 일 잘하고 있던 동료들조차 직무 몰입도를 떨어뜨리는 결과를 초래한다.

조직은 오히려 성과가 떨어지는 일이 발생한다. 인재 개인으로서도 하루 종일 리더와 동료들 눈치만 보다가 퇴근할 수도 있다. 그런데도 다른 동료와 같이 급여를 받아 간다? 이런 분위기의 조직에서는 누구도 열심히 일하려고 하지 않는다. 조직과 인재 모두가 함께 망하는 지름길이다.

1영역과 3영역은 조직·리더와 인재가 조합이 잘 맞아 성과가 높아질 수 있는 파동의 보강간섭 효과를 얻을 수 있다. 국내 한 논문에서도 이와 관련하여 다음과 같이 발표했다. 지극히 당연한 결론이라 생각한다. "개인과 조직 간 적합성이 높을수록 자발적 기여와 능동적 협동, 정서 몰입, 직무 만족을 보다 긍정적으로 끌어내며, 이직 의도를 낮춘다."[113] 반면 2영역과 4영역은 조직·리더와 인재의 조합이 맞지 않아 상쇄간섭이 발생한다. 조직 성과는 물론, 인재 또한 성장을 기대할 수 없다.

주의할 점은 해당 직무에 대해 단순히 기계적으로 분석해서 인재를 배치해서는 안 된다. 해당 직무와 역할에서 어떤 성향을 더 필요로 하는지를 잘 파악해야 한다. 디자인 부서가 창의적인 인재를 더 필요로 하는 것은 맞지만 모두가 창의적일 필요는 없다. 디자인 부서 내 동료들을 잘 이끌어 통합된 결과물로 성과를 내야 하는 위치와 직무라면 디자인을 잘 이해하되 일을 조정하고 인재들을 조직화할 수 있는 성향의 인재를 배치하는 방법으로 운영해야 한다. 반드시 표면적인 부서명에 한정되지 말고 부서 내 직무에서 어떠한 성향의 인재가 필요한지를 먼저 정의해야 한다. 그렇게 되어야 비로소 보강간섭을 만들 수 있다.

이번 장을 마무리하기 전에 다음 글을 통해 관리와 통제가 필요한 조직이라고 해도 Y이론식 조직 운영을 보다 더 강조하고 싶다. 매슬로의 말처럼, 모든 인간은 명령받고, 존중받지 못하며 타인이 시키는 것만 하는 것보다 주체적이고 적극적이며 개인의 능력을 인정받기를 원하기 때문이다. 그리고 이것이 더 건강하고 깨어 있고 지속 가능하다고 말하고 싶다. 매슬로는 "Y이론식 경영, 즉 심리적으로 건강한 경영이 X이론식 경영, 즉 권위주의적인 경영보다 더 나은 인간, 더 건강한 사람을 만들어 낸다는 것은 이제 분명해졌다. 이런 사람들은 사랑, 동경, 존경도 더 많이 받고 더 매력적이고 더 친절하며 더 이타적이다"[114]라고 강조했다.

12

자기 주도적 인재 되기

> 자신의 강점을 파악하고 강화하여 관련 분야에서 일을 하라는 것이다.
> 적성을 거스르며 억지로 일하느라 고군분투하지 않고
> 자기 적성에 맞는 일을 하는 게 확실히 좀 더 즐겁고도 생산적이다.
>
> — 미하이 칙센트미하이(Mihaly Csikszentmihalyi)

이제 우리 각자가 해야 할 일에 대해서 알아보자. 먼저 모든 사람은 고유의 파동을 가지고 있다고 말하고 싶다. 여기서 말하는 고유의 파동은 개인마다 가지고 있지만 모두가 다른 기질, 개성, 강점, 약점 등을 말한다. 이 생각이 지나친 비약이 아닌 이유로 인간이 만들고 우리 각자가 사용하는 휴대폰을 보자. 어느 휴대폰도 똑같은 번호와 주파수를 사용하지 않는다. 불법 복제나 도청 등 나쁜 의도가 있는 일은 제외하자. 정상적인 환경에서 똑같은 주파수를 가지고 있는 휴대폰은 없다.

이 글을 쓰고 있는 현시점 기준으로 우리나라 국민이 사용하고 있는 휴대폰 개통 수 5,672만 5,901대[115]가 된다고 한다. 기술적인 원리나 운영 방법에 대해서는 잘 알지 못하지만, 우리나라만 해도 이 정도이고, 인구수가 많은 중국, 미국 같은 나라에서도 사람들 얼굴이 다른 만큼 휴대폰을 개인적으로 구분해서 이용하고 있다. 디지털 기술도 이처럼 기기 하나하나마다 고유 특성을 부여할 수 있다. 하물며 '아날로그' 특성을 가진 인간은 더욱 고유한 파동을 가지고 있다. 똑같은 사람은 있을 수가 없다. 그럼에도 사람들 얼굴마다 비슷한 유형이 있듯이 조직 내 인재도 특성이 유사한 4가지 기질로 크게 분류할 수 있다. 1장의 내용처럼 조직에서 필요로 하는 인재의 기질, 즉 그릇^{Bowl}은 4가지로만 구분해서 파악하고 관리해도 충분하다.

잠시 학창 시절로 돌아가 보자. 물리를 공부할 때 파동^{Wave}을 배운 적이 있다. 파동이란 진동이 전달되는 현상이다. 진폭이라는 특성도 있고, 주기라는 특성도 있다. 이러한 형태를 띠는 것을 위상^{Phase}이라고 한다. 그렇다면 파동의 가장 큰 특징은 무엇인가? 흔히 알고 있는 '간섭^{Interference}' 효과가 있다. 여기서는 이 특성에 비유해서 설명하고자 한다. 파동의 '간섭'에는 '보강간섭$^{Constructive\ Interference}$'과 '상쇄간섭$^{Destructive\ Interference}$'이 있다.

여기에 진폭과 주기, 위상이 동일한 파동이 두 개가 있다. 이 두 파동이 같은 모양으로 겹치면 '보강간섭'이 생긴다. 즉 진폭이 두 배로 증폭된다. 만일 두 파동이 반대 모양으로 겹치면 서로가 뺄셈이 되어 버리는 '상쇄간섭'이 된다. 조직에서 인재가 되는 방법을 설명하고자 빌려오는 개념이 바로 이것이다. [그림 21]을 참조하길 바란다.

우리는 모두 각자의 파동이 어떤 모습인지를 먼저 알아야만 한

[그림 21] 파동의 보강간섭 vs 상쇄간섭

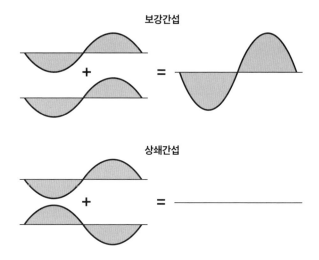

다. 다시 말해 바로 나 자신을 먼저 알아야 사회에서 나아갈 길을 찾을 수 있다. 자신의 기질과 역량에 맞는 일을 할수록 조직과 개인 사이에는 보강간섭이 일어난다. 이때는 함께 성장하는 시너지 효과를 기대할 수 있다. 또한 자신의 일에서 재미를 느낄 수 있고, 이 이유로 오랫동안 평생 지치지 않고 나아갈 수 있다. 이 모든 것은 개인과 조직 또는 직무가 서로 보강간섭이 일어나야만 가능한 일이다.

좀 더 자세히 설명해 보자. 자신을 나타내는 하나의 파동을 가정하자. 이 파동은 진폭이 1이고, 주기가 1인 모양을 가지고 있다. 또 다른 파동은 자신이 소속되길 원하는 조직이나 평소 원하던 일이다. 이 조직이나 일의 모양도 진폭이 1이고, 주기가 1이라고 가정하

자. 여기서 개인의 파동과 조직/일의 파동 모양이 동일하여 잘 매칭이 되면 이 두 개의 파동은 보강간섭을 일으킨다. 그러면 진폭이 두 배로 커진다. 즉 성과나 영향력이 두 배로 증폭된다. 만일 개인의 파동에 전혀 맞지 않는 조직과 일이라면? 즉 위상이 180도로 서로 완전히 반대라면 상쇄간섭이 일어난다. 그러면 조직과 개인의 성과는 0이 되어 버린다.

이런 사례는 실제로도 흔히 볼 수 있다. 현재 인재가 속한 산업이나 조직이 성장 추세이고 인재가 보유한 역량과 잘 들어맞는다면 인재와 조직 모두 더 크게 성장할 수 있다. 설령 인재의 역량이 작더라도 산업과 조직이 성장하는 분위기에서는 큰 문제가 되지는 않는다. 인재는 외부 환경의 도움으로 소위 흐름에 묻어갈 수가 있기 때문이다. [그림 22]에서 '시점 1'의 상황을 말한다. '인재 1'의 진폭 3과 산업/조직의 진폭 2가 보강간섭이 되면 진폭 5로 둘 다 성장과 성과를 얻을 수 있다. 설령 '인재 2'처럼 진폭 1만 가지고 있고 합이 정반대로 상쇄간섭이 발생한다고 해도 합계 진폭은 1만큼의 성과를 얻을수 있다. 어쨌든 +1의 긍정적인 결과가 나온다. 인재는 산업과 조직의 덕을 보게 된다.

반면 인재가 속해 있는 산업과 조직이 하향 추세라면 그 반대의 현상들이 나타날 것이다. 역량이 뛰어난 인재라면 그의 파동이 산업이나 조직보다 커서 상쇄간섭이 발생하더라도 외부 영향력을 둔화시키거나 여전히 '+'의 성과를 만들 수 있다. 반면 역량이 낮은 인재라면

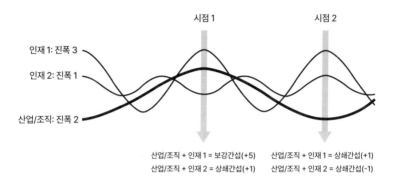

[그림 22] 개인이 성장하려면 환경과의 보강간섭을 만들거나
스스로 뛰어난 역량을 갖춰야 한다

속해 있는 산업이나 조직과 함께 '–'의 운명을 같이 할 수밖에 없다. [그림 22]에서 '시점 2'의 상황을 말한다. '인재 1'의 진폭 3과 산업/ 조직의 진폭은 2로서 상쇄간섭이 되어도 진폭 1의 성장과 성과를 거 둘 수 있다. '인재 2'의 상황에서는 상쇄간섭으로 합계 진폭이 –1의 성과를 가지게 된다. 조직과 소속 인재는 더 이상 버틸 수 없게 된다.

동일한 원리로 산업과 조직이 아니라 인재와 직무 간에도 합이 잘 맞는다면 보강간섭이, 합이 맞지 않는다면 상쇄간섭이 생긴다. 보강 간섭에서는 둘 다 높은 성과와 성장을 기대할 수 있고, 상쇄간섭에서 는 조직의 성과와 인재의 역량을 함께 갉아 먹는 상황이 발생한다. 같은 노력을 투입한다고 해도 조직과 인재가 노력한 만큼의 성과를 가져갈 수 없다. 조직과 인재 모두 부정적인 상황이 되어 버린다.

과거 직접 경험한 사례를 보면 여기에 정확하게 들어맞았다. 디스

플레이 사업이 한참 성장할 때였다. 자연스럽게 이 사업 조직은 필요 인력을 계속 늘렸다. 경력 사원도 뽑고 관계사로부터 인재를 데려오는 식으로 계속해서 조직 구성원 수를 늘렸다. 성장 시기에는 개인 역량이 부족해도 현 조직에 오랫동안 일해 온 경력만으로 조직 책임자 자리에 앉을 수 있었다. 진급 폭도 상당히 넓게 운영되었다. 필요한 자리는 많으나 채울 인재가 항상 부족하므로 인재의 보유 역량은 크게 문제가 되지 않았다. 성장 시기에는 비어 있는 자리를 누구라도 채울 수만 있으면 되었다. 이때는 인재별 역량 차이는 중요하지가 않다. 소속 산업이 성장하고 조직이 성장하기 때문에 인재는 이 성장 주기에 발맞춰주는 약간의 노력으로도 함께 성장할 수 있었다.

그러던 중 해당 산업이 하향 추세를 보이자, 인력 운영이 긴축적으로 변경되었다. '썰물 때가 되어야 물속의 사람 중 누가 수영복을 입고 있는지 알 수 있다'라는 말이 있다. 위기 상황이 되면 진짜 실력 있는 인재를 알아볼 수가 있다는 뜻이다. 산업 하향 시기에는 조직 내 부서들도 통폐합되고 조직 책임자들은 리더 자리에서 물러나는 일들이 발생할 수밖에 없다. 그러나 조직이 축소되는 시기라도 핵심 인재는 적합한 직무에 자신의 자리를 유지할 수 있었다. 반면 그렇지 않은 인재들은 관계사 또는 타 부서로 이동하면서 정리되었다.

그럼, 조직 내 자리가 줄어드는 상황에서도 계속 조직 책임자 자리를 맡는다든지 전출이나 권고사직 대상이 되지 않는 구성원들은 어떤 인재들인가? 당연히 비교 대상에 있는 다른 인재들에 비해서 역량 우위를 가지고 있었다. 이 우위의 밑바탕에는 학습 능력이 있다. 조직 책임자 관점에서 보자. 조직의 수가 통폐합으로 줄어든다는 것은 그만큼 조직 책임자 자리가 줄어드는 것일 뿐, 필수로 해야할 일은 여전히 동일하다. 즉 생존한 조직 책임자의 직무 범위가 더욱 넓어지는 셈이다. 조직 책임자는 기존 직무에서 신규 직무를 추가로 더 맡아야만 한다. 업무 범위도 넓어지고 관리해야 할 구성원수도 많아진다. 이때 가장 필요로 하는 역량이 바로 학습 능력이다. 조직 상황을 이해하고, 증가한 업무와 구성원들을 어떻게 관리해야할지 계획하고 실행해서 조직 성과를 보여줘야만 한다.

여기서 두 가지 통찰을 찾아볼 수 있다. 첫째는 인재의 파동과 산업, 조직, 직무의 파동이 서로 보강간섭이 일어날 수 있도록 잘 매칭해야 한다. 둘째는 설령 매칭이 잘되지 않아 상쇄간섭이 되었다고하더라도 개인 역량을 키워서 마이너스 성과가 발생하지 않도록 해야 한다. 즉 산업과 조직의 진폭이 1이고, 인재의 진폭이 2라고 할 때상쇄간섭이 발생해도 +1의 성과를 만들 수 있어야 한다. 산업과 조직의 외부 영향을 넘어설 수 있는 훨씬 큰 인재 개인의 역량을 보유하면 된다. 이때는 보강간섭은 말할 것도 없고, 상쇄간섭이 발생해도 부정적인 영향을 최소화할 수 있다. 이 사례에서는 개인의 학습능력이 중요한 역량임을 알 수 있다.

소위 일 잘하는 인재는 언제 어디에 내놓아도 남들과 달리 탁월한 성과를 만든다. 일 잘하는 인재는 본인의 기질에 맞는 직무에서는 탁월한 성과를 낸다. 그렇다고 생뚱맞은 직무를 맡긴다고 해서 성과를 내지 못하는 것도 아니다. 단지 그 성과가 인재의 역량과 주위의 기대치 대비 낮아질 뿐이다. 장기간 방치한다면 이 인재는 그 조직과 직무에서 이탈할 확률은 매우 높아진다. 일 잘하는 인재는 일의 성과를 적절히 만들어 내기도 하지만, 궁극적으로는 개인의 성장 욕구도 강하기 때문이다. 지금 어쩔 수 없이 적합한 직무를 맡고 있지 않은 인재가 주위에 있는가? 그가 조용히 있다면 억지로 참고 있는지 아니면 타 부서나 전직할 곳을 조용히 찾고 있지 않은지 반드시 확인하길 바란다.

독일 철학자 아르투어 쇼펜하우어는 "일하는 보람은 오직 개인의 내면에서만 찾을 수 있다"라고 말했다. 이를 해석한 글을 보면 다음과 같이 설명하고 있다.

"자신이 맡은 직무에서 나름의 의미를 찾고 그 과정에서 자신의 열정과 관심사를 따르는 것이다. (중략) 또한 인간은 자신의 잠재력을 실현하고 자신의 능력을 최대한 발휘할 때 가장 만족감을 느낄 수 있는 존재다."[116]

그리고 애덤 그랜트도 그의 저서에서 "즐겁지 않으면 잠재력은 발현되지 않고 잠복해 있게 된다"[117]라고 강조한 바 있다. 묵묵히 리더의 말을 잘 듣고 있다고 해서 그 인재가 불만이 없는 게 아니다. 인재의 역량 발휘는커녕 그동안 쌓여 왔던 불만이 특정한 계기로 방아쇠가 작동하면 바로 조직 문제로 발전한다. 나 개인적인 사례로 결국 그 좋은 조직에서도 이탈했다. 비록 현 조직에서 안정적인 위치에 있다 하더라도 더 나은 성장을 위해 이를 기꺼이 포기했다. 물론 이러한 도전이 반드시 성공을 보장하는 것은 아니지만 위험을 안고서라도 개인의 성장을 위해 새로운 경로를 찾으려고 선택하고 도전했다.

일 잘하는 인재가 현재의 상태에 만족하고 안주하는 모습을 본 적이 없다. 인재라면 본인의 한정된 자원, 즉 시간과 에너지를 보다 더 큰 목표와 역할에 사용하길 원하기 때문이다. 조직에서도 이런 인재를 알아보고 더 큰 직무를 맡긴다. 이를 통해서 인재가 외부로 이탈하는 것을 막을 수 있다. 다만 인재를 붙잡을 수 있는 직무와 역할이 조직 내에서는 제한적이라는 게 문제일 뿐이다.

자신의 파동을 잘 알기 위해서는 무엇을 해야 할까? 바로 이 책을 관통하는 주제 '인재분해: 3B'다. 앞 장까지는 리더 관점에서 조직 구성원들의 직무 몰입도를 높이고, 조직 성과 향상을 목적으로 글을 썼다. '인재'가 어떻게 직무를 수행하는지 '그릇 속에 들어 있는 공의 움직임'으로 쉽게 머릿속에서 떠올릴 수 있도록 비유했다. 여기 '3B' 모델을 활용하여 자신을 파악하는 데도 활용할 수 있다. 스스로 어떤 고유한 기질을 가지고 있으며, 자신의 학습 능력은 어느 정도이고, 이 학습 능력을 발휘하게 만드는 나만의 동기와 욕구는 무엇일까를 생각해 보면 된다. 당장 쉽게 찾지는 못할 수도 있다. 그러나 어디에서 어떤 시간을 보내고 있더라도 항상 스스로 물어봐야만 한다. 과연 현재 위치에서 나의 3B가 잘 작동하고 있는가?

13

실패 없는 직업 선택 전략

정체성을 온전하게 드러내라.
사람들은 스스로에게 솔직하고
회사에서 자신의 정체성을 온전하게 드러낼 수 있을 때
가장 효율적이게 된다.

— 빌 캠벨(Bill Campbell)

개인은 어떻게 직업을 선택해야 하는가? 기나긴 삶의 여정에서 직장이나 직업의 경로 변경을 최소화하고 자신의 삶에 온전히 몰입하려면 어떻게 해야 하는가? 이 책의 1부에서 경로 변경에 대한 비용을 추정해 봤다. 결과를 다시 떠올려 보면, 우리나라에서 1년에 직무 적성이 맞지 않아 퇴직한 사람들로 인해 발생하는 총비용은 30조 원 이상이다. 2024년도 우리나라 국가 예산 656조 6,000억 원의 4.6% 수준으로서 국가 전체 R&D 예산 26조 5,000억 원보다도 많은 비용이 불필요하게 지출되고 있다. 이 경로 변경 비용은 전 국민을 대상으로 매년 1명당 58만 원씩 공짜로 나눠 줄 수도 있는 규모이다. 국가 전체적으로 사회적 비용이 엄청나다.

경로 변경은 한 개인으로서도 속이 쓰릴 정도로 아픈 손실이자,

다시 하고 싶지 않은 경험이다. 차라리 진정한 자아를 찾아가는 여정이라는 의도로 다양한 사회 경험을 하고 다닌다면 걱정하지 않고 긍정적으로 적극 응원하겠다. 이 개인은 이미 자아실현의 욕구가 원활히 가동되고 있기 때문이다. 문제는 자신에 대해서 잘 알지도 확신하지도 못하고 있는 사람들이다. 이런 상태에서는 다른 사람들의 시선과 강요로 전공을 잘못 선택하거나, 자신과 맞지 않는 직장과 직업을 선택하는 오류를 범할 확률이 매우 높다. 게다가 이 잘못된 선택으로 인해 병이 이미 생겼거나 생길 것 같이 매 순간 갈등과 힘든 상황에 놓여 있을 확률이 높다.

앞서 에이브러햄 매슬로가 중요한 욕구가 충족되지 않으면 병리적 현상이 발생할 수 있다고 말했던 내용을 다시 상기시켜 보면 이해가 된다. 그리고 실제로 몸과 마음의 병이 생겼던 동료 사례를 보면 쉽게 수긍이 된다.

최근 우리나라 청년 취업자 10명 중 5명이 첫 직장을 1년 안에 그만두는 현상에 대해 명지대학교 김현수 교수는 이렇게 분석했다.

"청년들이 취업 시 자기가 장래에 무엇이 되겠다는 목표를 정하지 않는 것과 자기 전공과 어떤 직업이 맞는지에 대한 직무 분석을 정확히 안 한 것이 첫 번째 이유다. 두 번째는 일단 대기업이든 중견기업이든 중소기업이든 일단 입사를 해 놓고 생각해 보자인 것 같고, 입사 후 본인의 생각과 맞지 않아 다른 회사를 찾아 떠나는 것 같다."[118]

이 분석 이유를 보면 이 책과 이번 장이 청년들의 진로 선택에 대한 시행착오를 줄이는 데 도움이 될 수 있다고 확신한다.

첫 번째 이유는 '인재분해: 3B'에서 청년들 개개인의 '기질^{Bowl}'과 '학습 능력^{Ball}'을 확인하는 것으로 대응이 가능하다.

두 번째 이유는 이들 '동기$^{Ball\ Driving}$'의 문제이기 때문이다. 다시 말하면 자신을 제대로 아는 것이 우선이고, 이를 중심으로 자신의 궁극적인 욕구를 충족할 수 있는 길로 나아가면 해결 가능하다. 세상에 쉬운 일은 없다. 그럼에도 궁극적인 인생 목표가 있다면 중도에 많은 어려움이 있어도 한 방향으로 나아갈 수 있다. 사회에 진출하는 청년들 모두에게 스스로 깊은 탐구를 통해 자신의 3B를 파악하고 직업과 직장을 선택하라고 요구하는 일은 쉽지 않다. 그러나 한두 명이라도 이 책을 읽고 인생에서 경로 변경의 시행착오를 최소화하려는 청년들이 있다면 이들을 위해 다음 글을 소개한다.

일생에 한 번뿐인 소중한 인생에서 경로 변경의 시행착오를 최소화하기 위해 우리 개인은 무엇을 해야 할까? 먼저 개인의 고유한 파동이 어떤 모습을 가졌는지 알아봐야 한다. 리더가 조직 구성원들의 '3B'를 파악하듯이 개인도 자신의 '3B'를 찾아야 한다. 자신만의 고유한 '3B' 파동과 보강간섭을 만들 수 있는 직업과 직장을 찾는 일은 그다음이다.

자신의 파동, 즉 '3B'는 무엇일까? 첫 번째로 자신이 어떤 성향의 사람인지 어떤 기질을 가졌는지 파악하자. 앞서 기질은 선천적이고 비교적 일관된 성향이나 반응 양식이라고 했다. 이런 모습은 스스로 편하고 자연스러울 때 잘 나타난다. 의도적인 에너지 소비가 없을 때 잘 나타나는 특성이 바로 자신의 기질이다. 즉 자신의 그릇이다. 개인마다 그릇의 형상은 다르지만 주로 발현되는 기질은 앞서 4가지 정도로 구분할 수 있고, 나머지 기질들은 약하게 혼재되어 있다고 이해하면 된다.

스스로 자신의 모습을 파악하는 데 어려움이 있는 탓에 검증된 다른 여러 가지 성격 분석 도구들도 많이 있다. 그렇지만 자기 보고식 검사 항목과 너무 상세한 분석 탓에 오히려 본모습을 파악하는 데 더욱 혼란스럽고 이해하기 힘들 때도 있다. 너무나도 세분되어 있고, 깊이 있는 분석이 우리 같은 일반인들에게는 신뢰도를 높여 준다는 느낌보다는 이 정도로 정밀한 분석이 어떻게 활용할 수 있을지 오히려 의문이 든다. 인간의 기질과 성격은 칼로 무 베듯 분류할 수도 없고, 오히려 세분화한 분석들이 자신을 이해하는 데 더욱 혼란스럽게 만든다. 아날로그 인간을 정확하게 분석할 수 있는 도구는 없다, 다들 근접하게 설명할 수 있을 뿐이다. 그래서 1장에서 설명했듯이 나의 에너지를 어느 방향으로 사용하는지와 나의 주 관심사는 무엇인지, 이 두 축을 기준으로 4가지 분류로만 이해해도 충분하다. 추가로 자신에 대해 더 상세히 알고 싶다면 그때 다양한 전문 분석 도구를 활용하면 된다.

나의 사례를 들어보면 주로 에너지는 내부로 사용하고 관심사는 일에 있다. 그래서 연구 성향의 직무를 선호하는 편이다. 지금도 활발한 대외 활동보다는 새로운 아이디어와 지식을 찾고 자신의 논리를 탄탄하게 뒷받침하는 데 도움이 되는 독서, 강연/강의 청강, 그리고 멍때리기를 좋아한다. 게다가 이와 관련해 논의하는 자리를 선호한다. 그렇다고 사업가로서 대외 활동을 배제할 수는 없기에 적절히 한정된 에너지를 나눠서 사용하고 있다.

과거 학창 시절을 돌이켜 봐도 마찬가지였다. 중학생 때였다. 일요일만 되면 한 친구로부터 '심심하다. 같이 놀자'라는 전화를 자주 받았다. 사실 집에서 혼자 시간 보내는 것에 어려움은 없었다. 그렇지만 친구를 위해 집으로 찾아가 같이 놀곤 했다. 지금 생각해 보니 '그때도 지금처럼 비슷한 기질을 가지고 있구나'라고 이해하게 된다. 그 친구는 친구들과 함께 시간 보내기를 좋아하는 기질이었다. 그 친구와는 기질이란 그릇의 모양이 달랐다. 그리고 그 친구와 나는 사춘기 청소년 때나 지금이나 여전하다.

사람의 기질은 자연스럽게 나타난다. 관리 중심의 품질 업무를 맡았을 때는 이런 일도 있었다. 품질 부서의 미션은 양품과 불량품을 잘 선별하고 양품은 다음 단계로 보내고 불량품은 다시 책임 부서로 보내 개선을 요청하고 이를 관리하는 일이다. 한 번은 신제품을 생산 라인에서 소량으로 시험 투입했다. 여기서 개발 당시에는 없었던 문제가 발생했다. 특정 위치에 외관 불량이 계속 발생했다. 개발자들과 제조 담당자들은 원인을 찾지 못하고 있었다. 이때 나의 호기심이 발동했다. 누가 하든지 빨리 문제를 해결할 필요가 있었다. 해당 제품을 한두 차례 더 시험 생산하는 동안 컨베이어벨트 라인을 따라가며 이상 지점을 계속해서 찾았다. 그 결과, 제품이 이동하는 컨베이어 라인 한 곳에서 전년도 제품과는 달라진 디자인 탓에 신제품에 약하게 충격을 주는 위치를 찾았다. 주의 깊게 봐야 눈에 띌 정도로 아주 작은 높이 차가 있었는데, 이 지점을 지날 때 계속 충격을 받고 있었다. 불량 발생 원인을 즉시 제조와 개발 부서에 알려주고 결국 개선했다.

품질 직무는 일반적으로 품질 관리 기준대로 검사해서 양품만 다음 단계로 보내고 불량품은 걸러내어 고객에게 들어가지 않도록 막는 역할이다. 원인 분석과 대책 수립은 귀책 부서에 있고, 품질 부서는 불량 선별 기준과 방법을 더 고민해야 했다. 그러나 사후 처리보다는 원인 제거가 더 중요하기에 3사분면의 기질이 저절로 발동되었다. 발생 문제를 관리하는 일보다는 문제 원인을 찾고 해결하는 게 더 잘 맞았고 재미있었다.

이처럼 자연스러운 나의 모습이 자발적인 동기로 적극적인 행동을 하게 만든다. 이러한 성향을 볼 때 관리 직무보다는 탐구하고 분석하는 직무를 더 선호한다는 사실을 다시금 깨닫게 되었다. 자신의 자연스럽고 편안한 모습을 파악하는 일이 모든 출발점이다. 개인은 자연스러운 모습에 가까운 직무를 수행할 때 몰입도가 높다. 그 결과로 개인은 성장하고 조직은 성과가 올라간다. 당연한 일이다.

여기서 다음과 같은 반론이 나올 수 있다. 개인 성향에 맞는 직무를 맡는다고 해도 직장 생활에서는 아주 다양한 일들이 있다. 본인 기질과는 무관한 일들도 해내야 할 때도 많이 있다. 그리고 조직 여건과 산업 환경 변화로 구성원들의 기질에 맞는 직무에 배치하지 못할 때가 더 많다. 인정한다.

그래서 두 번째로 이때 필요한 역량이 인재의 학습 능력이다. 앞의 반론들은 당연히 있을 수밖에 없고 막을 수도 없다. 어쩔 수 없이 받아들일 수밖에 없다. 이때는 자신의 고유한 기질을 벗어나는 일도 해야 한다. 의도적으로 하는 일은 상대적으로 많은 에너지를 소비해야만 일이 된다. 다양한 경험과 사고를 통해 축적된 학습 역량을 발동해야 하는 상황이다. 학습 능력이라는 공을 꾸준히 키워야 한다. 그나마 그릇 속에 있는 공이 클수록 적은 에너지 소모만으로도 일을 할 수 있다. 공이 크면 적은 에너지로도 기질이란 그릇을 벗어날 수 있다. 공이 작으면 그릇을 벗어나기까지 더 많은 에너지를 소모해야 한다. 그래서 학습 능력이 두 번째로 확인해야 할 중요한 역량이다.

이제 직업을 선택할 때 미리 알아둬야 할 점을 말하고 싶다. 자신의 꿈을 실현할 직업을 찾는 일이 가장 중요하다는 점은 두말할 필요가 없다. 모든 직업에는 사이클이 있다. 상승기가 있고, 또 하강기가 있다. 우리가 이런 것들을 장기長期로 예측하는 건 불가능하다. 그러므로 개인은 어떠한 환경의 변화가 와도 잘 적응할 학습 능력을 갖춰야 한다. 그리고 학습 능력은 타고나고 고정되어 있지 않다. 후

천적 사고와 경험으로 성장할 수 있는 역량이다.

다시 개인 사례를 돌이켜 보자. 그러면 직업별 특징이 어떨 것인지 조금은 감을 잡을 수 있을 것이다. 기업에서 평면TV 제품 중 PDP[119] TV의 한 모듈 부품을 개발 담당하고 있었다. 한참 산업이 성장할 때는 많은 대학교의 교수님들도 이 분야 연구에 참여하고 있었다. 그러던 중 LCD TV에 밀려 PDP TV가 시장에서 하향 추세를 그리다가 결국 시장에서 사라지는 사태까지 갔다.

이때 PDP TV 산업에 몸담고 있었던 주체들의 다음 행보를 살펴보자. 기업에서 연구개발 직무에 있던 구성원들은 타 부서나 타 사업부로 이동했다. 모든 구성원이 기존에 하던 직무를 이어서 할 수는 없었다. 타 부서에서 요청하는 직무로만 이동할 수 있었다. 앞서 해 왔던 업무와는 다른 직무를 수행해야만 한다는 뜻이다. 이동 부서에 가서는 개인의 학습 능력을 열심히 발휘하여 새 직무에 관한 지식과 업무를 익혀야만 했다. 이 일은 기존에 자리 잡고 있던 구성원들과 비교하면 경쟁력이 떨어질 수밖에 없다.

이런 상황은 조직 생활을 하는 사람이라면 누구나 겪을 수 있다. 재빨리 개인의 학습 능력을 발휘하여 새로운 직무에 빨리 적응해야 한다. 이때 탁월한 학습 능력을 발휘한 동료는 이동한 부서에서 리더로 승진한 사례도 있다. 그렇지 않은 동료들은 평범한 구성원으로 지내거나 퇴직하기도 했다. 개인의 뛰어난 학습 능력으로 새로운 직무에 얼마나 적응을 잘하느냐의 차이라고 볼 수 있다.

학계에 계셨던 교수들은 어떻게 되었을까? 그들은 물리, 화학 등 과학적 기초 지식을 기반으로 전공 분야 전문 지식을 보유하고 있었다. 또 탄탄한 지식을 기반으로 다양한 기술 분야로 확장도 가능했다. 즉 기업에서 해당 제품에 대한 연구 개발만 하던 직원들과는 달리 교수들은 응용할 수 있는 전문 기술과 지식을 가지고 있었다. 당시 교수들은 지금도 다른 산업 분야에서 산학과제를 연구하며 계속 학계에 머무르고 있다. 교수라는 직업은 지식의 깊이도 갖춰야 하고, 수많은 실험과 피드백의 반복으로 학습 능력이란 역량이 단단히 다져져 있다. 다른 직업에 비해서 학습 능력이 매우 높은 직업군이다.

직업별로 응용과 확장이 쉬운 분야가 있고, 상대적으로 제한된 분야가 있다. 같은 연구 조직이라고 해도 기업체와 학계가 확연히 다르다. 이 부분도 개인이 직업을 선택할 때 환경 변화의 발생 빈도, 충격의 세기, 그리고 기존 지식의 응용 여부 등으로 다양한 완충 방법을 미리 고려할 필요가 있다. 다만 앞날을 내다볼 수 없는 우리로서는 선택하려는 직업과 기술이 과거에서 현재까지 존립에 영향을 줄 큰 이벤트들이 얼마나 있었는지 찾아보면 도움이 될 수 있다. 그리고 평소 많은 호기심을 가지고 사회적 흐름을 읽어야 한다. 게다가 왜 그럴 수밖에 없었는지 등 배경과 원인에도 관심을 가져야 한다. 이 모든 활동이 개인의 학습 능력을 키우는 방법이다.

세 번째로 개인이 어떠한 동기를 가지고 직업을 선택해야 하는지에 대해 이야기해 보자. 변화가 빠른 직업과 그렇지 않은 직업이 있다. 중요한 점은 직장이 아니라 직업이 중요하다. 직장과 직업에 대해서는 구분을 잘할 수 있을 것이다. 흔히 일반적으로 말하는 대기업, 중소기업, 스타트업, 관공서 등은 직장을 말한다. 의사, 변호사, SW 엔지니어 등은 두말할 필요 없이 직업이다. 직업은 한 개인이 앞으로 이 일을 목적으로 삼고 살아가겠다는 의미이다.

그렇다면 자신의 미래 진로를 선택해야 할 시점에 무엇을 택해야 할까? 직장이 아닌 직업이 되어야 함은 당연하다. 그러나 직장과 직업은 분리되는 개념은 아니다. 원하는 직장에서 원하는 직업을 가지면 가장 좋다. 두 번째 회사에서 연구개발 일을 할 때 조직으로서나 개인으로서나 만족도와 성과가 좋았던 것처럼, 직장이냐 직업이냐를 놓고 비교하는 것은 개인이 선택할 상황이 올 때 직업에 비중을 두고 고민하라는 의도다. 중요한 점은 직장과 직업 모두 사회적 변화와 기술의 발전으로 새로 생기기도 하고 사라지기도 하며 더욱 발전할 수도 있다. 또 변화는 개인의 의지와는 무관하게 일어난다는 점도 잘 알고 있어야 한다. 영원한 것은 없다.

"나는 대기업에서 제품 개발을 한다"라는 문장을 보자. 여기서 국어를 공부하자는 뜻은 아니지만 맥락을 이해하기 쉽게 잠깐 빌려 오겠다. '대기업에서'라는 장소를 나타내는 부사는 없어도 말이 된다. 반면에 '제품 개발을'이라는 목적어를 제거해 보자. 해당 문장이 이해되는가? '나는 대기업에서 한다.' 도대체 무슨 말인지 이해가 안 된다. 직장은 장소를 나타내는 부사적 성격이다. 문법에서 부사는 크게 중요하지 않다. 반면에 '제품 개발을'이라는 목적어는 주어, 동사처럼 매우 중요한 요소다. 비약했지만 직장은 중요한 개념이 아니다. 반면 직업은 목적어 또는 동사적 성격도 가지고 있어 문장을 이해하는 데 있어 없어서는 안 된다. 그러니 우리는 직장이 목표가 되어서는 안 된다. 나에게 맞는 직업이 목표가 되어야 한다.

여기서 한 걸음 더 나아가 보자. 꿈을 '명사'로 가지지 말고 '동사'로 가지라는 말을 들어본 적이 있을 것이다. 예를 들어 한 아이가 '의사'가 되려는 명사형 꿈을 가지고 있다. 그런데 그 아이는 의사가 되기 위해 열심히 노력했지만, 의대 진학에 실패했을 때를 생각해 보자. 아이는 오랫동안 목표했던 자신의 꿈을 이루지 못한 탓에 충격을 받는다. 그리고 이내 모든 것을 포기한 듯한 태도를 보일 수 있다. 왜냐하면 의사가 되려고 오랜 시간 동안 의대 진학을 준비했는데 이 꿈을 달성하는 데 실패했기 때문이다.

반면에 다른 아이는 "아픈 사람을 돕는 일을 하고 싶다"라는 동사형 꿈을 가지고 있다. 이 꿈을 이루기 위해 의대 진학을 목표했지만 실패했다고 이 아이의 꿈이 이것으로 좌절되지 않는다. 아픈 사람을 돕는다는 꿈을 위해 간호사 일을 선택할 수도 있고, 한의학을 공부할 수도 있으며, 소방 공무원 중 응급 구조사가 될 수도 있다. 이처럼 명사형 꿈은 그 경로가 좁고 한정이며, 그 자체로 어떤 사회적 가치를 느낄 수 없다. 반면 동사형 꿈은 경로도 다양하고 또 본인의 기질에 맞는 일을 찾을 기회가 더 많다. 게다가 일에 대한 가치를 느낄 수가 있다. 그러므로 우리는 내가 '가고 싶은 직장'이 아닌, '하고 싶은 직업'을 찾아야만 한다.

자신이 무엇을 하고 싶은지는 계속 변할 수 있다. 왜냐하면 개인에게 시간이 지나면서 다양한 경험과 지식이 쌓이기 때문이다. 그만큼 시야가 넓어져 하나의 직업이라고 해도 다르게 볼 기회가 자연스럽게 따라온다. 자신의 기질과 학습 능력과 동기를 알고 이른 시기에 꿈을 찾아서 한 곳을 바라보며 열심히 달려가는 일도 훌륭하다. 그리고 당장 나의 길을 찾지 못했다 하더라도 견문을 넓히고, 지식과 지혜를 쌓으면서 하고 싶은 일을 찾는 일도 자연스러운 길이다. 그러니 조급해하거나 서두르지 말자. 대신 자신에 대해 기질을 알고, 학습 능력을 키우며, 꿈과 내적 동기를 찾는 일을 멈추지 말자. 그런 다음 여기에 잘 맞는 직업을 찾자. 스티브 잡스는 10대 때부터 매일 아침에 내일 당장 죽음을 맞이하더라도 오늘의 이 일을 할 것인지를 스스로 물어봤다고 하지 않는가. 염세주의, 비관론자로 빠지는 게 아니라 이 세상을 떠나는 순간까지도 후회하지 않을, 진정으로 본인이 하고 싶은 일을 찾으라는 뜻이다.

자신이 원하는 직업을 찾는 데 있어서 어떤 기준으로 선택해야 할지에 대해 하나의 방법을 제시하고자 한다. 바로 '변화-성과 매트릭스'이다. 해당 직업군에 뛰어들기 전에 한 '개인'의 시각에서 고려해야 할 직업 특성을 기준으로 분류했다.

x축은 시간 축으로 장기간 관찰했을 때 해당 산업 또는 직업의 변

화가 큰지 그렇지 않은지를 본다. y축은 개인의 노력에 대한 보상이 어떠한 방식으로 인정을 받는지를 기준으로 삼았다. 이 두 가지 축을 가져온 이유는 다음과 같다. 직업의 중요성을 고민하는 사람이라면 쉽고 가볍게 선택할 일은 아니다. 개인이 힘들여 고민해서 선택한 길이다. 적어도 그 업에 뛰어들어 그 안에서 개인의 주요 욕구를 채워가는 수단이다. 그러므로 시간의 경과에 따라 선택한 직업이 어떤 변화가 올 것인지를 먼저 살펴볼 필요가 있다. 온 세상 모든 것이 시간이라는 변수에서 벗어나기란 불가능하다. 직업도 마찬가지다. 시간이 흘러가면서 다양한 일들이 발생하고 자신이 선택한 직업에도 자의든 타의든 영향을 받게 된다. 단지 그 영향이 큰 충격으로 오는가 아니면 약간의 진동만 오느냐 차이가 있을 뿐이다.

예를 들어 전문직들로 분류되는 의사, 판사, 변호사, 회계사 같은 직업들은 변화가 다른 직업들에 비해 상대적으로 매우 작다. 반면 요구되는 지식은 매우 깊다. 단기간에 쌓아야 하는 지식도 많지만, 시간이 지날수록 다양하고 많은 경험을 축적하게 된다. 이 자체로 사회로부터 능력을 인정받고 존재 가치도 지속된다.

최근 많은 생성형 AI 도구들로 인해 전문 지식을 보유하고 있는 직업들이 먼저 대체될 거라고 위기를 강조한다. 그러나 '구슬이 서 말이라도 꿰어야 보물'이라는 말이 있듯이 이런 직업의 전문가들에게는 오히려 도움이 될 수 있다. 기존에는 찾아봐야 할 정보들이 너무 많아 엄두가 나지 않던 일을 생성형 AI가 빠르게 도와줄 수 있기 때문이다. 즉 그들을 과도한 양의 업무를 빠르고 정확하게 처리하는 도구로 활용할 수 있게 되었다. 전문가들의 전문 영역을 더욱 굳건히 다지는 무기가 될 수 있다. 최신 사양의 컴퓨터를 컴퓨터 전문가와 일반인에게 줬을 때 누가 더 컴퓨터를 잘 활용할까? 당연히 컴퓨터 전문가가 활용 범위도 넓고 깊다. 아마도 그들은 주어진 컴퓨터의 성능을 100%까지도 활용할 수 있다. 반면 일반인은 사용 범위가 매우 좁고 한정적이다. 최신 컴퓨터의 성능을 50%라도 제대로 활용할 수 있을지 의문이다. 따라서 전문 지식을 가지고 있는 사람들은 생성형 AI 도구를 매우 효율적이고 다양한 용도로 활용할 것이라는 점은 의문의 여지가 없다. 조금 옆으로 빗나갔지만 어쨌든 '시간'은 직업 선택에 있어 하나의 기준으로 두는 일은 매우 중요하다.

y축은 조직에서 개인이 성과를 인정받을 때 그 보상이 개인적으로 오는 것인지, 아니면 개인이 속해 있는 조직으로 오는지를 말한다. 개인이 직업을 선택하는 데 있어서 '성과에 대한 보상'은 매우 중요하다. '성과에 대한 보상'은 곧 개인의 '욕구 충족'을 말한다. 직업을 선택하고 열심히 일하는 이유가 무엇인가? '매슬로의 욕구 위계론'에 놓고 보면 단계별로 여러 가지가 있을 수 있다. 생활을 유지할 수 있는 경제적인 보상, 즉 급여나 보너스가 있다. 해당 조직에서 이탈되지 않고 계속해서 소속되길 원한다. 또 성과에 대해 칭찬받고 인정받길 원할 수도 있다. 그리고 스스로 자아실현의 성취감이 충족되길 원할 수도 있다. 그러나 이런 성과에 대한 보상이 개인에게 직접 올

수도 있고, 간접적으로 개인이 속해 있는 조직으로 갈 수도 있다.

　보상이 조직으로 갈 때는 개인의 노력은 인정받기 쉽지 않다. 인정한다 해도 개인에게 피부로 와 닿지 않을 수 있다. 1년에 한 번 조직이 먼저 평가받고 이어서 개인이 평가받기 때문에 시차도 발생하고 이뤄낸 성과도 조직에 묻히기 때문이다. 개인이 노력한 결과에 대한 인정이 어떻게 돌아오는지는 중요하다. 결국에는 직무 만족에 영향을 주게 되고 직무 몰입까지 흔들릴 수 있다.

　이처럼 개인이 직업을 선택할 때는 이 두 가지 축을 놓고 고민하는 것이 향후 경로 변경 때 발생하는 기회비용을 최소화할 수 있다. 사람마다 직업 선택의 기준은 다양하다. 이것을 부정하지는 않는다. 그러나 개인이 선택한 직업은 시간 경과에 따라서 변하기 마련이다. 이처럼 외부의 영향이 크든 작든, 강하게 오든 약하게 오든 개인은 이를 미리 고려해서 직업을 선택해야 한다. 적응이냐, 극복이냐는 개인의 '3B'에 달려 있다. 개인 노력에 대한 보상도 마찬가지다. 개인의 '3B'가 어떻게 동작하는지에 따라 직무 만족도의 차이가 달라진다. 자신의 '3B'를 먼저 확인하고, 다음 단계로 개인이 선택하고자 하는 직업의 '변화-성과 매트릭스'를 짚어보길 바란다.

　[그림 23]은 앞서 설명했던 시간과 보상을 두 축으로 정리한 매트릭스다. 독자들의 이해를 돕기 위해 '변화-성과 매트릭스'의 2사분면부터 보자. 그림에서처럼 2사분면은 시간을 놓고 계속 지켜본다면 변화가 적고, 성과에 대한 보상은 조직적이고 간접적으로 돌아

[그림 23] 직업의 변화-성과 매트릭스

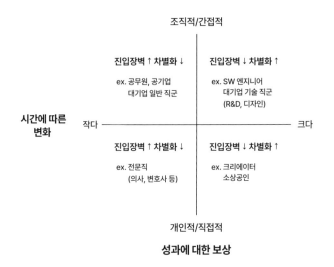

조직적/간접적

진입장벽 ↑ 차별화 ↓

ex. 공무원, 공기업
대기업 일반 직군

진입장벽 ↓ 차별화 ↑

ex. SW 엔지니어
대기업 기술 직군
(R&D, 디자인)

**시간에 따른
변화**
작다 ──────────────── 크다

진입장벽 ↑ 차별화 ↓

ex. 전문직
(의사, 변호사 등)

진입장벽 ↓ 차별화 ↑

ex. 크리에이터
소상공인

개인적/직접적

성과에 대한 보상

온다. 주로 '대기업 일반직군', '공기업', '공무원' 등 관료화된 조직이 해당한다. 긴 시간을 놓고 봤을 때 안정적인 예측이 가능하여 많은 구직자가 선호한다. 이 때문에 지원자들이 많아 취업 경쟁률이 높다. 그래서 '시험' 등으로 진입 장벽을 높게 만들어 놓았다.

이 진입 장벽을 넘어서서 해당 직업에 들어간다면 인생 전반에 걸쳐 다른 어떤 직업보다도 예측할 수 있는 삶의 설계가 가능하다는 장점이 있다. 반면 이런 환경에서는 조직 성과에 개인 기여도를 추려내는 일은 쉽지 않다. 그렇기 때문에 보상도 조직으로 돌아온다. 열심히 노력했다고 생각하는 인재에겐 보상에 불만이 있을 수 있으나, 성과가 저조한 구성원은 조직에 묻혀 작은 노력으로도 해당 조직에 계속 머무를 수 있다. 이게 과연 의미가 있는지는 개인의 주관적인 부분이어서 옳다, 그르다는 말은 못 하겠다.

다음으로 3사분면을 보자. 여기도 시간의 흐름에 따라 직업에 영향을 주는 대내외적 환경의 변화는 작다. 직업 환경에 변화가 있다고 해도 해당 산업의 존립에 큰 파장을 일으키는 수준의 충격은 아니다. 이런 작은 변동은 쉽게 적응할 수 있다. 그리고 성과에 대한 보상과 인정이 개인에게 돌아가므로 여기에 삶의 목표가 있다면 동기 부여가 가장 잘된다. 그래서 사회적으로 가장 선호하는 직업들이 모여 있다. 주로 전문 직군들이며 흔히 의사, 변호사, 회계사 등이 있다.

이 직업들을 보면 보상도 개인적으로 오고, 산업의 변동도 작기 때문에 사회적으로 매우 선망받는 직업들이다. 그래서 가장 높은 진입 장벽을 가지고 있다. 역으로 진입 장벽이 높은 직업이라면 이러한 특성이 있다고 봐도 무방하다. 변화도 작고, 성과에 대한 보상과 인정이 개인에게 직접적으로 돌아오는 직업을 원한다면 이런 직업을 선택하라. 그러나 높은 진입 장벽을 각오하고 준비해야 한다.

이어서 4사분면을 보자. 시간에 따른 변화가 매우 큰 직업군이다. 게다가 누구나 쉽게 뛰어들 수 있다. 즉 진입 장벽이 상대적으로 가장 낮다. 그만큼 경쟁자들이 많아지기 때문에 시장에서 인정받고 생존하기가 쉽지 않다. 그래서 차별화 전략이 필요하다. 개인 또는 해당 조직만의 차별화된 기술이나 능력 그리고 성과 등을 많이 알려서 존재감을 꾸준히 보여줄 필요가 있다.

이 직군들은 시장에서 인정받으면 개인에게 직접적인 성과와 보상이 돌아온다. 소위 '하이 리스크, 하이 리턴^{High Risk, High Return}'이다. 여기에는 주로 크리에이터, 소상공인, 예술, 스포츠 관련 업종에 종사하는 사람들이다. 그러나 성과를 인정받기도 쉽지 않지만, 계속될 것이라고 예상하기는 더 어렵다. 그만큼 변화가 심하다.

여기에는 '유행'이라는 단어에 가장 잘 들어맞지 않을까? 유행에 편승한 이미지나 상품을 갖춘다면 유행할 동안에는 적절한 보상을 받을 수 있다. 그러나 다음 유행을 올라타기 위해 계속 고민하고 준비해야만 한다. 또는 본인만의 차별된 스타일을 잘 유지하고 발전시켜서 소위 '때'가 오기를 기다려야 할 수도 있다.

지금까지 '변화-성과 매트릭스'를 이해한 방법으로 이제 1사분면을 보자. 시간 흐름에 따라 개인이 느끼는 변화는 크지만, 성과에 대한 보상과 인정은 조직적으로 돌아오는 직업들은 무엇이 있을까? 바로 SW 엔지니어나 대기업 내 기술직군이 해당한다. 이 분야는 매우 급격하게 변하고 있다. 2021년도 상황을 보자. 세계적으로 현금 유동성도 높은 상태에서 SW 개발자에 대한 수요가 엄청 높았다. 기존 산업에서는 디지털 전환, IT 산업에서는 블록체인·가상현실과 스타트업에 대한 투자 증가로 SW 개발자의 몸값이 급격히 올랐다. 관련 기업에서는 이들을 채용하고 보상하는 데 비용을 경쟁적으로 투입했다.

그런데 2022년 하반기부터 전 세계가 인플레이션을 우려해서 이율이 급상승했다. 이 과정에서 자금의 흐름이 막히기 시작했다. 가계나 기업체 모두 씀씀이를 줄이면서 SW 엔지니어들의 몸값에 위기가 왔다. 신입 채용보다는 경력 있는 인재들을 더 선호하고, 동일 역량이면 인건비가 적게 드는 인도, 베트남 등의 해외 인력들을 활용하다 보니 임금에 빈익빈 부익부가 생기기 시작했다. 게다가 2022년 11월 '오픈AI'에서 발표한 생성형 AI '챗GPT'로 인해 SW 직종에 있던 사람들의 직업에 더 큰 위기가 왔다. AI 산업에 소속된 SW 엔지니어들은 가치가 더 올라갔지만 타 분야의 SW 개발자나 SW 중심의 기업에는 위기로 다가왔다.

여기저기에서 해고 소식들이 들려왔다. 세계 주요 테크 기업의 해고 현황을 추적하는 웹사이트(Layoffs.fyi)에 따르면, 2024년 들어 2월 22일까지 생성형 AI로 인해 테크 기업 159곳에서 4만 1,800명의 직원을 해고했다는 뉴스가 나오기도 했다.[120] 이처럼 SW 직업은 시간의 흐름에 따른 변화도 크지만, 능력에 대한 보상과 인정은 SW 엔지니어들의 천정부지로 오른 연봉처럼 돌아온다. SW 산업은 지금도 계속 급변하고 있다. SW 엔지니어들은 계속해서 그들의 역량을 업그레이드해 나가야만 한다. 그렇게 해야만 『거울 나라의 앨리스』에 나오는 '붉은 여왕'[121]처럼 최소한 자기 자리를 지키고 있을 수가 있다.

1사분면의 직업은 누구나 SW 언어를 배울 수도 있고, 디자인업으로 뛰어들 수도 있다. 개인이 진입하는 데는 큰 장벽이 없다. 그러나 여기서 인정받는 인재가 되기 위해서는 남과 다른 차별된 역량을 가지고 있어야만 한다. 다양한 언어를 알고 있다든지 새로운 언어를 빨리 배운다든지 아니면 다른 SW 개발자가 10줄로 만드는 코드를 단 2~3줄로 끝낼 수 있는 그런 역량이 필요하다.

이곳은 개인과 조직 모두에게 변화가 활발하게 일어나는 직업이다. 개인의 역량을 쏟아부어 조직의 성과로 만들어만 한다. 그러나 보상과 인정은 조직 성과가 좋든 나쁘든 간에 개인에게 직접적으로 오지는 않는다. 조직이 한번 완충 역할을 하므로 영향을 직접 받지도 않는다. 즉 4사분면 직업에 종사하고 있는 사람들보다는 충격이 약하게 다가오는 장점이 있다.

일반적으로 직업을 선택할 때는 이렇게까지 짚어보고 시작하지는 않는다. 현재 나의 학업 성적, 관심사, 부모 또는 친구 등 주위 환경의 영향을 받아 진로를 선택한다. 부디 진로 선택의 실패로 중도에 경로를 변경하는 일이 가능한 없기를 바란다. 여기서 말하는 경로 변경은 앞서 본 [그림 23]의 '변화-성과 매트릭스'에서 사분면의 경계를 넘어서는 수준의 변경을 말한다. 주위를 보면 대기업을 잘 다니다가 갑자기 대학원 진학이나, 공무원 시험 또는 장사나 사업을 한다며 사표 내는 일을 흔치 않게 본다.

결국 본인이 하고 싶은 일을 찾으러 간다. 이런 일이 생기기 전에 먼저 자신의 기질에 맞는 직업 방향을 설정한다면 경로 변경에 따른 시간과 경험을 헛되이 날리지는 않을 것이다. 이 점이 이번 장에서 강조하고 싶은 말이다. 시중에 떠도는 말로 '이직의 끝은 자기 성격대로 간다'라고 한다. 이 일 저 일로 옮겨가며 이직하다 보면 결국에는 본인의 성격에 잘 맞는 곳에 정착한다는 뜻이다. 개인 입장에서는 다양한 경험을 쌓았다고도 생각할 수 있다.

그러나 그동안 투입한 시간, 비용, 개인의 노력을 처음부터 제대로 선택한 직업에서 계속 달려왔다면 그 성장의 차이는 얼마나 크겠는가? 이 점을 생각하면 매우 안타깝다. 최근에는 바람직한 변화로 구직자가 입사를 결정할 때 '적성에 맞는 업무를 가장 먼저 본다'라는 항목이 1순위인 설문조사도 있었다.[122] 이러한 구직자들의 인식 변화에 조직과 리더들은 관심을 갖고, 명심해야만 한다.

이 글을 읽는 개인도 반드시 자신의 '3B: Bowl(기질), Ball(학습 능력), Ball-Driving(동기)'을 찾길 바란다. 그리고 '변화-성과 매트릭스' 기준으로 자신에게 가장 잘 맞고, 앞으로도 중도에 경로를 바꾸는 일 없이 진정으로 후회하지 않을 직업을 선택하길 바란다. 미하이 칙센트미하이의 글을 소개하며 이번 장을 마친다.

"자신의 능력을 100% 활용할 수 있는 곳을 찾을 것. 특히 자신의 가치관과 실력을 유감없이 발휘할 수 있는 기회가 존재하는 직장을 찾으라는 것이다. 바꿔 말하면 업무를 통해 몰입을 경험할 수 있는, 이른바 영혼을 지닌 근무 환경을 찾으라는 것이다."[123]

나가는 글

기업가는 화가와 달라서 혼자 할 수 있는 것이 없다.
훌륭한 인재를 지속적으로 유치하고,
회사와 함께 성장하는 것이 중요하다.

— 헤르만 지몬(Hermann Simon)

리더와 조직, 인재가 함께 성장하기를 희망하며

이 책을 관통하는 주제는 단순하고 명백하다. 조직 구성원들이 그들의 직무에 몰입하면 할수록 조직의 성과가 올라간다는 사실이다. 리더는 구성원들에게 직무 몰입을 강요할 필요가 없다. 환경을 갖추고 실행만 하면 된다. 여기에 필요한 리더의 무기이자 도구가 '인재분해: 3B' 모델이다. 조직 구성원들의 '3B: Bowl(기질), Ball(학습 능력), Ball Driving(동기)'을 먼저 파악하면 된다. 다음으로 '기질'에 적합한 직무에 배치하고 '학습 능력'을 잘 발휘할 수 있도록 '동기와 욕구'를 관리하면 된다. 더불어 '3B' 모델이 제대로 동작하기 위해 조직 내 '심리적 안전감'을 보장하고, 이 모든 것을 위해 구성원들과

'원온원'을 자주 가져야만 한다. 소통의 결과를 실질적으로 조직에 반영하고 지속 운영하는 것이 리더의 역할이다.

어떤 선지자는 이렇게 말했다.

"좋은 인재를 찾아내려면 '끊임없는 관찰'이 답이다. 탁월한 채용을 위해서는 시간과 노력을 기울여서 사람을 관찰해야 한다."[124]

채용 단계뿐만 아니라, 이미 리더 조직에 있는 구성원들에 대해서도 호기심을 가지고 끊임없이 관찰하길 바란다. 여기에 하소연하는 리더들의 상황도 충분히 이해된다. 리더들이 겪는 힘든 상황을 몇 가지 소개해 보면 다음과 같다.

대기업 조직에 있을 때를 떠올려 보면 리더들은 매일매일 정신이 없었다. 위로부터는 새로운 업무 지시들이 수시로 쏟아졌다. 인사부서에서는 부서원 수를 계속해서 줄이길 요구했다. 하루 일과 중 구성원들의 얼굴도 보기 힘들 뿐만 아니라, 부서 일을 빠뜨리지 않고 관리하는 데도 많이 힘들어했다.

사회에서 몇몇 리더들을 만나 보면, 인재를 채용하고 싶은데 사람이 없다는 하소연을 많이 듣게 된다. 채용공고를 올려도 지원자가 오지 않는다고 한다. 사람 좀 구해 달라고 하소연이다. 이런 고민이 없는 리더들은 다행이지만, 대부분은 채용공고를 올리기만 하면 지원자들이 알아서 찾아오는 사업체를 운영하고 있지는 않을 것이다.

또 어떤 리더는 현상 유지에만 신경 쓰고 있었다. 현재 조직 운영이 원활하게 잘 돌아가고 있기에, 모두가 지금처럼만 해 주면 문제가 없다고 생각하고 있었다. 조직과 구성원의 성장은 리더의 관심사가 아니었다.

당장 조직 생존에 급급한 리더들도 있었다. 주로 스타트업 대표들을 만났을 때 많이 느꼈다. 여기 대표들은 조직의 생존이 더 중요한 상황이었다. 매출을 올려서 자생력을 키우든지, 외부 투자자를 찾고 성공적으로 투자를 받는 것이 더 시급했다.

이 사례들은 두 가지로 나눠서 생각해 볼 수 있다.

첫째는 '매슬로의 욕구 위계설'에 놓고 볼 때, 여기 리더들은 하위 단계의 욕구 수준에 머물고 있다. 당장 조직의 생존과 유지가 더 급한 리더들이다. 어느 날, 인생 경험이 풍부한 연배 있는 대표로부터 이런 말을 들었다. "최 대표의 사업 아이디어는 꼭 필요하고 좋은데 그런 날은 3년 뒤나 가능할 거요." 처음에는 '시장에서 3년을 버티면 인정받는 날이 오겠구나'라고 생각했다. 그런데 시간이 흐르면서 곰곰이 생각해 보니 그건 좋게 포장해서 말씀하신 거였다. 행간을 보면 '내가 너무 이상적이어서 생존에 급급한 리더들이 받아들이기는 어렵다'라는 뜻이었다.

둘째는 리더들이 현재 구성원들의 성과에 만족하고 있는 상태다. 리더가 구성원들과 힘을 합쳐서 회사와 조직을 잘 운영하고 있다면 지금까지의 조언은 필요가 없다. 그렇지 않다면 리더의 목표가 현 수준에 만족해서 더 이상의 성장 동기가 없는 상태이다. 변화가 급격한 이 시대에 조직을 유지하는 일도 쉽지는 않다. 그렇다고 리더

개인의 현실 안주가 조직의 안전을 보장하지도 않는다. '붉은 여왕 효과'를 명심하자. 게다가 조직 구성원들의 욕구를 리더가 읽어 주지 않으면 그들은 이내 떠나 버린다. 현 조직이 자신들의 성장과 미래를 보장하지 않는다고 생각하기 때문이다.

이 내용의 키워드는 '생존'과 '성장'이다. 리더만 고민하고 멀티플레이어로 뛰어다닌다고 조직을 생존시키고 성장시킬 수는 없다. 조직 구성원들의 역량을 하나로 모아야 가능하다. 그렇다고 조직 구성원들 하나하나 신경 쓸 겨를은 없을 것이다. 그래서 각자의 직무에서 자발적 동기로 몰입하게 만들어야 한다. 여기에 '3B' 모델이 필요한 이유다.

리더가 정신없이 바쁜 상황을 개선할 방법도 있다. 리더들의 바쁨은 조직의 성장이 아니라, 오히려 위태롭게 만든다. 리더들의 역할과 권한을 구성원들과 나눠라. 구성원들은 리더로부터 신뢰받고, 직무의 자유도가 넓어지는데 어느 누가 싫어할까? 즉 '권한위임'이다. 리더는 여기서 확보한 시간과 에너지를 구성원들의 3B를 파악하는 데 할애하고, 이를 토대로 적합한 직무를 맡겨라. 그러면 그들은 높은 직무 몰입으로 조직 생산성을 더욱 높여줄 것이다. 제프리 페퍼는 "관리자들이 근로자들에게 공헌하고 학습할 동기를 부여하고 싶다면 그들이 가진 권한의 일부를 포기해야만 한다"[125]라고 강조했다.

직무에 적합한 기질을 보유한 인재도 찾았고, 검증 결과 학습 능력도 크다. 동기도 자발적으로 발휘하고, 조직 미션과도 잘 맞아떨어진다. 적어도 리더 조직에서 필요로 하는 인재를 찾은 것에 먼저 축하한다. 여기에 한 가지 더 중요한 팁을 드리고자 한다. 인재가 리더 조직에 계속 머무르게 하는 방법이다. 앞의 조건만 충족해도 인재의 직무 만족도는 높아진다. 그러나 인간이 느끼는 행복의 역치는 충족되는 순간 둔감해진다. 보너스나 진급으로는 지속적인 인재의 몰입을 유도할 수 없다고 주장하는 이유이다. 결국 이런 외적 동기부여 방식은 일시적인 만족만 주고 곧 사라진다.

이 문제에 대한 해답을 제안하자면 다음과 같다. 인재들은 무엇보다도 성장을 원한다. 제자리에 머물고 싶어 하는 인재들은 역할과 성장이 정체되고 과거 지향적인 생각으로 결국 조직과 시장에서 도태된다. 이들을 도전적인 자세로 역량을 계속 발휘하는 인재로 유지하기 위해서는 리더도 마음가짐을 다르게 가져야 한다. 바로 '성장 마인드'다. 조직이 성장해야 리더도 구성원들도 성장하는 즐거움을 느낀다. 리더가 현 수준만 유지하려고 한다면 인재들은 금방 사라진다. 미래가 없기 때문이다.

이와 관련한 설문조사 결과를 보자. 미국에서는 '성장 기회가 없어서 직장을 그만둔다는 사람이 63%나 된다'[126]고 한다. 우리나라에서도 20~30대 직장인 기준으로 개인의 성장과 회사의 전망이 좋지 않아서 퇴사한다는 비율이 39.5%나 된다.[127] 그래서 흔히 조직의 MVC^Mission, Vision, Core Value를 제대로 정립하라고 요구한다. 이 MVC가 조직이 나아갈 방향이고, 구성원들은 동참하는 동기가 된다. 전문가들은 MVC를 수립할 때 구성원들이 함께 모여 만들기를 추천한다. 리더 혼자 꾸는 꿈은 누구의 공감도 얻지 못하는 망상이 될 수 있다. 구성원들과 함께 꾸는 꿈은 조직의 핵심 동력이 된다. 그 동력을 한 방향으로 맞춰야 비로소 추진력이 생긴다.

과거 구글 최고인적자원책임자CHRO이자 인사 담당 수석부사장이었던 라즐로 복은 직원들의 일하는 의미와 참여가 중요하다는 점을 이렇게 강조했다.

"매력적인 사명을 발견하고 투명하게 공개하며 직원이 자기 목소리를 낼 수 있도록 하는 것은 어떻게 보면 실용적이기도 하다. 유능하고 쉽게 자리를 옮길 수 있으며 동기부여가 충실한 전문가와 기업가는 이런 환경을 요구한다. 앞으로 다가올 수십 년을 전망하면, 세상에서 가장 재능이 있고 가장 열심히 일하는 사람들은 자기에게 의미 있는 일을 할 수 있고 또 자기 조직의 운명을 결정하는 데 주도적으로 목소리를 낼 수 있는 기업으로 몰려들 것이다. 이는 도덕적인 차원의 일이기도 하다."[128]

조직 내 뛰어난 인재는 자기 일을 통해서 의미를 느끼고 성장하는 것을 중요하게 생각한다. 그것이 곧 동기다. 지구가 자전과 공전을 하기 때문에 태양계 내에 위치하고 달과 수많은 위성이 궤도를 이탈하지 않는다. 리더가 정체되어 있으면 인재는 벗어날 수밖에 없다. 이런 조직에 있는 인재들은 일의 재미를 느끼지 못한다. 그들의 직무에 몰입할 수 없다. 대표가 그러하듯이 구성원들도 현상 유지로 일하게 된다. 현상 유지는 곧 뒤처지는 것이다. 항상 조직과 구성원들의 성장을 우선 생각하라.

머릿속에 오랫동안 남아 있는 경험이 있다. 한 번은 그룹 관계사와 미팅을 할 때였다. 내가 속해 있던 조직은 어느덧 성장이 정체되었고, 대외 환경도 하강 추세였다. 조직 구성을 보면 일부 부장급 인재들조차도 실무 담당을 맡고 있었다. 상대하는 관계사 조직 책임자는 과장급이었다. 성장 조직에서는 과장급 직원이 조직 책임자를 맡고 있었고, 그 밑으로도 계속 인력을 충원하는 중이었다. 이때 성장하는 조직은 인재들도 함께 성장하고, 정체된 조직은 인재들도 성장을 멈춘다는 사실을 깨달았다. 게다가 조직이 쪼그라들면 인재가 역량을 발휘할 기회는 더더욱 줄어든다.

성장하는 조직은 그 과정에서 성장통을 당연히 겪겠지만 구성원들은 일하는 재미가 있다. 이때의 고통은 인재에게 소중한 노하우가 된다. 인재 또한 회피하지 않고 성장에 필요한 경험으로 받아들인다. 선순환이 되는 것이다.

소위 일 잘하는 인재는 상사를 진급시키는 사람이라는 말이 있다. 인재가 속한 조직이 성과를 인정받고 리더가 진급하거나 상위 부서로 영전하게 되면 비어 있는 조직 책임자 자리를 그 인재가 이어받게 된다. 서로가 함께 성장한다. 일을 계속 잘하게 만드는 최고의 방법은 조직과 인재가 함께 성장하는 길이다.

조직원들의 역량을 뭉쳐서 한 방향으로 끌고 가기 위해서는 리더의 '성장 마인드'가 그래서 중요하다. 매슬로의 욕구 위계론에 나오는 모든 단계를 한꺼번에 아우를 수 있는 목표가 '성장 마인드'이고, '성취 욕구'이다. 생리적 욕구, 안전의 욕구, 소속의 욕구, 인정의 욕구, 자아실현의 욕구 등 조직 내 다양한 인재들의 다양한 욕구를 충족시켜 주는 방법은 조직의 '성장'이다.

질서 있는 현상 유지가 중요하다고 인식되는 관료적인 업무들도 방법이 있다. 직무 영역의 확장을 꾀할 수도 있고, 더 깊이 파고들거나 더 효율적으로 처리하는 방식으로 역량을 키울 수 있다. 성장이 반드시 경영 성과 지표만 있다고 생각할 필요는 없다. 변화를 거부하며 현실에 안주하고 싶어 하는 인재들도 있을 수 있다. 나 자신도 변화를 추진했던 상사에 반해서 거부한 적도 있었다. 이들에게는 리더가 생각하는 변화에 대한 서툰 강요가 아니라 대화가 우선되어야 한다.

사실 변화에 강하게 반대하는 인재는 그래도 무엇이 더 나은지에 대해 고민하고 열정적인 태도를 가지고 있다. 어중간한 위치에 있는 구성원들이 이래도 좋고 저래도 좋다는 생각뿐이다. 자신의 의견이 강한 인재들은 이해가 되고 설득이 되면 더욱 적극적으로 참여한다. 변화의 방향에 반대하는 힘이 아니라, 그들의 학습 능력을 발휘하여 함께한다. 억지로 강요하면 인재는 더욱 반발하거나 일에 대한 열정이 사라지고 최소한의 에너지만 투입한다. 즉 '조용한 사직'을 한다.

조직 성장을 위해 변화를 이끄는 리더는 이들에게 귀를 열고 무슨 말을 하는지 듣는 일이 우선이다. 이것이 그들을 직무에 몰입하게 만드는 가장 쉬운 방법이다. 현재 리더와 함께하고 있는 구성원들은 채용을 결정했을 당시에는 인재라고 확신하고 선택한 사람들이다. 리더의 잘못된 조직 관리로 인재샤를 인재ㅆ로 만들지 마라.

리더는 조직의 방향을 제시하는 나침반이자, 구성원의 숨겨진 가능성을 일깨우는 조력자다. 이 책은 리더가 인재를 '발견'하고, '성장'시키는 과정을 통해 조직과 리더 자신도 '성장'할 수 있도록 돕고자 하는 진심에서 출발했다. '인재분해: 3B$^{Bowl, Ball, Ball Driving}$' 모델은 조직 내 인재를 이해하는 새로운 관점을 제공하는 데 목적이 있다. 구성원의 기질을 파악하고 학습 능력을 키우며, 그들을 움직이는 동기를 발견하는 일은 단순한 관리가 아니라 진정한 리더십의 시작이다. 리더의 노력은 조직의 변화를 이끌고, 구성원의 성장을 뒷받침하며, 결국 모두가 함께 더 큰 성장을 가져온다. 리더와 인재가 함께 성장할 때 더 큰 성과가 저절로 따라온다.

마지막으로, 이 책을 읽는 모든 조직과 개인 삶의 리더에게 진심 어린 응원을 보낸다. 여러분의 선택과 행동이 조직에는 생존과 성과를, 조직 구성원에게는 몰입과 성장을, 개인에게는 주체적인 삶을 가져다줄 것이다. '인재분해: 3B'와 함께하는 리더들의 여정에 행운과 성공이 가득하길 빈다.

참고 문헌

1 이후 한자를 별도로 표기하지 않은 '인재'는 '人材'를 말한다.

2 이 책에서는 '직원'이라는 좁고 한정된 느낌의 표현보다는 조직 내 리더와 함께 일하는 모든 직원을 포괄하는 '조직 구성원 또는 구성원'이라는 표현을 주로 썼다. 그렇지만 인용 글이나 독자의 쉬운 이해를 위해 '직원'이라는 단어도 함께 사용했다.

3 제프리 페퍼 지음, 포스코경영연구소 옮김, 『사람이 경쟁력이다』, 21세기북스, 2009.

4 리처드 니스벳 지음, 최인철 옮김, 『생각의 지도』, 김영사, 2004.

5 "다음이 온다 시즌 2 〈격차의 시대〉, 한국 사회 DNA, 갈등을 넘어", KBS, 2022.

6 더글러스 맥그리거 지음, 한근태 옮김, 『기업의 인간적 측면』, 미래의창, 2006.

7 미하이 칙센트미하이 지음, 심현식 옮김, 『몰입의 경영』, 민음인, 2006.

8 폴 마르시아노 지음, 이세현 옮김, 『존중하라, 존중받는 직원이 일을 즐긴다』, 처음북스, 2013.

9 https://www.theglobaleconomy.com/economies/

10 노동 생산성 지수는 미국을 100으로 기준해서 산출한다. 미국의 노동 생산성이 상대적으로 더 많이 올라가면 우리나라의 지수 상승 폭이 줄어들 수 있다. 여기서 중요한 점은 미국의 상승 폭만큼 우리나라가 못 따라가고 있다는 것이다. https://www.theglobaleconomy.com/economies/

11 피플 애널리틱스 연구팀 지음, 『HR테크혁명』, 삼성글로벌리서치, 2022.

12 "직장인이 생각하는 '일과 월급의 관계'" (직장인 3,923명 대상), 사람인, 2022.

13 "직장인 과반, 지금 '조용한 퇴사' 중" (직장인 1,097명 대상), 인크루트, 2024.

14 폴 마르시아노 지음, 이세현 옮김, 『존중하라, 존중받는 직원이 일을 즐긴다』, 처음북스, 2013.

15 현 회사에 얽매이지 않고 스스로 더 나은 연봉이나 근무 환경, 커리어 관리 등을 위해 회사를 쇼핑하듯이 옮겨 다니는 현상을 말한다.

16 "잡호핑족 현황"(20~30대 직장인 1,724명 대상), 잡코리아, 2020.

17 "당신은 침팬지와 고슴도치를 키우고 있는가… 경영 사상가 짐 콜린스", 「조선일보 Weekly Biz」, 2010.

18 "위대한 기업을 만드는 비결은 없다… 이창양의 경제 산책", 「조선일보 Weekly Biz」, 2012.

19 닐 도쉬·린지 맥그리거 지음, 유준희·신솔잎 옮김, 『무엇이 성과를 이끄는가』, 생각지도, 2016. "나무위키: 던바의 수"

20 물론 배구, 농구 등 다양한 스포츠 종목이 있으나 여기서는 우리가 흔히 접할 수 있는 스포츠 중에서 경기장 규격이 큰 곳에서 치러지는 대표적인 종목으로 선택했다.

21 원온원은 리더와 구성원이 특정 주제를 논의하기 위해 정기적이거나 비정기적으로 진행하는 대화이다. 이는 목표를 정하거나, 피드백을 제공하고, 문제를 해결하거나, 신뢰를 구축하는 데 효과적이다.

22 에릭 슈미트·조너선 로젠버그·앨런 이글 지음, 김민주·이엽 옮김, 『빌 캠벨, 실리콘밸리의 위대한 코치』, 김영사, 2020.

23 앞의 책에서는 '코칭'을 다음과 같이 설명하고 있다.
"코칭의 철학은 모든 사람이 '전인적'이라는 믿음에서 출발한다. 코칭에는 세 가지 철학이 있다.
첫째, 모든 사람에게는 무한한 가능성이 있다.
둘째, 그 사람에게 필요한 해답은 모두 그 사람 내부에 있다.
셋째, 해답을 찾기 위해서는 코치가 필요하다. 코칭의 목적은 피코치자의 자아실현을 돕는 것이다. 자아실현의 의미는 피코치자 자신의 지닌 능력이나 잠재력을 최대한 발휘하는 것이다.

24 리드 호프만 외 지음, 정수진 옮김, 『하버드 머스트 리드:인사 혁신 전략』, 매일경제신문사, 2019.

25 "직원들의 동기부여는 돈이 아닌 '자율성'으로부터 나온다", 네이버 블로그 〈인터비즈〉, 2023.

26 구본권 지음, 『메타인지의 힘』, 어크로스, 2023.

27 램 차란·도미닉 바튼·데니스 캐리 지음, 서유라·정유선 옮김, 『인재로 승리하라』, 행복한북클럽, 2018.

28 더글러스 맥그리거 지음, 한근태 옮김, 『기업의 인간적 측면』, 미래의창, 2006.

29 입사 당시에는 회사명이 '삼성전관'이었으나 1999년 11월에 '삼성SDI'로 변경했다. 여기서는 현재의 회사명으로 표기했다.

30 통계청, 「연간고용동향」 15세 이상, 2023.

31 국가통계포털 KOSIS, 「일자리 이동 통계」 15.5%=이동자 396만 2,000명/총취업자 2,549만 명×100, 2021.

32 "첫 직장을 유지 또는 퇴사하는 이유" (경력 10년 미만 직장인 715명 대상, 복수 응답), 잡코리아, 2022.

33 통계청, 「경제활동인구조사」 정규직+비정규직 포함, 2023. 8.

34 "직원 채용 시간과 비용" (기업 499개 사 대상), 사람인, 2022.

35 통계청, 「장래인구추계」, 2024.

36 국가통계포털 KOSIS, 「지출항목별 생활비 평균」, '식료품비' 항목 내 '가정식비', 2022.

37 "직원 채용 시간과 비용" (기업 499개 사 대상), 사람인, 2022.

38 수습 기간 3개월은 사회 통념상 일반적인 기간을 가져왔다. 그리고 수습 기간이 끝났다고 바로 퇴사시킬 수 없는 점은 잘 알 것이다. 관련 법령과 고용 계약서를 잘 확인하길 바란다.

39 저자가 속해 있던 부서의 직속 상사는 아니었으나 매트릭스 조직 구성으로 인해 함께 개발하는 부서의 리더였다.

40 위키백과 '박병호'

41 "[박동희의 입장] 박병호의 깨달음, "딱 한 번 사는 인생이다", https://blog.naver.com/shtks/80167202232, 2012.

42 강영미 지음, 『기질상담이론』, 한국기질상담협회, 2022.

43 Big 5 검사는 개방성, 성실성, 외향성, 친화성, 신경성의 5가지 특성으로 분석한

다. 이는 개인의 성격을 특정한 유형에 한정 짓지 않고 다양한 특성을 낮음에서 높음까지 다양한 수준으로 평가한다.

44 조슬린 데이비스 지음, 김지원 옮김, 『인문학 리더십』, 반니, 2016.

45 '기질 상담 이론'에서는 축의 가운데에 안정형의 한 가지 기질이 더 추가되어 총 5가지로 설명하고 있고, 'DISC 행동 유형'은 이와 유사하게 4가지 유형으로 설명하고 있다. 여기서는 리더가 현실적으로 이해하고 관리하기 쉽게 두 가지 축의 4가지 유형만으로 구분했고, 인재의 기질을 이해하는 데도 충분하다.

46 내용 참조 도서: 강영미 지음, 『기질상담이론』, 한국기질상담협회, 2022., 홍광수 지음, 『홍광수의 K-DISC 관계 혁명』, 북소울, 2023.

47 "I에게 E처럼 행동하라고 하지 말아야 한다?", 「하버드 비즈니스 리뷰」, 2022. 12.

48 사람을 4가지 체질(태양, 태음, 소양, 소음)로 나누어 각각의 체질에 맞는 치료 방법을 제시한다.

49 레이 달리오 지음, 고영태 옮김, 『원칙』, 한빛비즈, 2018.

50 조직 내 탁월한 업무 성과를 내는 인재를 진급 대상 자격이 되기도 전에 몇 년 앞서 진급시키는 제도나 절차를 뜻한다.

51 조직에서 사용하는 'TO'는 'Table of Organization' 또는 'Table of Organization and Equipment'의 약자로 조직 구조와 직책, 인원 배치, 그리고 필요한 장비 등을 체계적으로 정리한 표이다. 이를 통해 조직 내에서 각 부서와 직책의 역할 및 인원수를 명확히 파악할 수 있게 하며, 조직의 운영과 관리에 중요한 역할을 한다.

52 구본권 지음, 『메타인지의 힘』, 어크로스, 2023.

53 에드 캣멀·에이미 월러스 지음, 윤태경 옮김, 『창의성을 지휘하라』, 2014.

54 애덤 그랜트 지음, 홍지수 옮김, 『히든 포텐셜』, 한국경제신문, 2024.

55 에릭 슈미트·조너선 로젠버그·앨런 이글 지음, 김민주·이엽 옮김, 『빌 캠벨, 실리콘밸리의 위대한 코치』, 김영사, 2020.

56 조혜선, 「메타인지 척도의 개발과 타당화」, 2020.

57 미하이 칙센트미하이 지음, 심현식 옮김, 『몰입의 경영』, 민음인, 2006.

58 칩 히스·댄 히스 지음, 안진환·박슬라 옮김, 『스틱!』, 웅진지식하우스, 2007.

59 에이브러햄 매슬로 지음, 소슬기 옮김, 『매슬로의 동기이론』, 유엑스리뷰, 2018.

60 앞 책에서는 'The Love Needs'만 표기되어 있으나, 여기서는 일반적으로 알려진 '소속(Belonging)'의 욕구를 추가해서 표기했다.

61 이동귀·손하림·김서영·이나희·오현주 지음, 『나는 왜 꾸물거릴까?』, 21세기북스, 2023.

62 에이브러햄 매슬로 지음, 오혜경 옮김, 『동기와 성격』, 연암서가, 2021.

63 에이브러햄 매슬로 지음, 소슬기 옮김, 『매슬로의 동기이론』, 유엑스리뷰, 2018.

64 닐 도쉬·린지 맥그리거 지음, 유준희·신솔잎 옮김, 『무엇이 성과를 이끄는가』, 생각지도, 2016.

65 롤프 옌센 지음, 서정환 옮김, 『미래 경영의 지배자들, 드림 소사이어티』, 리드리드출판, 2017.

66 19세기 영국 철학자이자 경제학자였던 존 스튜어트 밀이 공리주의 주장하며 이 명언을 남겼다.

67 흉강에 공기가 들어가 폐가 찌그러지면서 흉통과 호흡곤란을 일으키는 질환이다.

68 의학적인 소견은 아니다. 단지 매슬로가 말했던 "인간은 중요한 욕구가 충족되지 않으면 병리적 현상이 나타난다"라는 내용에 동의하기 때문에 이와 같이 표현했다.

69 구본권 지음, 『메타인지의 힘』, 어크로스, 2023.

70 "반골형 인재의 가장 중요한 특성: 호기심", 「하버드 비즈니스 리뷰」, 2017.4월.

71 에이브러햄 매슬로 지음, 오혜경 옮김, 『동기와 성격』, 연암서가, 2021.

72 미하이 칙센트미하이 지음, 이희재 옮김, 『몰입의 즐거움』, 해냄, 1999.

73 애덤 그랜트 지음, 홍지수 옮김, 『히든 포텐셜』, 2024.

74 더글러스 맥그리거 지음, 한근태 옮김, 『기업의 인간적 측면』, 미래의창, 2006.

75 힘은 산을 뽑을 만하고 기운은 세상을 덮을 만하다는 뜻으로, 중국 초나라의 항우를 일컫는 말이다.

76 신현만 지음, 『사장의 원칙』, 21세기북스, 2019.

77 조시 카우프만 지음, 이상호·박상진 옮김, 『퍼스널 MBA』, 진성북스, 2014.

78 라일 스펜서·시그네 스펜서 지음, 민병모·박동건·박종구·정재창 옮김, 『핵심 역량 모델의 개발과 활용』, 피에스아이컨설팅, 1998.

79 "학교 성적? 전문성? 입사 면접 대부분은 시간 낭비… 구글 인사 담당 수석 부사장 라즐로 복",「조선일보 Weekly Biz」, 2015.

80 "학벌과 스펙, 직무성과와 관련 없어",「한국경제신문」, 2022.

81 강성춘 지음,『인사이드 아웃』, 21세기북스, 2020.

82 피플 애널리틱스 연구팀 지음,『HR테크혁명』, 삼성글로벌리서치, 2022.

83 "첫 직장을 유지 또는 퇴사하는 이유" (경력 10년 미만의 직장인 715명, 중복 선택), 잡코리아, 2022.

84 에릭 슈미트·조너선 로젠버그·앨런 이글 지음, 김민주·이엽 옮김,『빌 캠벨 실리콘밸리의 위대한 코치』, 김영사, 2020.

85 랜디 로스 지음, 김정혜 옮김,『앞서가는 조직은 왜 관계에 충실한가』, 현대지성, 2020.

86 고용노동부,「23년 하반기 기업채용동향 조사 결과」(대기업 315곳 조사), 2024.

87 한국경영자총협회,「2016년 신입사원 채용실태 조사」, 2016.

88 In-Sue Oh, Seongsu Kim, and Chad H. Van Iddekinge, "Taking It to Another Level: Do Personality-Based Human Capital Resources Matter to Firm Performance?" Journal of Applied Psychology, vol. 100, no. 3 (2015): 935–947.

89 "머리는 집에 두고 출근하라고요?… 정동일의 '사람이 경영이다'",「조선일보 Weekly Biz」, 2014.

90 레이 달리오 지음, 고영태 옮김,『원칙』, 한빛비즈, 2018.

91 신현만 지음,『사장의 원칙』, 21세기북스, 2019.

92 스티븐 로빈스 지음, 오인수·김성수·이종구 옮김,『사람 경영』, 2016.

93 빅토리아 A. 후버마이어 지음, 정재창·백진기·김기덕 옮김,『심층면접질문 701』, 2016.

94 라일 스펜서·시그네 스펜서 지음, 민병모·박동건·박종구·정재창 옮김,『핵심 역량 모델의 개발과 활용』, 피에스아이컨설팅, 1998.

95 피플 애널리틱스 연구팀 지음,『HR테크혁명』, 삼성글로벌리서치, 2022.

96 "채용에 대한 당신의 접근법은 모두 틀렸다", 피터 카펠리,「하버드 비즈니스 리뷰」, 2019. 5~6.

97 넷플릭스의 공동 설립자이자 전 CEO인 리드 헤이스팅스와 패티 맥코드에 의해

널리 알려졌다.

98 피플 애널리틱스 연구팀 지음, 『HR테크혁명』, 삼성글로벌리서치, 2022.

99 게리 해멀·빌 브린 지음, 권영설·신희철·김종식 옮김, 『경영의 미래』, 세종서적, 2009.

100 "업무 몰입도 측정의 오류", 피터 카펠리·리앗 엘더, 「하버드 비즈니스 리뷰」, 2019. 9~10.

101 에이브러햄 매슬로 지음, 오혜경 옮김, 『동기와 성격』, 연암서가, 2021.

102 램 차란·도미닉 바튼·데니스 캐리 지음, 서유라·정유선 옮김, 『인재로 승리하라』, 행복한북클럽, 2018.

103 에드거 샤인·피터 샤인 지음, 노승영 옮김, 『리더의 질문법』, 심심, 2022.

104 Psychological Safety를 일반적으로는 '심리적 안전감'으로 번역한다. 그러나 번역 도서에서는 '심리적 안정감'으로 사용하고 있어 여기에 충실하기 위해 그대로 가져왔다.

105 에이미 에드먼슨 지음, 최윤영 옮김, 『두려움 없는 조직』, 다산북스, 2019.

106 위와 같은 자료에서 발췌

107 사이먼 사이넥 지음, 이지연 옮김, 『리더는 마지막에 먹는다』, 내인생의책, 2014.

108 리드 호프만 외 지음, 정수진 옮김, 『하버드 머스트 리드: 인사 혁신 전략』, 매일경제신문사, 2019.

109 에이미 에드먼슨 지음, 최윤영 옮김, 『두려움 없는 조직』, 다산북스, 2019.

110 더글러스 맥그리거 지음, 한근태 옮김, 『기업의 인간적 측면』, 미래의창, 2006.

111 QCD는 Quality, Cost, Delivery 약자로서 기업에서 신제품을 개발할 때 품질, 재료비, 개발 일정의 목표를 수립하는 항목으로 활용하고 있다.

112 에이브러햄 매슬로 지음, 왕수민 옮김, 『인간 욕구를 경영하라』, 리더스북, 2011.

113 최보인·장철희·권석균, 「개인-조직 적합성과 개인-직무 적합성의 효과성 연구」, 조직과 인사관리연구 제35집 1권 2011년 2월 (pp. 199-232)

114 에이브러햄 매슬로 지음, 왕수민 옮김, 『인간 욕구를 경영하라』, 리더스북, 2011.

115 국가통계포털 KOSIS, 「이동전화 용도별 회선 수」 휴대폰 Data (태블릿PC, IoT 등 제외), 2024. 3.

116 쇼펜하우어 지음, 김지민 엮음, 『쇼펜하우어 인생수업』, 하이스트, 2024.

117 애덤 그랜트 지음, 홍지수 옮김, 『히든 포텐셜』, 한국경제신문, 2024.

118 "직장에서 자리 잡지 못하는 청년들, 이유는? 1077호", 「명대신문」, 2020.

119 Plasma Display Panel의 약자이다. 브라운관 TV로 알려져 있던 CRT TV는 무겁고 부피가 컸다. 이를 대체하는 신기술로 PDP TV가 출시되었다. 그러나 PDP TV 또한 효율과 발열 등의 단점으로 LCD TV에 시장을 넘겨주게 되었고 결국 시장에서 사라졌다.

120 "당신의 직장을 위협하는 AI… 실제 미국 해고 사례 분석하니", 「조선일보 Weekly Biz」, 2024.

121 미국 스탠퍼드대학 윌리엄 P. 바넷·모튼 T. 헨슨 교수가 '조직 진화 내의 붉은 여왕(The Red Queen in Organizational Evolution)'이라는 가설을 경영학에 접목, 1996.

122 "취업·이직 트렌드 리포트 2022"(전국 20~49세, 6개월 내 취업·이직 준비 경험자 1,000명 대상), 오픈서베이, 2022.

123 미하이 칙센트미하이 지음, 심현식 옮김, 『몰입의 경영』, 민음인, 2006.

124 한근태·백진기·유재경·조지용 지음, 『면접관을 위한 면접의 기술』, 미래의창, 2021.

125 제프리 페퍼 지음, 포스코경영연구소 옮김, 『사람이 경쟁력이다』, 21세기북스, 2009.

126 Pew Research Center, 「Top reason why U.S workers left a job in 2021」(복수 응답), 2022.

127 KBS, 「청년층 퇴사에 대한 인식 조사보고서」(복수 응답), 2022.

128 라즐로 복 지음, 이경식 옮김, 『구글의 아침은 자유가 시작된다』, 알에이치코리아, 2015.